EL MISTERIO SACRAMENTAL

Paul Haffner

GRACEWING

Título original: *The Sacramental Mystery*
Publicado en 1999 por:
Gracewing,
2 Southern Avenue,
Leominster
Herefordshire HR6 0QF
Inglaterra

Traducido por Rodrigo Frias, y revisado por Marcelo Torres Cáceres y María Eliana Pastor Ruiz.

Nihil Obstat:
Mons. Cyril Murtagh, Censor Deputatus

Imprimatur
✠ Crispian Hollis, Obispo de Portsmouth
3 de septiembre de 1998

El Nihil Obstat y el Imprimatur consisten en declaraciones oficiales que un libro o un opúsculo no contiene errores doctrinales o morales. Esto no implica que aquellos que han garantizado el Nihil Obstat o el Imprimatur estén de acuerdo con el contenido, las opiniones o las afirmaciones expresadas.

ISBN 978 085244 687 4

Índice

Prefacio

El presente libro es una breve introducción a la teología sacramental que, espero, será de ayuda al clero, a los religiosos y a los laicos que deseen profundizar su conocimiento de estos dones de nuestra vida cristiana concedidos por Dios. Es una exposición sinóptica del misterio sacramental y abarca temas bíblicos, patrísticos, teológicos y espirituales puestos en relación con las más recientes declaraciones magisteriales acerca de este tema. La obra, que describe algunos de los principales aspectos del desarrollo histórico de la comprensión de la Iglesia sobre el misterio de los sacramentos, no pretende aportar una novedad particular, sino más bien presentar una síntesis orgánica de estos signos salvadores de la presencia de Cristo en Su Iglesia. Espero, de igual manera, que la lectura de estas páginas ayude a los cristianos a profundizar su comprensión de los sacramentos, les asista en el amor y en el aprecio de estos grandes momentos de gracia, en los que Cristo toca nuestra vida y, así, promueva una más fuerte y devota presencia sacramental entre los fieles.

Recomiendo fervorosamente este trabajo sobre la teología sacramental, publicada en este feliz período, en los umbrales del Tercer Milenio. Ayudará a los cristianos a redescubrir la dimensión sacramental de su vida, y a promover aquella reconciliación que es parte esencial del Año Santo, el Gran Jubileo del 2000.

✠ Csaba Ternyák
Arzobispo titular de Eminenziana,
Secretario de la Congregación para el Clero,
Ciudad del Vaticano, el 24 de junio de 1998

Introducción

Este libro, escrito desde el punto de vista de la teología dogmática católica, ha sido concebido con el propósito de satisfacer la necesidad de un texto introductorio a la teología sacramental. En consecuencia, los aspectos litúrgicos, pastorales y canónicos, además de los relativos a la espiritualidad, son tratados sólo secundariamente. Por otro lado, aunque el trabajo ha sido escrito pensando especialmente en los estudiantes, también se dirige a todos aquellos que deseen profundizar sus conocimientos teológicos sobre este aspecto central de la vida cristiana.

A menudo se tiene la impresión que los sacramentos han cambiado notoriamente durante los últimos cincuenta años, en especial en lo que se refiere al modo en el que son administrados. Como quiera que sea, este trabajo busca poner en evidencia, sobre todo, la continuidad de la tradición de la Iglesia en esta materia para, así, destacar la coherencia interna y la esencia de estos signos sagrados. En este sentido, y más allá del genuino respeto por el valor de la investigación, el autor de este texto piensa que las verdades teológicas derivan de la adhesión al depósito revelado propio de la fe (que debe ser, por cierto, presentado con claridad en cada época de la Iglesia), y no del simple consentimiento de los intérpretes.

Podrían elegirse varios y diversos esquemas según los cuales disponer los capítulos del libros. Personalmente he preferido adoptar el orden seguido por el Catecismo de la Iglesia Católica. En consecuencia, el libro comienza con los tres sacramentos de la iniciación: Bautismo, Confirmación y Eucaristía; siguen, después, los sacramentos de la reconciliación: el de la Penitencia y el de la Unción de los enfermos; y, por último, son tratados los sacramentos que sirven a la comunión cristiana, es decir, la Ordenación y el Matrimonio.

El misterio sacramental es, verdaderamente, el «misterio de los misterios», porque aquí el reino humano y el divino, el material y el espiritual, están íntimamente entrelazados. El misterio es obra de la Santísima Trinidad. Y los sacramentos, los principales caminos de la Iglesia mediante los cuales la humanidad se reconcilia con el Padre, a través de Su Hijo y por medio del poder del Espíritu Santo.

Por último, aunque no en último lugar, agradezco al Padre Juan Carlos Ortega L.C., al Padre José LaBoy L.C., a Rodrigo Frías Urrea, a Marcelo Torres Cáceres y a María Eliana Pastor Ruiz, por haber cuidado la versión española del volumen.

Roma,
6 de enero de 2007,
La Epifanía del Señor

Abreviaciones

AAS = *Acta Apostolicae Sedis. Commentarium officiale.* Tipografia Poliglotta Vaticana, Roma 1909- .

CCIO = *Código de Cánones de las Iglesias Orientales.* BAC, Madrid 1994.

CCL = *Corpus Christianorum series Latina.* Brepols, Tournai 1954.

CDC = *Código de Derecho Canónico.* Edición bilingüe, fuentes y comentarios de todos los cánones, EDICEP, 1993.

CIC = *Catecismo de la Iglesia Católica.* Nueva edición conforme al texto latino oficial, Asociación de Editores del Catecismo, 1993.

CSEL = *Corpus scriptorum ecclesiasticorum latinorum.* Vienna Academy, Vienna 1866.

DE = Pontificio Consejo para la Unidad de los Cristianos, *Directorio Ecuménico.* Estampa Políglota Vaticana, Ciudad del Vaticano 1993.

DS = H. Denzinger - P. Hünermann, *Enchiridion Symbolorum, Definitionum et Declarationum de rebus fidei et morum.* Edición bilingue latín/español, Herder, Barcelona 2000.

EV = *Enchiridion Vaticanum. Documenti ufficiali della Chiesa.* Edizioni Dehoniane, Bologna.

IG = *Insegnamenti di Giovanni Paolo II.* Tipografia Poliglotta Vaticana, Città del Vaticano 1978-2005.

IP = *Insegnamenti di Paolo VI.* Tipografia Poliglotta Vaticana, Città del Vaticano 1963-1978.

ND = J. Neuner - J. Dupuis, *La Fede Cristiana nei documenti dottrinali della Chiesa cattolica.* Edizioni San Paolo, Cinisello Balsamo 2002.

OR = *L'Osservatore Romano,* edición diaria.

PG = J.P. Migne. *Patrologiae cursus completus, series graeca.* 161 vols. Paris 1857-1866.

PL = J.P. Migne. *Patrologiae cursus completus, series latina.* 221 vols. Paris 1844-1864.

SF = P. F. Palmer. *Sacraments and Forgiveness. History and Doctrinal Development of Penance, Extreme Unction and Indulgences.* The Newman Press, Westminster, MD 1961.

SW = P.F. Palmer. *Sacraments and Worship. Liturgy and Doctrinal Development of Baptism, Confirmation and the Eucharist.* The Newman Press, Westminster, MD 1955.

Las citas de la Escritura y las abreviaciones están tomadas de la nueva Biblia de Jerusalén.

1

Los Sacramentos en general

Él viene del Padre con su séptupla dote mística, vertiendo sobre las almas humanas las infinitas riquezas de Dios.
«*Salve festa dies*», del Procesional de York.

El misterio sacramental reposa en lo más íntimo del corazón de la vida cristiana de la Iglesia. Porque es a través de la Iglesia y los sacramentos que Dios Padre, mediante Su Hijo y por obra del Espíritu Santo, comunica Su vida divina a Su pueblo. Pues aunque Dios no está ligado a estos signos eficaces y sagrados instituidos por Su Hijo, en general ellos son los canales privilegiados a través de los cuales Él toca la vida de Sus fieles.

Este capítulo introduce algunos temas generales, comunes a todos los sacramentos, para de este modo hacer más fácil la comprensión de cada uno de ellos cuando se los trate separadamente; se ocupa, además, de los fundamentos de la comprensión sacramental de la experiencia cristiana.

1.1. Cristo, el sacramento del Padre

En un cierto sentido, la dinámica sacramental comienza con la vida interior de la Santísima Trinidad. Se trata de la iniciativa de Dios. Pues, antes que exista un sistema sacramental debe existir una creación material que, a su vez, haga posible el misterio de la Encarnación. Dios ha puesto Su economía sacramental en el centro de Su plan de salvación. Cristo ha venido a revelar y a hacer presente entre los hombres la vida y el amor de la Santísima Trinidad. Cristo es el sacramento del Padre, Aquél que ha sido enviado por el Padre, y que Lo hace visible, en la potencia del Espíritu Santo. En este sentido decimos que el misterio sacramental está radicado en el misterio de la Santísima Trinidad. En todo caso, se trata de un don gratuito, porque Dios jamás ha estado ligado a la necesidad, interna o externa, de crear, o de revelarse a sí mismo, o bien de compartir Su vida y Su amor.

Antes de afrontar el tema de la Encarnación, en todo caso, es necesario considerar el dogma de la creación, el primer artículo del Credo, en tanto es la base lógica y ontológica de toda la teología. Este primer paso, además, es importante en vistas de la diferencia fundamental entre la visión judeocristiana de la creación y las demás perspectivas. La visión cristiana se caracteriza por el orden, la coherencia, la racionalidad, la bondad, la linealidad del tiempo, por el rechazo de la superstición y por el señorío del hombre y la mujer en la creación. Las perspectivas paganas, antiguas y modernas, muestran a menudo, en cambio, una visión caótica o azarosa de la realidad, con algunas ideas que ven en la materia el mal y con una noción cíclica de la historia. La visión cristiana de la creación, en este sentido, lleva con sí el realismo filosófico que constituye el fundamento necesario de la economía sacramental, y cuya teología está ligada, por lo mismo, a una visión realista de la estructura del espacio y el tiempo.

La creación del hombre y la mujer ofrece un ulterior fundamento para la comprensión sacramental. De hecho, el ser humano es tanto material como espiritual, exterior como interior, visible como invisible. Estos elementos deben, por tanto, estar presentes en los sacramentos y en la liturgia, para corresponder a la naturaleza humana. Puesto que el sacramento es un signo externo de la gracia interior, ello está en armonía con las características compuestas de la natura-

leza humana, tanto mate
mentos son empleados, en
mo el agua, el vino, el pan, e
tal, en otras palabras, está con
persona en tanto cuerpo y alma, n
ridad e interioridad.

Los mismos signos externos de
sido hechos posibles por la creación y f
de varios modos en el Antiguo Testamento
Antiguo Testamento comprende algunos impo
como el arco iris (*Gn* 9,11-17), la circuncisión (*G*
cordero pascual (*Ex* 12), la ratificación de la alian
sangre de los novillos (*Ex* 24,1-11), la tienda (*Ex* 29,4
el templo (*1 R* 6). Los signos sagrados fueron, después,
feccionados en el Nuevo Testamento para manifestar la p
tencia de Cristo y su Reino; así, por ejemplo, la transformación del agua en vino en las bodas de Caná (*Jn* 2,1-12) y la
comida de los cinco mil (*Jn* 6, 1-15), que prefiguran la Eucaristía.

En la perspectiva cristiana, la Encarnación eleva a un
nuevo significado la creación y la historia y conduce, al
mismo tiempo, a la trascendencia y a la inmanencia de Dios.
Cristo está fuera del tiempo y aún en Él se encuentran el
tiempo y la eternidad. Cristo, Dios y hombre, es Misterio y
Revelación. Los sacramentos, por tanto, tienen que girar en
torno a estos dos goznes fundamentales: la naturaleza del
hombre y de la mujer y el misterio de la Encarnación. Ellos,
por lo tanto, son una fusión armónica de la exterioridad y la
interioridad, de lo material y de lo espiritual, de lo humano
y de lo divino, de la gracia y de la naturaleza. La economía
sacramental no debe, por lo tanto, perder de vista la realidad del pecado y del mal, en las formas concretas de la caída, del pecado original y actual, de la enfermedad, del su-

y redimir al
la Encarna-
ediante el
onsidera-
ia, como
médico

tos.
la
n-
..es
en la Iglesia
...entos administrados a
...an este interés. Una línea de
...y válida considera a la misma Iglesia como
...ento, si bien la aplicación del término a los siete sacramentos es hecha de modo analógico. Poner la economía
sacramental en el contexto de la Iglesia como sacramento de
Cristo, arroja luz sobre el tema recurrente de la relación entre el énfasis individual y comunitario en la celebración de
los sacramentos. Éstos son esencialmente eclesiales y, en esta perspectiva, cualquier tensión entre individuo y comunidad puede ser resuelta. La visión de los sacramentos en su
contexto eclesial también indica que ellos son una manifestación de la potencia de Cristo, teofanía que revela y hace
presente el amor de Dios. Ellos son un lugar privilegiado de
encuentro con Dios en el mundo de hoy.

La unidad entre Cristo y su Iglesia, constituida por la
Encarnación redentora, constituye la base para la eficacia
del sistema sacramental. Esta economía trinitaria sacramental está ya esbozada en las cartas paulinas: «[Jesucristo nos

4

ha dado] a conocer el Misterio de su voluntad según el be-
névolo designio que en él se propuso de antemano...» (*Ef*
1,9). El entreabrirse gradual del misterio de la revelación es
la base de la comprensión del papel continuo de la Iglesia en
esta economía: «Y sin duda alguna, grande es el Misterio de
la piedad: Él ha sido manifestado en la carne...» (*1 Tm* 3,16).

La palabra «misterio» deriva del término griego *mystérion* y del latino *sacramentum*, que es la raíz etimológica de la
palabra española «sacramento». Esto conduce a la noción
sacramental de la Iglesia, basada tanto en la Encarnación
como en la Redención o en el misterio Pascual. En la Encarnación, Cristo revela el misterio de la Santísima Trinidad. La
Redención abre la vía a la unión con Dios, que fue perdida
con el pecado, ya que Cristo es Dios y hombre. En cuanto
Dios, Él tiene el poder de instituir los sacramentos y en
cuanto hombre Él cumple esta institución por nosotros. La
pasión, muerte y resurrección de Cristo abren las vías a la
relación con Dios, en la Iglesia, que es el sacramento de Cristo. Los desarrollos de la eclesiología, desde el siglo pasado,
han llevado a ver la Iglesia como el sacramento primordial.
La teología de la Iglesia como sacramento ha sido desarrollada por J. H. Oswald y por M. J. Scheeben. Durante el siglo
pasado O. Semmelroth propuso esta idea.[1] El Concilio Vaticano II ha seguido esta perspectiva, declarando: «... la Iglesia
es en Cristo como un sacramento o señal e instrumento de la
íntima unión con Dios y de la unidad de todo el género
humano.»[2] Además, el concepto de Iglesia como sacramento
da sentido a aquellas otras descripciones de la Iglesia como

---

[1] Cf. O. SEMMELROTH, *Die Kirche als Ursacrament*. Joseph
Knecht, Frankfurt am Main 1953.

[2] CONCILIO VATICANO II, *Lumen Gentium*, 1. Ver, también,
ibid 9, 48. V. S. CIPRIANO, *Epístola* 69, 6 en *PL* 3, 1142.

el nuevo pueblo de Dios, el Cuerpo Místico de Cristo o su Esposa.

La imagen de la Iglesia mayormente usada en este libro es la esponsal, en la que Cristo es el Esposo y la Iglesia su Esposa mística. Esta imagen fue preparada y prefigurada en el Antiguo Testamento, en la imagen nupcial del Cantar de los Cantares, que S. Hipólito, Orígenes, S. Atanasio, S. Gregorio de Nisa, S. Bernardo de Claraval, S. Juan de la Cruz y otros Padres y Doctores de la Iglesia han interpretado como unión simbólica entre Cristo y la Iglesia. La metáfora nupcial tiene muchas implicaciones, pero se aplica especialmente a Cristo y a la Iglesia (cf. *Ef* 5,32). Uno de los sacramentos, el matrimonio, se vuelve por lo tanto imagen que revela la naturaleza de la Iglesia como sacramento primordial. El carácter permanente impreso por algunos de los sacramentos refleja la unión indisoluble entre Cristo y su Iglesia. Cristo cuida a su Esposa a través de los sacramentos, en la potencia del Espíritu Santo. Él la purifica a través del bautismo, la consagra y la refuerza a través del aceite del óleo crismal en la confirmación y la nutre con su propio Cuerpo y Sangre en la Eucaristía. Cristo redime de los pecados a sus miembros a través de la penitencia, alivia su enfermedad en la unción. Él asiste a su Esposa mística en el sacramento de la ordenación y refleja su amor por Ella en el matrimonio.

1.3. La noción de sacramento

Algunos signos sagrados de la antigua alianza prefiguraron la economía sacramental instituida por Cristo. En el Nuevo Testamento la salvación y la vida eterna son transmitidas a través de la materia y la palabra, como se ve en la imagen nupcial de la Iglesia en San Pablo: «...para santificarla, purificándola mediante el baño del agua, en virtud de la palabra...» (*Ef* 5,26). Esta vida divina comunicada por los sacramentos de la nueva ley es el cumplimiento que promete el Antiguo Testamento: «...¡cuánto más la sangre de Cristo, que por el Espíritu eterno se ofreció a sí mismo sin tacha a Dios, purificará de las obras muertas nuestra conciencia para rendir culto al Dios vivo!» (*Heb* 9,14).

S. Paolo se refiere a la imagen nupcial de Cristo y su Iglesia usando la expresión «misterio», un término que se abre a diversas interpretaciones (cf. *Ef* 5,32). La palabra griega «*mystérion*» (o *musterion*), que indica precisamente misterio, deriva de la expresión *muo*, que significa «callar». *Mystérion*, en el lenguaje bíblico, se refiere a una cosa oculta, un secreto o un misterio, y en los escritos rabínicos hace referencia al sentido místico o velado de una expresión veterotestamentaria o de una imagen presentada en el curso de una visión. A su vez, la palabra latina *sacramentum* es el equivalente de *mystérion* en la Vulgata. El término español *sacramento* es una traducción de la palabra latina, que para los primeros cristianos significaba algo sagrado, secreto o, también, la iniciación o algún tipo de servicio. Entre los romanos la expresión era usada específicamente para el juramento que los soldados prestaban cuando entraban al servicio del emperador. Tertuliano (inmerso en la tradición legal romana) fue uno de los primeros en introducir la palabra en el contexto ritual cristiano, especialmente en el de la iniciación.

Antes que la Iglesia llegase a una visión unificada de los sacramentos, pasaron casi once siglos. Durante este período fue necesario distinguir los sacramentos de las otras realidades sagradas de la vida de la Iglesia. Los griegos, siguiendo la escuela alejandrina en las obras de Clemente de Alejandría y Orígenes, usaron la palabra *mystérion* o su forma plural *mystéria*. Ellos concebían la realidad en las categorías platónicas, según las cuales el mundo de los sentidos es un mundo de imágenes y símbolos, por encima del cual está el verdadero mundo de las ideas divinas. Orígenes usaba la expresión *mystérion* para referirse al bautismo y a la Eucaristía y, desde principios del siglo cuarto, este uso parece que llegó a ser común. Al fin del siglo cuarto S. Juan Crisóstomo usó la fórmula «*los misterios*» para la santa Eucaristía. Desafortunadamente también entre algunos ritos paganos, como el de Mitra, el culto era descrito en términos de *mysteria*. En cuanto desaparecieron los cultos de estas religiones paganas, no obstante, el término *mystéria* fue cada vez más usado también en Occidente, haciendo posible el desarrollo de dos palabras para indicar la idea de sacramento, *sacramentum* y *mysterium*.[3] Gradualmente, en Occidente, el término *sacramentum* viene empleado sobre todo en los ritos; *mysterium*, en cambio, se usó para indicar las realidades propias de la fe y la salvación, como el misterio de la Santísima Trinidad.

Posteriormente, siempre en Occidente, surgieron controversias que ayudaron a perfeccionar el uso de la expresión *sacramentum*. Así, S. Agustín establece la importante distinción entre signo (*signum*) y contenido (*res*) a propósito de la lucha contra los donatistas, que habían surgido precisamente en el contexto de la disputa entre la sede de Roma y la de Cartago sobre la cuestión de rebautizar a los apóstatas y los herejes. S. Cipriano y la Iglesia de Cartago estaban a favor de la necesidad de rebautizarlos. El Papa Esteban I se opuso, sin embargo, porque esta alternativa representaba una desviación de la tradición de la Iglesia. En el año 256 el

---

[3] S. Ambrosio, por ejemplo, usa ambas expresiones (*De Mysteriis* y *De Sacramentis*). Cf. S. AMBROSIO, *De Mysteriis* en *PL* 16, 389-410; v. *idem*, *De sacramentis* en *PL* 16, 409-462.

Papa Esteban escribió a Cipriano, declarando que, según la tradición, los herejes debían reconciliarse con el sacramento de la penitencia y no a través de un nuevo bautismo.[4] Más tarde, en los siglos cuarto y quinto, los donatistas resurgieron, desde el norte de África, negando la verdad según la cual el bautismo es irrepetible. Así, mientras creían que un nuevo bautismo era necesario, distorsionaron la doctrina del bautismo según sus propios intereses afirmando que ellos realmente tenían ese sacramento (cosa que no habría sido posible negar, después de la declaración del Papa Esteban I) y que, por lo tanto, eran la genuina Iglesia de Cristo. En este contexto, S. Agustín dio a la palabra *sacramentum* el perfeccionamiento con el que quedó desde entonces, distinguiendo entre el signo sacramental (*signum*) y el contenido de gracia (*res*). En esta formulación, los donatistas habían recibido el sacramento válidamente, pero no la gracia, oponiéndose, así, a la verdadera Iglesia de Cristo.

S. Agustín destaca el aspecto del signo visible del sacramento y su relación con la realidad espiritual que aquél significa. Ulteriores pasos en la teología sacramental condujeron a las síntesis medievales. Isidoro de Sevilla († 636), distinguió, más agudamente que Agustín, el signo respecto de la realidad; aunque él usó la palabra sacramento en varios sentidos, fue el primero en aplicar la noción de sacramento a un cuadro unificado de bautismo, confirmación y Eucaristía.[5] S. Isidoro fue, por tanto, un puente en la teología sacramental, vinculando a S. Agustín con el pensamiento medieval. Hugo de San Víctor concibió los sacramentos como

---

[4] Cf. Papa ESTEBAN I, *Carta a Cipriano, Obispo de Cartago,* en DS 110.

[5] Cf. A. MIRALLES, «Il tragitto patristico-medievale fino alla definizione classica di sacramento», en *Annales Teologici* 10 (1996), p.337.

contenedores de la gracia: «Un sacramento es un elemento corporal o material que se manifiesta externamente como un contenedor relleno de líquido, que representa mediante la semejanza, significa mediante la institución y contiene mediante la santificación, una determinada gracia espiritual e invisible.»[6] En torno al 1150, Pedro Lombardo llegó a su famosa definición contenida en el cuarto libro de las Sentencias: «Un sacramento propiamente tal es un signo de la gracia de Dios y una forma de gracia invisible, que es al mismo tiempo imagen y causa de ello.»[7] Estas ideas prepararon el terreno a S. Tomás, que definió el sacramento, en el sentido propio de la palabra, como signo de una realidad sagrada, en cuanto ello santifica al hombre.[8] El Concilio de Trento retoma las ideas agustinianas y tomistas concibiendo el sacramento como «forma visible de la gracia invisible».[9] Tradicionalmente los sacramentos han sido comprendidos como signos externos de gracia interna, instituidos por Jesucristo. En el mismo sentido, más recientemente han sido definidos como «signos eficaces de la gracia, instituidos por

---

[6] HUGO DE SAN VÍCTOR, *De sacramentis christianae fide*, Liber I, pars IX, cap. 2 en *PL* 176, 317: «...deffinire potest quod sacramentum est corporale vel materiale elementum foris sensibiliter propositum ex similitudine repraesentans, et ex institutione significans, et ex sanctificazione continens aliquam invisibilem et spiritualem gratiam.»

[7] PEDRO LOMBARDO, *Sententiae in IV libris distinctae*, lib. IV, dis. 1, cap. 4: «Sacramentum proprie dicitur, quod ita signum est gratiae Dei et invisibilis gratiae forma, ut ipsius imaginem gerat et causa exsistat.»

[8] Cf. S. TOMÁS DE AQUINO, *Summa Theologiae* III, q.60, a.2.

[9] CONCILIO DE TRENTO, décima tercera sesión, *Decreto sobre el sacramento de la Eucaristia*, Cap. III en DS 1639.

Cristo y confiados a la Iglesia», que son obras maestras de Dios en la nueva y eterna alianza.[10]

1.4. La institución divina de los sacramentos

La Iglesia y sus más importantes tesoros fueron fundados directamente por Cristo el Salvador. Entre estos tesoros están la Palabra inspirada de Dios, el Papado y los sacramentos. En la mayor parte de los casos en los que en el Nuevo Testamento existen detalles relativos a la institución de cada uno de los sacramentos por parte de Cristo, hay, a su vez, una referencia relativa a una institución anterior a la primera Pascua y a una sucesiva. La razón es que la institución prepascual ofrece el fundamento para el sacramento, mientras la institución postpascual lo lleva a su plenitud. Los sacramentos llegan a ser plenamente efectivos sólo después del cumplimiento del misterio pascual, obteniendo su eficacia del sacrificio de Cristo y de su resurrección. Porque los sacramentos son signos que determinan los efectos de la redención de Cristo en la vida de los individuos y en la Iglesia entera, siendo únicamente Cristo el Salvador de la humanidad, sólo Él tiene el poder de fundar estos signos sagrados. Es una dogma definido por la fe que cada sacramento fue instituido divinamente por Jesucristo.[11] Algunos detalles concretos de esta divina institución serán examinados más adelante, cuando nos ocupemos de cada sacramento en particular.

La enseñanza según la cual todos los sacramentos forman parte del depósito de la Revelación contrasta profundamente con el error de los modernistas, que afirmaban

---

[10] *CIC* 1131, 1116.

[11] Cf. CONCILIO DE TRENTO, séptima sesión, *Decreto sobre los sacramentos,* canon I en ND 1311.

que el sacramento se «ha desarrollado» en la vida de la Iglesia, con el propósito de reanimar la fe. Este error fue condenado a principios del siglo veinte.[12] Ni siquiera la teoría de K. Rahner parece adecuada, cuando él propone que Cristo instituyó algunos de los sacramentos sólo implícitamente, «comprendiéndolos» en la fundación de la Iglesia como sacramento primordial.[13] Cristo instituyó los sacramentos al conferir la gracia y, también, el rito externo que la significa. En todo caso, es evidente que muchos aspectos del rito externo fueron confiados a la Iglesia para una configuración más detallada, y la discusión sobre la materia y la forma de algunos de los sacramentos, como la confirmación y las sagradas órdenes, continuó por muchos siglos. Por otro lado, la doctrina según la cual Cristo fundó la economía sacramental, y también una serie especifica de ritos sagrados, permite comprender que el número de los sacramentos instituidos es el de siete.

1.5. El número de los sacramentos

El hecho que los sacramentos sean siete forma parte del depósito de la fe; sin embargo, fue necesario un cierto tiempo para que la Iglesia llegara a ser plenamente consciente de esta verdad. En los primeros siglos jamás fue negado que alguno de los siete fuese verdaderamente un sa-

---

[12] Cf. los errores de los modernistas condenados en el Decreto *Lamentabili* del Santo Oficio en el 1907, DS 3439-3430. En el mismo año, la Encíclica de S. Pío X, *Pascendi Dominici Gregis* (v. DS 3489) condenó el error según el cual los sacramentos eran signos desarrollados en la Iglesia para evocar la fe.

[13] Cf. K. RAHNER, *Theological Investigations*. Volumen IV, Darton, Longman and Todd, London 1965, p.274. Cf. IDEM, «Sacramenti, teologia dei», en *Sacramentum Mundi 7*, Morcelliana, Brescia 1977, 272-273.

cramento; más bien lo que sucedió fue que otros signos fueron vistos, también, como «sacramentos». Esto se debió, en parte, al hecho que en la época patrística, como hemos visto, las expresiones «sacramento» y «misterio» eran todavía usadas en un sentido amplio. En consecuencia, el agua bendita, los exorcismos y la recitación del Padre Nuestro fueron considerados sacramentos. Más tarde fueron definidos como sacramentales. Al mismo tiempo, muchos Padres escribieron tratados sobre los sacramentos individuales. Por ejemplo, Tertuliano escribió sobre el bautismo, la confirmación, la Eucaristía, las sagradas órdenes y el matrimonio. San Agustín, por su parte, enumeró todos los sacramentos más de una vez, omitiendo, sin embargo, el de la unción de los enfermos. Con todo, durante el mismo período, en el año 416, el Papa Inocencio I escribió una carta a Decencio, Obispo de Gubbio, sobre la unción.[14]

En la primera edad media los siete signos sagrados comienzan, gradualmente, a ser destacados como los únicos sacramentos. Teólogos como Otto de Bamberg, el Maestro Rolando Bandinelli (más tarde Papa Alejandro III) y Hugo de San Víctor fueron los primeros en afirmar que existían sólo siete sacramentos. A través de la influencia de Pedro Lombardo sobre la teología escolástica, el reconocimiento de que los sacramentos eran siete quedó incorporado en las síntesis teológicas del siglo trece. Sin embargo, aún en plena edad media algunos teólogos seguían pensando que existían más de siete sacramentos. Por ejemplo, la consagración de un rey o una reina fue considerada, a veces, como el octavo sacramento, como puede observarse en la versión de este rito en el pontifical romano precedente al Concilio Vaticano

---

[14] Cf. Papa INOCENCIO I, *Carta a Decencio, Obispo de Gubbio*, en DS 216.

II.[15] En todo caso, de la mitad del siglo trece hacia adelante, la existencia de los siete sacramentos fue considerada una realidad de fe. La Iglesia profesó esta verdad en el Concilio de Lyón del 1274: «También mantiene y enseña la santa Iglesia Romana que hay siete sacramentos en la Iglesia.»[16] De nuevo en el Concilio de Florencia del 1439 la Iglesia profesó su fe en los siete sacramentos, al decir «Siete son los sacramentos de la Nueva Ley, a saber, bautismo, confirmación, Eucaristía, penitencia, extremaunción, orden y matrimonio.»[17] El Concilio de Trento declaró solemnemente que no hay ni habían «ni más ni menos de siete».[18] La definición tridentina estaba dirigida contra la doctrina de Lutero, quien (tras pensar que también la penitencia era un sacramento o, antes incluso, que aquéllos eran cinco) llegó a considerar como tales, finalmente, sólo el bautismo y la Eucaristía. La Confesión de Augsburgo redactada por Melanchton, uno de los discípulos de Lutero, admitía sólo tres sacramentos, el bautismo, la cena del Señor y la penitencia. Melanchton dejó el camino abierto a los otros signos sagrados, que fueron considerados como «sacramentos secundarios». En todo caso, Zwinglio, Calvino y la mayor parte de los miem-

---

[15] Cf. *Pontificale Romanum*, Libreria Editrice Vaticana, Città del Vaticano, 1961, para el rito de la bendición y coronación de un monarca. La ceremonia es, en varios sentidos, similar a una ordenación. Comprende la unción con el óleo de los catecúmenos y la imposición de la corona por parte del obispo celebrante.

[16] CONCILIO DE LYÓN II, Profesión de fe de Miguel el Paleólogo, en DS 860. [Versión castellana en Justo Collantes SJ (ed.), *La Fe de la Iglesia Católica*, BAC, 1983, n. 941.]

[17] CONCILIO DE FLORENCIA, *Decreto para los Armenios*, en DS 1310.

[18] Cf. CONCILIO DE TRENTO, séptima sesión, *Decreto acerca de los sacramentos*, Canon 1, en DS 1601.

14

bros de la tardía tradición reformada aceptaron como sacramentos sólo el bautismo y la cena del Señor, aunque en un sentido muy simbólico. Algunos protestantes, como Leibniz,[19] defendieron la existencia de siete sacramentos. Tradicionalmente los anglicanos afirmaban la existencia sólo de dos sacramentos instituidos por el Señor, el bautismo y la Cena.[20] Sin embargo, algunos representantes de la llamada Alta Iglesia trataron de renovar el interés en los cinco sacramentos «secundarios».

Todas las Iglesias ortodoxas creen en la existencia de siete sacramentos y han sustentado esta verdad desde el siglo trece. La aceptación de esta verdad en común con la Iglesia de Roma indica que, en esencia, debió haber sido una verdad en la Iglesia primitiva. Es improbable, en este sentido, que los ortodoxos hayan aceptado esta verdad sólo porque había sido afirmada por Roma. La mención, de parte de la fe ortodoxa, de los siete sacramentos es una indicación de que éstos pertenecen al depósito de la Revelación transmitido por los Apóstoles. Los ortodoxos han mantenido esta fe en el sistema sacramental septenario a pesar de las tentativas de los protestantes, en los siglos pasados, de convencerlos de la posición reformada.

Entre los sacramentos hay una jerarquía. El Concilio de Trento aclaró que no todos son iguales.[21] La Eucaristía ocupa el puesto principal, y «todos los demás sacramentos están ordenados a la Eucaristía como a su fin.»[22] Por otro

---

[19] Cf. G. W. LEIBNIZ, *Systema Teologicum inscriptum*, Leclerc, París 1845, Cap. 41 y sig.

[20] Cf. los artículos 25 y 39 de los 39 artículos de la comunión Anglicana.

[21] Cf. CONCILIO DE TRENTO, séptima sesión, Canon 3, en DS 1603.

[22] S. TOMÁS DE AQUINO, *Summa Theologiae* III, q.65, a.3.

lado, la sacramentalidad de la Iglesia va más allá de la celebración de los siete sacramentos. En efecto, modela todas sus acciones y toca el nivel más profundo de su ser.[23]

1.6. La causalidad sacramental

Dios comunica su verdad y su vida de muchos modos, pero siempre a través de algún agente personal. Las Escrituras fueron redactadas por hombres bajo la guía del Espíritu Santo. La Iglesia es el camino que conduce a Cristo, aunque existen siempre otros seres humanos que median este camino. En todos los casos, Dios asegura a su pueblo la eficacia de estos medios y los garantiza. En el caso de las Escrituras esto se expresa en la garantía de la inerrancia; en la Iglesia, el Espíritu confiere el carisma de la infalibilidad. Dios garantiza los sacramentos a través de una eficacia intrínseca objetiva, *ex opere operato*, que es también una obra especial del Espíritu Santo.

La eficacia *ex opere operato* de los sacramentos no debe ser confundida con una eficacia de tipo mágica. Por definición, lo mágico «es una creencia y una práctica según las cuales los hombres están convencidos de poder influir sobre los poderes naturales y, también, sobre otros hombres, sea para bien o para mal, mediante la manipulación de las potencias superiores.»[24] En cambio, la entera iniciativa para la economía sacramental y su causalidad comienza de Dios, la Santísima Trinidad, como ha quedado establecido más arriba.

---

[23] Cf. J.-H. NICOLAS, *Sintesi dogmatica. Dalla Trinità alla Trinità*. Vol. II, *La Chiesa e i sacramenti*. LEV, Città del Vaticano 1992, p. 203.

[24] M. DHAVAMONY, *Phenomenology of Religion*, Gregorian University Press, Rome 1973, p.31.

Las Escrituras no emplean la expresión *ex opere operato* pero ponen de manifiesto su realidad. El Nuevo Testamento describe situaciones en las cuales, mediante el cumplimiento de un signo externo, al sujeto viene comunicada una gracia interior. Son ejemplos de ello la conversación de Jesús con Nicodemo en relación al bautismo (*Jn* 3,5), el bautismo en los Hechos de los Apóstoles (*Hc* 2,38), la Eucaristía (*1 Co* 10,16). Durante la época patrística, la fe en la eficacia intrínseca de los sacramentos se manifestó en la práctica del bautismo de los niños. Los Padres pensaban que cada vez que el signo sacramental era realizado correctamente, el sacramento era válido. Por tanto, tal como el sol se refleja en su integridad en un charco sucio, el carácter sacramental del bautismo no resulta manchado por el pecado del ministro. Los Padres subrayaron que en cada sacramento es Cristo quien actúa, aún a través de su ministro indigno. S. Agustín afirmó que «el ministro, esto es, el dispensador de la palabra y del sacramento evangélico, si es bueno, es aliado del Evangelio, pero si es malo, no deja por eso de ser dispensador del mismo.»[25]

La distinción entre *opus operans* y *opus operatum* inició, así, su vida en la cristología como medio de distinción entre los aspectos buenos y malos de la crucifixión de Cristo, y fue aplicada también a la cuestión del mérito del hombre. En todo caso, las fórmulas *ex opere operato* y *ex opere operantis* fueron usadas, por primera vez, por Guillermo de Auxerre en la primera mitad del siglo trece y fueron adoptadas rápidamente en el curso del mismo siglo.

---

[25] S. AGUSTÍN, *Contra litteras Petilliani*, Libro III, Cap. 55, en *PL* 43, 385. [Para la versión castellana de San Agustín citamos, siempre, de San Agustín, *Obras Completas*, BAC. El *Contra litteras Petilliani* se encuentra en el vol. XXXIII.]

El concepto de causalidad sacramental fue profundizado en el contexto de diversas controversias. Durante el siglo trece los seguidores de Pedro Valdés quisieron reformar el desordenado estilo de vida de algunos miembros del clero. En su exagerado celo, hicieron depender la validez de los sacramentos de la dignidad del ministro. Sin embargo, la profesión de fe que el Papa Inocencio III prescribió a los valdenses sancionaba la doctrina de la Iglesia según la cual la validez del sacramento es independiente de la bondad moral del ministro.[26] Wyclif y Hus sustentaron un error parecido, es decir que un ministro pecador no habría podido suministrar válidamente un sacramento. El Concilio General de Constanza y sucesivamente el Papa Martín V reafirmaron efectivamente la enseñanza tradicional según la cual «un mal sacerdote, con la debida materia y forma, y con intención de hacer lo que hace la Iglesia, verdaderamente consagra, verdaderamente absuelve, verdaderamente bautiza, verdaderamente confiere los demás sacramentos.»[27]

El concepto de justificación a través de la sola fe de Lutero, conduce al rechazo de la eficacia intrínseca de los sacramentos.[28] Los reformadores siguieron a Lutero más o menos intensamente en su rechazo de la causalidad sacramental. A este propósito, el Concilio de Trento, sostuvo, contra los errores de los reformadores que «si alguno dijere que mediante los mismos sacramentos de la Ley nueva no se da la gracia *ex opere operato* (por la acción realizada), sino

---

[26] Cf. Papa INOCENCIO III, *La profesión de fe prescrita a los valdenses*, en DS 793.

[27] Papa MARTIN V, Bula *Inter Cunctas, Interrogatorio para los wyclifitas y husitas*, en DS 1262.

[28] Cf. Papa LEÓN X, Bula *Exsurge Domine*, en DS 1451.

que la sola fe en la promesa divina basta para obtener la gracia, sea anatema.»[29]

La expresión *ex opere operato* significa «de la obra realizada» o, más específicamente, del signo sacramental objetivamente administrado. No son los esfuerzos del hombre los que producen los efectos de los sacramentos sino la obra de Cristo. Por lo tanto, la causalidad sacramental no es *ex opere operantis* «de la obra de quien obra». Sin embargo, la eficacia intrínseca de los sacramentos no significa que ellos son automáticamente fructíferos para el destinatario. El destinatario del sacramento, en efecto, no debe poner ningún obstáculo. Los sacramentos, por tanto, producen la gracia que significan, y significan la gracia que producen.[30] En consecuencia, no son simplemente signos, no pretenden simplemente estimular la fe, como sostenían los reformadores.[31] La eficacia intrínseca y objetiva de los sacramentos tiene su fundamento en la garantía de Cristo según la cual Él actuará en los sacramentos independientemente de la dignidad de su ministro. De este modo, los fieles en Cristo no dependen de la santidad personal del ministro. La validez del sacramento celebrado de modo esencialmente correcto debe suponerse; este concepto tiene una aplicación inmediata en la teología del matrimonio, donde la validez de este sacramen-

---

[29] CONCILIO DE TRENTO, séptima sesión, *Decreto sobre los sacramentos*, canon 8, en DS 1608. [Versión castellana en J. Collantes, *La fe de la Iglesia católica : las ideas y los hombres en los documentos doctrinales del Magisterio*, La Editorial Católica, Madrid 1983, n.954.]

[30] Cf. Papa LEÓN XIII, Bulla *Apostolicae curae*, en DS 3315.

[31] Cf. el CONCILIO DE TRENTO, séptima sesión, *Decreto sobre los sacramentos*, canon 5 en DS 1605: «Si alguno dijere que estos sacramentos fueron instituidos por el solo motivo de alimentar la fe: sea anatema.»

to goza del favor de la ley.[32] El *opus operantis* (obra de quien obra), tiene naturalmente una cierta importancia, en cuanto la vida del ministro y su dignidad son relevantes sea para su crecimiento espiritual, o el de su comunidad, como también para evitar el sacrilegio, actuando de modo que exista una coherencia entre su vida y su ministerio, su vida y su modo de tratar las cosas sagradas. El *opus operantis* es importante, también, en la predicación y en los sacramentales.

1.7. La materia y la forma de los sacramentos

Esta formulación, dependiente de las categorías aristotélicas de materia y forma, fue aplicada por primera vez al signo externo de los sacramentos por Guillermo de Auxerre y por el Cardenal Stephen Langton, durante la edad media. La materia de cada sacramento permanece indeterminada hasta cuando no le viene dado un significado por la forma, o por las palabras pronunciadas por el ministro del sacramento. Por ejemplo, el verter agua sobre la cabeza de alguien no es bautismo si tal gesto no es acompañado por la forma, que emplea las palabras: «Juan, yo te bautizo en el nombre del Padre, del Hijo y del Espíritu Santo». La intención del ministro de administrar el sacramento también es esencial, como veremos, para la validez del sacramento. Así como es importante, por otro lado, distinguir entre la materia remota y la materia próxima del mismo. Por ejemplo, en el bautismo el agua es la materia remota y el vertimiento del agua es la materia próxima. La forma de cada sacramento consiste en una oración, cuya pronunciación determina la materia y que, junto a ésta, constituye el signo externo del sacramento. En consecuencia, las palabras deben ser pronunciadas de modo audible. Una recitación puramente interior de la fór-

---

[32] Cf. *CDC* 1060.

mula, en consecuencia, sería insuficiente. La materia y la forma de cada sacramento, en todo caso, serán examinadas en detalle en el capítulo respectivo.

El signo externo, o el rito de cada sacramento, está compuesto de materia y forma. Este es el sacramento en cuanto tal (*sacramentum tantum*) que, de acuerdo con la teología clásica, genera dos efectos: el primero es la llamada *res et sacramentum*, y que es, a su vez, signo y causa de efectos ulteriores; el segundo, el principal y último de éstos, es el efecto «en cuanto tal» (*res tantum*) o la gracia sacramental. Ésta, en consecuencia, indica y es generada por las primeras dos causas (el *sacramentun tantum* y el *res et sacramentun*), pero no es ni signo ni causa de ningún efecto sacramental ulterior.

Este signo-efecto intermedio, conocido como el *res et sacramentum*, asume un significado especial en el bautismo, en la confirmación y en las sagradas órdenes, y es conocido como el carácter sacramental, como veremos más tarde. En la Eucaristía el *res et sacramentum* es el Cuerpo y la Sangre de Cristo. En el matrimonio es la unión entre los esposos nacida del vínculo matrimonial. En el sacramento de la penitencia este signo-efecto viene a ser la penitencia interior. En el sacramento de los enfermos, por su parte, viene formulado como unción espiritual (*spiritualis unctio*).

También se establece una distinción entre la sustancia de los sacramentos (que es necesaria para la validez), una parte ceremonial (exigida en vistas de la licitud), y una disposición (necesaria para una recepción fructífera). La Iglesia tiene el poder de declarar tanto lo que es necesario como lo que es exigido para la validez de los sacramentos, aunque dentro de ciertos límites. Por ejemplo, en las ordenaciones sagradas, el Papa Pío XII dispuso que la materia fuera la imposición de las manos, en lugar de la entrega de los instrumentos. Por otra parte, no está en poder de la Iglesia cambiar el hecho que es necesario un sujeto masculino para la ordenación sacerdotal.[33] De modo parecido, el Papa Pablo VI estableció que la materia del sacramento de la confirmación fuera la unción con el óleo crismal. En todo caso, la Iglesia no tiene el poder para reemplazar la materia del óleo vegetal por alguna otra sustancia.[34] O, por poner otro ejemplo, la Iglesia tiene el poder de determinar cuál es la forma sacramental y canónica del matrimonio pero no puede disolver un matrimonio válido y consumado entre cristianos.[35]

Las recientes discusiones entre liturgistas y teólogos se han centrado en la cuestión de la relación entre liturgia y dogma, concretamente acerca del modo de interpretar la frase «lex orandi, lex credendi», es decir, «la norma de la oración es la norma de la fe».[36] La interpretación tradicional de este axioma es que la oración debe basarse en la verdadera doctrina para ser aceptada como oración de la Iglesia. Los liturgistas modernos, en cambio, a veces sugieren que ha sido la propia doctrina la que se ha desarrollado en la liturgia, invirtiendo así la comprensión tradicional. En realidad, aunque a veces los datos litúrgicos han sido fundamentales, el factor decisivo en el desarrollo doctrinal ha sido, más a menudo, la expresión del deseo de la fe. Todo esto implica, en consecuencia, que los sacramentos no pueden ser modifi-

---

[33] Cf. Cap. 7, Sección 7.5, para un tratamiento más detallado de este punto.

[34] Cf. Cap. 3, Subsección 3.3.1, para un tratamiento más detallado de este punto.

[35] Cf. Cap. 8, Secciones 8.6 y 8.7, para una mayor claridad sobre este punto.

[36] PRÓSPERO DE AQUITANIA, *Liber in quo proferentur auctoritates episcoporum* 8, en *PL* 51, 209.

cados arbitrariamente sino sólo en obediencia al depósito de la Revelación.

1.8. El ministro y la intención

Cada sacramento es otorgado por su respectivo ministro, según veremos concretamente en los capítulos siguientes. Generalmente cada sacramento tiene un ministro ordinario que celebra el rito sagrado según las normas canónicas y litúrgicas aunque, como veremos, algunos sacramentos tienen también a un ministro extraordinario, que puede otorgar el sacramento en caso de necesidad. Por ejemplo, en el bautismo el ministro ordinario es el obispo, un sacerdote o un diácono. El ministro extraordinario es cualquiera que tenga la intención de hacer lo que hace la Iglesia, incluso un no cristiano.

Prescindiendo de los casos excepcionales, como la absolución de un cómplice en un pecado contra el sexto mandamiento, también un ministro indigno celebra válidamente los sacramentos, como ha sido precisado en la anterior discusión sobre la eficacia intrínseca de los sacramentos. Los reformadores exigían, en cambio, la santidad del ministro para que se pudiera administrar válidamente. El Concilio de Trento aclaró, sin embargo, que también un ministro en pecado mortal celebra válidamente un sacramento.[37] De parte del ministro la condición para la validez del sacramento es que él tenga, al menos, la intención de hacer lo que la Iglesia hace.[38] Así, en el curso de la condena de la herejía jansenista, la Iglesia dejó en claro que una intención externa manifesta-

---

[37] Cf. el CONCILIO DE TRENTO, séptima sesión, *Decreto sobre los sacramentos*, canon 12, en DS 1612.
[38] Cf. *idem*, Canon II en DS 1611.

da durante el desarrollo es, por ella misma, insuficiente. Es necesaria una intención interior.[39] Una mirada profunda sobre la intención del ministro lleva a una clasificación de cuatro posibles categorías. La intención actual es aquella que está presente durante el rito sacramental, en cada momento. La intención virtual es aquella realizada antes del rito y bajo la cual es celebrada la ceremonia, pero que no es hecha explícita. La intención habitual se expresa algún tiempo antes, en el pasado, y mientras no sea revocada, no ejerce ninguna influencia positiva sobre el rito. La intención interpretativa jamás ha sido hecha explícita o implícitamente y no existe en el presente, pero se asume que el ministro la habría hecho. De estas cuatro posibilidades, es claro que la intención actual es más que suficiente para la validez sacramental. La intención virtual, por su parte, es necesaria y suficiente para que -en virtud de los actos previos de la voluntad, que no deberían ser demasiado remotos en el pasado- el sacramento sea celebrado. Las intenciones habituales e interpretativas son, en cambio, insuficientes.

La intención del ministro debe estar suficientemente determinada. Por ejemplo, el sacramento de la penitencia sería inválido si el sacerdote, en presencia de dos sujetos, dijera: «Yo te absuelvo», sin distinguir cuál de los dos individuos es absuelto. Por eso, incluso un ministro sin fe, admitido que tuviera la intención de hacer lo que la Iglesia hace, suministra un sacramento válido.

---

[39] Cf. el *Decreto del Santo Oficio* del 1690, en DS 2328, bajo el Papa Alejandro VIII que condenó, entre otros, el siguiente error jansenista: «Es válido el bautismo conferido por un ministro que guarda todo el rito externo y la forma de bautizar, pero resuelve interiormente consigo mismo en su corazón: «No intento [hacer] lo que hace la Iglesia».»

1.9. El destinatario

El destinatario del sacramento también es conocido como el sujeto o la persona que obtiene directamente el beneficio de su recepción. La recepción de un sacramento debería ser idealmente válida, lícita y fructífera. Mientras la validez del sacramento no depende de la disposición del ministro, admitido que tuviera la intención de hacer lo que hace la Iglesia, la disposición del destinatario es importante precisamente porque la recepción de la gracia divina depende de ella. El sujeto se debe preparar para la gracia que el sacramento objetivamente trae. Los sacramentos causan la gracia *ex opere operato* a aquellos que no ponen ningún obstáculo. Con todo, la preparación de los sujetos para los sacramentos no es causa efectiva de la gracia de aquéllos, sino que sólo remueve los obstáculos a su recepción. Abrir las ventanas permite que entre aire fresco en la habitación, pero no produce frescura; la brisa del aire es la causa de ello. Un obstáculo que parte del sujeto puede invalidar el sacramento, como en el caso de una persona que es bautizada u ordenada contra la propia voluntad. En vistas de la validez del sacramento, la intención de recibirlo es la condición de base del sujeto adulto. La intención habitual de recibir un rito usual de la Iglesia es considerada condición necesaria y suficiente con respecto a todos los sacramentos, prescindiendo de los de la penitencia y del matrimonio. Una intención implícita es suficiente, como en el caso de una persona enferma e inconsciente que tiene, al mismo tiempo, el deseo de morir como católica; este deseo comprende, en sí, aquél de recibir la unción de los enfermos. La libertad de la voluntad y la noción de obstáculo son de particular importancia en el sacramento del matrimonio donde, según el concepto occidental, los esposos son tanto los ministros como los destinatarios del sacramento y las condiciones para la invalidez o la nulidad del matrimonio tienen que ser claramente determinadas. También existen obstáculos a nivel de licitud o recepción legítima del sacramento, como en el caso en que la ordenación viene conferida ilícitamente a un candidato que no ha sido confirmado.[40] Por último, la recepción de un sacramento puede ser válida y lícita, pero no fructífera. Esto ocurre, por ejemplo, cuando una persona recibe el sacramento en estado de pecado mortal. Si bien los sacramentos no dependen, en lo que se refiere a su validez, de la fe del ministro ni son sólo signos para hacerla surgir, con todo, la fe forma parte de una fructífera recepción de los sacramentos. Ellos son vividos en el contexto de la fe y la perfeccionan. Además, presuponen y nutren la esperanza cristiana porque miran hacia la perfección del Reino. Estos signos, sagrados y eficaces, presuponen y estimulan la caridad, como vínculo de comunión en la Iglesia y signo de poder del Espíritu Santo.

Cuando es removido el obstáculo para la recepción fructífera de un sacramento que ha sido suministrado válidamente, aquél «revive» en el caso de cinco de ellos. Esto es evidente para el bautismo, la confirmación y la ordenación, que imprimen un carácter que jamás se perderá. Después de haber recibido el sacramento de la penitencia, estos tres sacramentos -si han sido recibidos válida aunque indignamente- «reviven». Si alguien se casa en estado de pecado mortal, está casado válidamente, pero recibe la gracia sólo después de haberse confesado y haber hecho penitencia. Es considerado portador de esta renovación el carácter del bautismo y la confirmación, que permanece pese a los pecados. Un argumento parecido se puede aplicar al caso del sacramento

---

[40] Cf. *CDC* 1033: «Sólo es ordenado lícitamente quien haya recibido el sacramento de la confirmación.»

de la unción de los enfermos, en que una recepción infructuosa debida al pecado experimenta, más tarde, su reactivación. Aquí la complicación radica en que el pecado mortal es considerado absuelto por este último sacramento, si existe una disposición suficiente.[41] En el caso del bautismo sin la debida disposición de parte del destinatario, como cuando un hombre sigue viviendo en la poligamia pese a que haya recibido el sacramento, la gracia revive después de una conversión de vida y la confesión sacramental. Con todo, la gracia no revive, según el juicio más ampliamente compartido, en el caso de los dos sacramentos restantes, es decir la penitencia y la Eucaristía. En el caso de una confesión no sincera, el sujeto debería confesarse de nuevo sinceramente, porque no recibe la gracia en virtud del acto precedente, que fue un sacramento inválido. En el caso de la Eucaristía, en cambio, ella no revive, entre otros motivos, porque mientras el bautismo, la confirmación y las sagradas órdenes no se repiten, y el matrimonio y la unción raramente se repiten, la Eucaristía es fácilmente repetible. O, también, porque aparecería incoherente que una persona que, a lo largo de su vida y cotidianamente, hubiera recibido de modo sacrílego la Eucaristía recibiera, de una vez por todas y mediante un solo acto de arrepentimiento, la gracia de esas comuniones.

1.10. Los efectos

1.10.1. *La gracia sacramental*

Los sacramentos se cumplen por la potencia y a través de la invocación (*epíclesis*) del Espíritu Santo, que es el don del Padre a través del Hijo. El Espíritu Santo está, también,

---

[41] Cf. Cap. sexto, donde este argumento es tratado en detalle.

especialmente asociado con el don de la gracia concedido a los destinatarios de cada sacramento. La gracia específica, propia de cada sacramento, será considerada en el correspondiente capítulo. En general, la gracia impartida por los sacramentos vuelve el amor de Dios, su presencia y potencia, disponibles en el momento presente, según el modo específico de cada sacramento. Existe, sin embargo, la tentación de vivir en el pasado o en el futuro, o en ambos, y así descuidar el presente. Para el ser humano, para el cristiano, en cambio, uno de los deberes más difíciles pero más necesarios es el de, justamente, abrazar el presente. Es necesario tener un ojo sobre el pasado y uno sobre el futuro, pero también tenerlos firmemente en el presente. Ahora bien, en ningún otro caso el momento presente es más vivamente sentido que en los sacramentos de la Iglesia. La Iglesia misma, como sacramento de Cristo, lo vuelve disponible a través de la potencia del Espíritu Santo, hoy, en el momento presente. La creación, la Encarnación y el *eschaton* son «tiempos» especiales en relación con la misericordia de Dios, en su economía salvífica (*Ef* 1,9-10). La dimensión escatológica de los sacramentos manifiesta nuestra participación en su nueva creación (cf. *Ap* 21,1-7), donde el concepto bíblico de plenitud indica una participación, incluso durante el actual peregrinaje a través de la historia, en Cristo y en su vida.[42]

El bautismo es un nuevo «hoy», el primer día de la vida cristiana; la confirmación es el poder del Espíritu Santo que ayuda al cristiano en el crecimiento de vivir hoy por Cristo. La reconciliación es un nuevo hoy en Cristo, después de la caída. La ordenación vuelve a los hombres ministros

---

[42] Para la idea escriturística de la «plenitud», ver, por ejemplo, *Jn* 1,14; *Ef* 1,23 y *Col* 1,19; 2,9.

de Cristo hoy y siempre; el matrimonio es el compromiso de un hombre y su mujer, hoy y siempre, uno en relación al otro y ambos, con Cristo. La unción de los enfermos ofrece la gracia al cristiano que se enfrenta hoy con la enfermedad y lo ayuda a hacer el viaje final hacia el día eterno. Los sacramentos focalizan la gracia de Dios en el momento presente en que vivimos. Haciendo esto, aceptan el pasado y miran al futuro. La Eucaristía, el más grande de todos los sacramentos, ilustra la relación entre pasado, presente y futuro en la historia de la salvación: «Oh banquete sagrado en el que Cristo viene recibido, la memoria de su pasión viene renovada, nuestras almas se colman con la gracia y nos viene dado el signo de la futura gloria.»[43] Una de las aclamaciones memoriales después de la consagración enseña cómo el sacrificio de Cristo abraza el pasado, el presente y el futuro: «Anunciamos tu muerte, proclamamos tu resurrección. ¡Ven, Señor Jesús!». Por lo tanto, la creación y la historia humana son renovadas y redimidas por los sacramentos que, así, realizan la historia de la salvación.

1.10.2. El carácter sacramental

Tres sacramentos, el bautismo, la confirmación y las sagradas órdenes, imprimen un sello específico y permanente sobre el destinatario, conocido como el carácter sacramental: estos sacramentos no pueden ser repetidos. La expresión es de origen griego (*sphragis*), y significaba la marca impresa sobre los animales o los soldados. Progresivamente la palabra griega, en su equivalente latino de *signaculum* y *character*, llegó a significar cualquier signo o imagen distintiva, especialmente aquellos que distinguían las personas o las

---

[43] LITURGIA DE LAS HORAS, Fiesta del Corpus Christi, segundas vísperas, antífona al Magnificat.

29

cosas por las funciones públicas. Los documentos legales y el dinero en la antigua Roma llevaban un sello oficial llamado «carácter»: los emblemas de los oficiales públicos fueron descritos por la misma palabra. En la época patrística, el bautismo y la confirmación fueron llamados sellos, como un sello de plomo o cera sobre una carta que indicaba la autoridad del que enviaba la misiva. Los Padres de la Iglesia notaron que en la Carta a los Hebreos, Cristo viene caracterizado como el 'reflejo perfecto' de la naturaleza del Padre y, también, «impronta de su sustancia» (*Hb* 1,3). Como Cristo es a semejanza del Padre, así los cristianos son marcados, sellados con la semejanza de Cristo a través del Espíritu Santo (*2 Co* 1,21-22). Así, durante la época patrística, algunos Padres como S. Ireneo y Tertuliano se refirieron al bautismo y a la confirmación como «sello».

Como hemos visto anteriormente, S. Agustín defendió, contra la herejía donatista, la verdad según la cual el bautismo y la confirmación no se pueden repetir. Él estableció claramente la doctrina de un carácter que es otorgado independientemente por la gracia y que no se pierde ni siquiera con el pecado mortal.[44] Los medievales declararon que el carácter designa la gracia, haciendo a la persona semejante a Dios a través de la consagración. S. Tomás de Aquino subrayó particularmente que el carácter da a la persona el derecho y el deber de participar en el culto de la Iglesia.[45] Más recientemente, M. J. Scheeben puso en evidencia que el carácter sacramental es un reflejo de la unión hipostática, y por lo tanto emana de la Encarnación. La

[44] Cf. S. AGUSTÍN, *De baptismo contro Donatistas*, libro 6, Cap.l, 1, en *PL* 43, 197.

[45] Cf. S. TOMÁS DE AQUINO, *Summa Theologiae* III, q.62, a.2. [Para la versión castellana citamos, siempre, de Santo Tomás de Aquino, *Obras Completas*, 5 volúmenes, BAC, Madrid 2000.]

unión entre Cristo y su esposa, la Iglesia, es un tipo de carácter primordial. Cada carácter sacramental que una persona recibe, la configura aún más perfectamente para ser semejante a Cristo, pero en cada sacramento de modo diverso. El carácter es una transformación en el ser de la persona, una transformación ontológica que está a la base de la acción en sus diversas formas.

Por lo tanto, el carácter sacramental es un signo esculpido por Dios dentro de la persona que, así, la configura a imagen de Cristo. Es también una marca distinguible, de tal modo que el cristiano, por el bautismo, es consagrado y distinguido del resto del mundo. Los fieles de Cristo se distinguen entre sí en razón de los diversos caracteres sacramentales. El bautizado es consagrado y unido a Cristo como confesor de la fe, el confirmado es distinguido como defensor de la fe y un hombre ordenado es indicado como siervo de Cristo (en el orden diaconal) o mediador (en el orden presbiteral y episcopal) en la Iglesia. El carácter sacramental es un signo que dispone a la gracia, porque es signo y causa de tal gracia, perfecciona la naturaleza humana y es indeleble en esta vida y en la futura. Así, y de acuerdo al juicio de numerosos Padres, el carácter permanece más allá de la muerte, por toda la eternidad.[46]

1.11. Sacramentos y sacramentales

Las discusiones sobre el número de los sacramentos evidencian que durante la edad media algunas acciones de la Iglesia fueron consideradas sacramentos, incluso cuando ni la propia Iglesia los aceptaba definitivamente como tales.

---

[46] S. CIRILO DE JERUSALÉN escribe acerca de un «sello del Espíritu Santo que no puede ser borrado en la eternidad». De la *Procatechesis*, 17, en *PG* 33, 366.

Hugo de San Víctor hizo referencia a los sacramentos menores, que en realidad eran sacramentales. Pedro Lombardo fue el primero en usar la expresión latina *sacramentalia*, que corresponde a la palabra sacramentales. Las bendiciones, las indulgencias y los exorcismos son ejemplos de ellos. Los sacramentales no funcionan con la eficacia intrínseca de los sacramentos ni su poder depende, sencillamente, de la disposición subjetiva de la persona que desarrolla el particular rito. Porque la Iglesia es la esposa de Cristo y su sacramento, Ella goza de un poder que no esta restringido a los sacramentos; los sacramentales están, en efecto, conectados con su poder de intercesión. Es por lo tanto posible proponer que los sacramentales actúan, en sentido amplio, *ex opere operantis*, es decir de acuerdo a la acción de las personas que los administran. O lo que es lo mismo, que los sacramentales actúan *casi ex opere operato*, casi según la obra del que la realiza.

Mientras los sacramentos son de institución divina, los sacramentales en cambio son de institución eclesiástica. Ellos dependen de la vida sacramental y a menudo conducen a los sacramentos:

> La santa madre Iglesia instituyó, además, los sacramentales. Estos son signos sagrados creados según el modelo de los sacramentos, por medio de los cuales se expresan efectos, sobre todo de carácter espiritual, obtenidos por la intercesión de la Iglesia. Por ellos, los hombres se disponen a recibir el efecto principal de los sacramentos y se santifican las diversas circunstancias de la vida.[47]

El uso del agua bendita, un sacramental que se realiza al entrar en la iglesia, es parte de la preparación remota para

---

[47] CONCILIO VATICANO II, *Sacrosanctum Concilium*, 60.

la celebración de la Santa Misa. Las indulgencias son sacramentales que se relacionan con el sacramento de la penitencia. Los sacramentales no otorgan una gracia sacramental inmediata, pero disponen al sujeto a recibirla y presuponen, al menos, la existencia del bautismo cristiano como fundamento sobre el que se pueden apoyar. Los sacramentales se asemejan a los sacramentos en cuanto son signos sagrados sensibles, muchas veces con materia y forma, son medios públicos de santificación; producen efectos espirituales y son actos de culto público. Difieren de los sacramentos en que los sacramentos son de institución divina; los sacramentales, de institución eclesiástica. Los sacramentos actúan *ex opere operato*; los sacramentales, *ex impetratione Ecclesiae*. Los sacramentos son signos de la gracia; los sacramentales, signos de la oración de la Iglesia. Los sacramentos tienen como fin producir la gracia que significan; los sacramentales, sólo disponen para recibir la gracia (consiguen gracias actuales), y obtienen otros efectos.

De las «acciones» que son sacramentales, figuran en primer lugar las bendiciones (de personas, de la mesa, de objetos, de lugares). Toda bendición es alabanza a Dios y oración para obtener sus dones. En Cristo, los cristianos son bendecidos por Dios Padre «con toda suerte de bendiciones espirituales» (*Ef* 1, 3). Por eso la Iglesia da la bendición invocando el nombre de Jesús y haciendo habitualmente la señal santa de la cruz de Cristo.[48] Ahora examinaremos el bautismo, el primero de los sacramentos de la iniciación cristiana.

---

[48] *CIC* 1671.

2

El Bautismo

¡Cristo no obra nunca sin agua! Él mismo es sumergido en el agua; invitado a las bodas [de Caná], inicia con el agua el primer signo de su potencia; cuando habla, ofrece a aquellos que están sedientos su agua viviente que brota de la vida eterna; cuando habla de amor, él indica entre las pruebas de amor el ofrecimiento de un vaso de agua al hermano; él permanece vecino a un pozo; él camina sobre el agua y a menudo atraviesa las aguas; él calma con el agua la sed de sus discípulos. Y el signo del bautismo lo sigue derecho hasta su pasión; condenado a muerte en la cruz, hay todavía agua, como saben las manos de Pilatos; traspasado por la lanza, el agua sale de su costado.

Tertuliano, *De Baptismo*

El sacramento del bautismo es el primero en ser tratado, pues constituye la base de la vida sacramental en la Iglesia. Todos los otros ritos sagrados presuponen su existencia y se construyen a partir de él. El bautismo es la entrada a la vida con Cristo en la Iglesia y es el primer sacramento de la iniciación cristiana, seguido por la confirmación y perfectamente cumplido en la Eucaristía.

2.1. Institución

2.1.1. La prefiguración y la preparación en el Antiguo Testamento

En las religiones precristianas y no cristianas, los ritos que comprendían el baño y los rituales purificadores ocuparon siempre un lugar central. Por ejemplo, en las religiones del antiguo Egipto, Grecia, Persia, India y Babilonia se pensaba que era necesario pasar por algún tipo de ablución, a fin de remover las impurezas morales o cultuales. El bautismo cristiano es radicalmente diferente de estos rituales paganos, de modo que no es posible verlo como un simple desarrollo de aquéllos; ni está simplemente basado en un deseo de purificación espiritual intrínseco al ser humano. Al contrario, la institución del sacramento -aunque en conformidad al deseo humano de purificación- deriva de una iniciativa divina. Como veremos, el sacramento cristiano surge de un mandato directo del Salvador de bautizar en su nombre. Algunas formas de purificación en el Antiguo Testamento prefiguran de algún modo, el ritual cristiano del bautismo. Bajo la ley judía había dos tipos de purificación. A una de ellas se recurría después de haber contraído alguna impureza de tipo legal: por ejemplo, como resultado del contacto con animales impuros, o de ciertas enfermedades, o incluso a causa de impureza sexual.[1] La otra forma de purificación, en cambio, era la de la iniciación. Los no judíos podían también observar la ley judía (como se ve en *Lv* 17,8-15), siempre que hubieran sido circuncidados. Más tarde, la idea según la cual los no judíos eran impuros por definición y que, en consecuencia, debían ser purificados en un rito, fue llamado bautismo (*tebila* en hebreo). En todo caso, no se puede decir que el cristianismo haya simplemente adoptado del judaísmo el rito del bautismo, pues «no es seguro que

---

[1] *Lv* 11-15 contiene muchos ejemplos de esta especie de purificación.

ese [rito judío] existiera al tiempo de la primera iglesia cristiana.»[2]

El Antiguo Testamento contiene, además, *tipos* de bautismo cristiano, o eventos que prefiguran este sacramento. El primero de ellos consiste en las aguas primordiales sobre las cuales sobrevolaba el espíritu de Dios (*Gn* 1,2). San Pedro afirmó que las aguas del diluvio fueron «un tipo de bautismo» que nos salva ahora (*1 P* 3,20-21; cf. *Gn* 7). La circuncisión en tanto rito de iniciación y purificación ritual es, tal como propone San Pablo, un tipo de bautismo: «En él también fuisteis circuncidados con la circuncisión no quirúrgica, sino mediante el despojo de vuestro cuerpo mortal, por la circuncisión en Cristo. Sepultados con él en el bautismo, con él también habéis resucitado por la fe en la acción de Dios, que resucitó de entre los muertos» (*Col* 2,11-12). También el paso de los israelitas sobre el Mar Rojo es, en la teología paulina, un tipo bautismal: «... todos fueron bautizados en Moisés, por la nube y el mar...» (*1 Co* 10,2). Tertuliano ve en Moisés que golpea la roca en el desierto (*Nm* 20,1-11) una figura de San Pedro y de sus sucesores que, mediante el agua que brota de la roca que es Cristo, comunica la vida al pueblo cristiano.[3] El episodio en el que Naamán, comandante del ejército del rey de Aram, fue sanado de la lepra, a través de un ritual septenario gracias a un baño en el río Jordán, es rico de significado tipológico (*2 R* 5,8-14). El Antiguo Testamento contiene, además, profecías bautismales, la más explícita de las cuales es la de Ezequiel: «Os rociaré con agua pura y quedaréis purificados; de todas vuestras impurezas y de todas vuestras basuras os purificaré» (*Ez* 36,25-

---

[2] M. Schmaus, *Dogma 5. The Church as Sacrament*. Sheed & Ward, London 1975, p. 141.

[3] Cf. Tertuliano, *De Baptismo*, Cap. 9, 3, en CCL 1, 284.

26). Los profetas, además, vinculan el ritual de la ablución con la futura restauración de Israel. Isaías se refiere a expulsar, lavando, «la inmundicia de las hijas de Sión» (*Is* 4,4) y las profecías de Zacarías, por su lado, ven que «aquel día habrá una fuente abierta para la casa de David y para los habitantes de Jerusalén, para lavar el pecado y la impureza» (*Za* 13,1).

2.1.2. *La institución en el Nuevo Testamento*

La palabra bautismo deriva de la expresión griega *baptizei*, que significa «sumergir» o «zambullir». En la Sagrada Escritura, esta palabra tiene diversos significados, el principal de los cuales es el de lavado. Por medio del sacramento del bautismo instituido por Cristo, la inmersión en el agua simboliza «el acto de sepultar al catecúmeno en la muerte de Cristo, de donde sale por la resurrección con Él como 'nueva criatura'.»[4] Mientras el ritual del lavado en el Antiguo Testamento pudo ser visto como una remota prefiguración del bautismo cristiano, el bautismo de Juan Bautista es un inmediato presagio del sacramento que Cristo ha instituido. El precursor de Cristo declaró: «Yo os he bautizado con agua, pero él os bautizará con Espíritu Santo» (*Mc* 1,8). Existe, en consecuencia, una diferencia esencial entre el bautismo de Juan y el de Cristo. El bautismo de Juan no fue un sacramento en cuanto tal sino, ante todo, una preparación para el rito cristiano; fue un puente entre el Antiguo y el Nuevo Testamento. Santo Tomás lo explica de este modo: «El bautismo de Juan no confería la gracia, sino sólo la preparación para ésta, de tres maneras. Primero, porque Juan con su doctrina movía a los hombres a la fe en Cristo. Segundo, acostumbrando a los hombres al rito del bautismo de Cristo. Tercero,

---

[4] *CIC* 1214

preparando a los hombres, mediante la penitencia, a recibir los efectos del bautismo de Cristo.»[5] En un cierto sentido, el bautismo de Juan puede ser considerado como un sacramental que prepara el bautismo instituido por Cristo.[6] Cristo, que fue sometido al bautismo en el Jordán a manos de Juan Bautista (*Mc* 1,9-11), también usó la expresión bautismo para describir su pasión y muerte (*Mc* 10,38; *Lc* 12,50). El significado del bautismo del Señor fue el de ser un signo de esperanza para todos los hombres, pero sobre todo una teofanía o manifestación de su divinidad. Aquel que no tenía necesidad del bautismo lo recibió para santificar las aguas del bautismo, como destacaron muchos Padres de la Iglesia, como S. Atanasio, S. Ambrosio, S. Agustín, S. Gregorio Nacianceno y S. Beda. S. Tomás siguió esta tradición, al destacar que «el contacto de su carne comunicó fuerza regenerativa no sólo a las aguas que le tocaban, sino a todas las aguas de la tierra por los siglos venideros».[7]

La institución del bautismo por parte de Cristo se puede leer en tres pasajes del Evangelio. El primero, en la predicación de Juan el Bautista, donde se indica que Cristo habría de fundar un nuevo y perfecto bautismo, en el «Espíritu Santo y fuego» (*Lc* 3,16). El segundo, en el diálogo de Cristo con Nicodemo, en el que insistió en la absoluta necesidad, para la salvación, de la regeneración a través del rito bautismal (*Gn* 3,5). El tercero, por último, en el día de la Ascensión, cuando Jesucristo dirigió estas solemnes palabras a sus apóstoles: «Id, pues, y haced discípulos a todas las gentes bautizándolas en el nombre del Padre y del Hijo y del Espíritu Santo» (*Mt* 28,19; cf. *Mc* 16,16). Cristo no habría

---

[5] S. TOMÁS DE AQUINO, *Summa Theologiae* III, q.38, a.3

[6] Cf. S. TOMÁS DE AQUINO, *Summa Theologiae* III, q.38, a.1

[7] S. TOMÁS DE AQUINO, *Summa Theologiae* III, q.78, a.5.

formulado el precepto universal de usar un nuevo rito si no lo hubiese instituido previamente. La Iglesia primitiva administró el bautismo y afirmó que era necesario para la salvación.[8] También S. Pablo confirmó la importancia del bautismo para la salvación (*1 Co* 1,14; *Rm* 6,1-11). El hecho que la comunidad cristiana primitiva haya practicado el bautismo desde el inicio, afirmando su fundamental importancia, puede ser explicada sólo si la institución del sacramento es atribuida a Cristo mismo. Claramente, sólo Dios habría podido instituir un sacramento que puede perdonar los pecados y preparar el camino para la vida eterna con Él.

Existen diversas opiniones acerca del momento en el que Cristo instituyó el bautismo. San Ambrosio y algunos escolásticos sostuvieron la opinión según la cual Cristo instituyó este sacramento cuando fue bautizado por Juan en el Jordán. También S. Tomás de Aquino piensa que Cristo instituyó el bautismo cuando fue bautizado por Juan, porque el agua, a través de Él, adquirió fuerza santificante. De todos modos, el Doctor Angélico añadió que Cristo impuso la obligación de recibir el bautismo sólo después de su pasión y resurrección, porque sólo entonces el hombre habría estado en condiciones de ser conformado según el misterio pascual.[9] Una minoría de teólogos, incluído Pedro Abelardo, pensaban que el momento fundamental era el diálogo de Jesús con Nicodemo. San Buenaventura, el Beato Juan Duns Scoto y otros pensaban, en cambio, que la institución tuvo lugar cuando Cristo mandó a los apóstoles y discípulos a bautizar (*Lc* 9,1-6; 10,1-16; *Jn* 3,22-26; 4,1-2). El bautismo, como origen de la Iglesia, está simbolizado por el agua que

---

[8] Esto puede ser visto, por ejemplo, en los siguientes pasajes: *Hch* 2,38.41; 8,12.16.36.38; 10,47s; 16,15; 18,8; 19,3-5.

[9] Cf. S. TOMÁS DE AQUINO, *Summa Theologiae* III, q.66, a.2.

brota del costado de Cristo cuando fue crucificado.[10] Por otro lado, numerosos teólogos modernos piensan que la institución tuvo lugar justo antes de su Ascensión, cuando nuestro Señor mandó a sus apóstoles por el mundo entero a proclamar la buena nueva y a bautizar.

Es probable que existiera una institución múltiple del bautismo por parte de Cristo, en la que Él reveló progresivamente los misterios y determinó gradualmente las características esenciales del sacramento. Es decir, algo similar a la institución de la Iglesia, que se verificó en numerosas fases prepascuales y postpascuales. El bautismo del Señor reveló las características del sacramento en un contexto teofánico, así como el milagro de la bodas de Caná reveló en modo diverso algunos lineamientos de la Eucaristía. El bautismo del Señor señaló al agua como materia del lavado espiritual y, también, la forma trinitaria. En el diálogo con Nicodemo, Cristo insistió en la necesidad del sacramento. Si Cristo mismo administró el bautismo es una cuestión controvertida (*Jn* 3,22 y 4,2). Pareciera, en todo caso, que Él habría bautizado a sus apóstoles como una forma de preludio al ministerio, propio de éstos, de bautizar a los demás.[11] Por otra parte, los apóstoles seguramente recibieron el bautismo, pues así estuvieron en condiciones de recibir, más tarde y de un modo válido, la plenitud del poder de las órdenes. En efecto, el bautismo habría sido el modo normal en el que los apóstoles se habrían liberado del pecado original. Fue oportuno, en consecuencia, que los apóstoles, primicias de la Iglesia, fueran bautizados, porque eran los primeros

---

[10] Cf. *Jn* 19,34; 1 *Jn* 5,6-8; CONCILIO VATICANO II, *Lumen Gentium* 3.

[11] Cf. S. TOMÁS DE AQUINO, *Summa Theologiae* III, q.38, a.6.

predicadores del Evangelio del que el bautismo es la profesión.

Cuando Jesús mandó a los apóstoles a bautizar (*Jn* 3,22), Él comenzó a hacer efectiva la virtud del sacramento. Éste es un rito completamente diverso del de Juan el Bautista, tal como se puede apreciar a partir de la respuesta del profeta cuando fue interrogado sobre el significado del bautismo de Jesús (*Jn* 3,25-26). Surge, también, una cuestión acerca de cómo el bautismo cristiano pudo ser realmente administrado antes del misterio pascual, del que todos los sacramentos extraen su potencia. Una posible explicación radica en el hecho que el acto de redención de Cristo tiene un poder retroactivo, lo que explicaría además porqué la primera Santa Misa tuvo lugar el primer jueves santo, en precedencia a la primera Pascua. La eficacia del bautismo deriva, por lo tanto, de la pasión de nuestro Señor, a la que prefiguraba. En el momento mismo en que es instituido un sacramento, él es capaz de producir sus efectos; así también en el caso del bautismo. En consecuencia, el bautismo administrado por los apóstoles y sus discípulos durante el período del ministerio público de Cristo, fue de verdad un sacramento, incluso si faltaba el pleno contexto eclesial. La promulgación del sacramento fue impuesta a toda la gente por Cristo antes de su Ascensión (*Mt* 28,18). La Iglesia ha administrado el bautismo cristiano desde el momento del envío del Espíritu Santo en el día de Pentecostés (*Hch* 2,38); así se hacía realidad el pleno contexto eclesial del sacramento.

2.1.3. *El desarrollo histórico*

Numerosos textos cristianos antiguos testimonian la existencia del bautismo en la Iglesia primitiva. La *Didaché*, que se ubica alrededor del año cien después de Cristo, habla de un rito por inmersión en agua que fluye y, también, de una triple aspersión de agua sobre la cabeza del candidato.[12] S. Hipólito, que escribe alrededor del 215, provee una descripción muy detallada del bautismo celebrado en Roma. La preparación al sacramento exigía un período de catecumenado, que llegaba a durar, incluso, de dos a tres años. Este rito presenta una notable semejanza con el que se desarrolla hoy, con la unción y el exorcismo prebautismal, la profesión de fe, el bautismo mediante inmersión y, por último, la unción postbautismal. También era tomado en consideración el bautismo de los niños, en el que los padres profesaban la fe a nombre de sus hijos. Todo el tratado de Tertuliano *Sobre el bautismo*, que es la más antigua monografía sobre este sacramento, fechado en la segunda mitad del siglo segundo, asume tácitamente que fue Cristo el que instituyó el sacramento.[13] S. Agustín afirma claramente que Cristo instituyó el sacramento: «El bautismo no depende ni de los méritos de los que lo administran ni de los de aquellos que lo reciben, sino de su propia verdad y santidad, en atención a quien lo instituyó.»[14] La institución del bautismo por parte de Cristo fue considerada como un don por S. Gregorio Nacianceno, que puso en evidencia los diversos aspectos de este sacramento:

> El Bautismo es el más bello y magnífico de los dones de Dios .... Lo llamamos don, gracia, unción, iluminación, vestido de inmortalidad, lavado de regeneración, sigilo, y todo lo que hay de más precioso. Don, porque es ofrecido a aquellos que no portan nada;

---

[12] Cf. *Didaché* 7, 2-3, en *Sources Chrétiennes* 248, Cerf, Paris, 1978, pp.170-173.

[13] Cf. TERTULIANO, *De Baptismo*, en CCL 1, 275-295.

[14] S. AGUSTÍN, *Contra Cresconium* 4, 19, en PL 43, 559 [Obras completas, *op. cit.*, vol XXXIV].

gracia, porque viene prodigado incluso a los culpables; Bautismo, porque el pecado viene sepultado en el agua; unción, porque es sagrado y real (tales son los que vienen ungidos); iluminación, porque es luz deslumbrante; vestido, porque cubre nuestra vergüenza; lavado, porque nos limpia; sigilo, porque nos custodia y es el signo de la señoría de Dios.[15]

También la inscripción que se encuentra sobre la cornisa marmórea del baptisterio de la basílica de S. Juan de Letrán, en Roma, del siglo quinto, destaca el origen divino del bautismo:

Con virginal generación la Iglesia concibe en el Espíritu de Dios a sus hijos y los da a luz en el agua. Si quieres ser inocente, purifícate en este baño, sea que te oprima el pecado original, sea que te oprima el pecado personal. Esta es la fuente de vida que baña todo el orbe, que toma origen de las heridas de Cristo. Esperad el reino de los cielos, vosotros que sois regenerados en esta fuente.[16]

Los antiguos frescos baptisteriales, como el de la Catedral de Florencia, que representa la historia de la salvación que culmina en Cristo, afirman implícitamente la institución divina del bautismo.

Es una dogma de fe el que Cristo instituyó el sacramento del bautismo. El Concilio de Trento declaró solemnemente que todos los sacramentos fueron instituidos por Él.[17] Por otro lado, el Concilio definió, en particular, que el

[15] S. GREGORIO NACIANCENO, *Oratio* 40, 3-4, en *PG* 36, 361.

[16] M. SCHMAUS, *Dogmatica Cattolica*. ITC/1 *I sacramenti*. Marietti, Casale 1966, pp. 133-134.

[17] Cf. CONCILIO DE TRENTO, séptima sesión, *Decreto sobre los Sacramentos*, canon 1 en DS 1601.

bautismo de Cristo fue efectivamente diferente al de Juan.[18] Finalmente, la Iglesia ha declarado, contrariamente a lo que afirma el modernismo, que el sacramento del bautismo no fue instituido a través de un proceso de evolución en la Iglesia primitiva.[19]

2.2. El signo externo

2.2.1. *La materia*

La materia remota del sacramento del bautismo es el agua real y natural.[20] Una primera categoría comprende las materias consideradas como válidas sin ningún género de dudas. Estas son el agua natural en estado líquido, como aquella proveniente del mar, ríos, pozos, fuentes, manantiales, piscinas, baños, pantanos, lagos, nieve derretida o hielo o granizos, agua mineral, agua sulfúrea, rocío, vapores condensados, agua procedente de gruta, agua con una pequeña cantidad de elementos extraños (como en el caso del agua de ciénaga, a condición que el agua predomine por sobre aquéllos) y agua podrida, siempre y cuando permanezca siendo agua desde el punto de vista del sentido común. En el caso del agua que no se considere limpia, está permitido tratarla químicamente a efecto de liberarla de las bacterias. Está permitido, además, calentar el agua, especialmente en condiciones climáticas rígidas, y en el caso del bautismo de los neonatos.

---

[18] Cf. CONCILIO DE TRENTO, séptima sesión, *Cánones sobre el sacramento del bautismo*, canon 1 en DS 1614.

[19] Cf. SANTO OFICIO, Decreto *Lamentabili*, en DS 3442.

[20] Cf. CONCILIO DE FLORENCIA, *Decreto para los Armenios*, en DS 1314; CONCILIO DE TRENTO, séptima sesión, *Cánones sobre los sacramentos del bautismo*, Canon 2, en DS 1615; CONGREGACIÓN PARA EL CULTO DIVINO, *Rito para el bautismo de los niños* 21/2.

Una segunda categoría, en cambio, comprende las materias consideradas dudosamente válidas. Estas son el té o el café ligeros, el caldo ligero, la cerveza ligera, la tinta ligera, el agua de jabón y el agua artificial extraída de la destilación de las flores (como el agua de rosas). Se cuenta una pequeña historia apócrifa, relativa a un candidato a la púrpura cardenalicia de hace algunos siglos, cuya familia seguía la tradición de bautizar a sus miembros con el agua de rosas. ¡La cuestión era saber si el hombre interesado había sido bautizado o no!. S. Tomás de Aquino declaró que «el agua de rosas es un líquido exprimido de las rosas. Por eso no se puede bautizar con ella.»[21] La cuestión era saber si el agua preponderaba en esta sustancia o no. En caso de necesidad, como cuando se está en peligro de muerte, es posible que sólo se disponga de materia dudosamente válida. Si existe una real duda sobre la validez de la materia, su uso debería estar condicionado al hecho que se agreguen a la forma las siguientes palabras: «Si esta materia es válida, Juan, yo te bautizo...». Una categoría final comprende los materiales que son indudablemente inválidos. Estos son las sustancias que nunca han sido agua o que han sido transformadas por el agua. Éstas comprenden el vino, la cerveza fuerte, el café o el té fuerte, el aceite, la leche, los fluidos del cuerpo, incluida la saliva, el caldo o la salsa, el tocino o la grasa, la espuma, el agua mezclada con otra sustancia predominante, de modo tal que el simbolismo del lavado se pierda.

El agua es una materia apropiada para el sacramento del bautismo porque simboliza la regeneración en la vida espiritual y, del mismo modo, es un principio de generación de la vida natural de los hombres, animales y plantas. En razón de su humedad simboliza la purificación, su frescura

---

[21] S. TOMÁS DE AQUINO, *Summa Theologiae* III, q.66, a.4

simboliza la atenuación de las pasiones del pecado, con su transparencia permite el paso de la luz, simbolizando la iluminación de la fe. El agua contiene un doble simbolismo en el bautismo, a saber, el de la destrucción del pecado y el de conceder la vida a través del Espíritu Santo.[22] Puesto que es tan común y abundante, es justo que ella sea la materia de este sacramento, necesario para la salvación.[23] Para el sacramento del bautismo el agua debería prepararse con una bendición, que es parte del rito mismo, salvo que haya sido ya previamente bendecida. Ya desde la mitad del siglo segundo hay indicios de una bendición del agua bautismal. Tertuliano escribió, después, acerca de una santificación del agua por medio de la bendición de Dios.[24] S. Ambrosio habló de un exorcismo y de una bendición del agua antes del bautismo.[25]

La materia próxima es el modo concreto en el que el agua es empleada en el sacramento. La palabra «bautizar» implica la inmersión, como se ve en los Hechos de los Apóstoles, cuando Felipe bautiza al funcionario de la reina de Etiopía (*Hch* 8, 36). El concepto de bautismo como sepultura con Cristo (*Rm* 6,1-11; *Col* 2,12) está también muy en sintonía con el bautismo mediante inmersión. No obstante, en el caso del bautismo de los tres mil (*Hch* 2,41) y del bautismo en prisión (*Hch* 16,33) parece verosímil que el bautismo haya tenido lugar a través de infusión o versamiento de agua. Algunos documentos muy primitivos, como la *Didaché*, previe-

---

[22] Cf. S. BASILIO, *De Spiritu Sancto*, Cap. 15, 35, en *PG* 32, 130.

[23] Cf. S. TOMÁS DE AQUINO, *Summa Theologiae* III, q.66, a.3.

[24] Cf. TERTULIANO, *De Baptismo*, Cap. 4, en *CCL* 1, 279-280.

[25] Cf. S. AMBROSIO, *De Sacramentis*, Lib. 1, Cap. 5, en *PL* 16, 422-423.

ron el bautismo por infusión.[26] Incluso Tertuliano, S. Cipriano y S. Agustín, aluden a la aspersión como rito bautismal.

Hay, por lo tanto, tres modos tradicionales con los que el sacramento puede ser celebrado: por inmersión, infusión o aspersión. De estas tres materias próximas, S. Tomás de Aquino parece preferir la inmersión, porque simboliza la sepultura de Cristo; en todo caso, como el lavado puede tener lugar también a través de la aspersión o la infusión (y no sólo a través de la inmersión) se entiende que aquéllos sean igualmente aceptables.[27] El bautismo mediante inmersión figuró como el principal modo de celebrar el sacramento en oriente hasta el siglo trece, y en occidente hasta los siglos XV o XVI. Desde entonces hasta hoy, las comunidades protestantes posteriores a la Reforma, como los Menonitas, los Bautistas, los Brethren y los Discípulos de Cristo contemplan el bautismo por inmersión. El movimiento neocatecumenal de la Iglesia Católica emplea regularmente la inmersión total como la práctica normal para el bautismo. En todo caso, para un verdadero lavado, el agua debiera fluir. Por eso, el toque de un dedo húmedo en el cuerpo de un niño es insuficiente, pues el agua debiera discurrir sobre su piel. Por lo mismo, cuando se habla de aspersión, se debe tener claro que el simple hecho de rociar por medio del sistema de aerosol resulta insuficiente. El problema radica en el hecho que, en este último caso, no hay agua suficiente para que fluya sobre la piel, que es precisamente aquello que constituye el simbolismo del lavado. En algunos lugares la inmersión, la infusión o la aspersión se realizaban tres veces, como un modo de significar ya sea la Santísima Trinidad o los tres

---

[26] Cf. *Didaché* 7, 3, en *Sources Chrétiennes* 248, Cerf, Paris, 1978, pp.170-173.

[27] Cf. S. TOMÁS DE AQUINO, *Summa Theologiae* III, q.66, a.7.

días de Cristo en el sepulcro.[28] En la iglesia española la práctica de la inmersión única se desarrolló para manifestar, contra los arrianos, la unidad de la sustancia de la Santísima Trinidad. El Catecismo recomienda tanto una triple inmersión como un triple vertimiento.[29]

2.2.2. *La forma*

La forma, es decir, las palabras que tienen que acompañar la materia del sacramento para darle el valor de un signo externo, se articula en dos especies. La fórmula occidental se expresa en la voz indicativa que dice: «yo te bautizo en el nombre del Padre y del Hijo y del Espíritu Santo». En los ritos orientales, en cambio, se usa regularmente la formulación pasiva: «Es bautizado este siervo de Cristo en el nombre del Padre y del Hijo y del Espíritu Santo.»[30] Algunos estudiosos reconocen en esta diferencia entre oriente y occidente la intención, especialmente importante en oriente, de combatir la herejía novaciana según la cual la fe del ministro es necesaria para la validez del bautismo. Para eliminar esta falsa idea, los obispos orientales decidieron reemplazar las palabras «yo te bautizo» con la expresión «es bautizado el siervo de Dios».[31] De este modo, el rol subjetivo del ministro se enfatiza menos.

---

[28] Cf. S. CIRILO DE JERUSALÉN, *Catequesis Mistagógica* II, 4, en *PG* 33, 1079-1080.

[29] *CIC* 1239.

[30] CONCILIO DE FLORENCIA, *Decreto para los Armenios*, en DS 1314, que cita una posible segunda forma, propia del oriente: «Es bautizado por mis manos N. en el nombre del Padre y del Hijo y del Espíritu Santo».

[31] Cf. A. PIOLANTI, *I sacramenti*, Libreria Editrice Vaticana, Città del Vaticano 1990, p. 284.

Una discusión posterior en relación a la forma fue la de saber si la única forma válida era la trinitaria o si, en cambio, una expresión cristológica era suficiente. Diversas expresiones del Nuevo Testamento aluden al bautismo «en el nombre de Jesucristo» (*Hch* 2,38) «en Cristo Jesús» (*Rm* 6,3) y «en Cristo» (*Ga* 3,27). Durante la época patrística y el medioevo la fórmula cristológica fue habitualmente reconocida como válida. S. Ambrosio consideraba válida la fórmula bautismal expresada en el nombre del Señor Jesús.[32] En el año 559 el Papa Pelagio I, en cambio, condenó el uso de la fórmula cristológica declarando que era obligatoria la trinitaria.[33] Más tarde, en el año 866, el Papa Nicolás I parece haber indicado, pese a todo, que la fórmula cristológica era válida.[34] Algunos teólogos medievales, como Pedro Lombardo y Hugo de San Víctor, consideraron esta forma como válida. Otros, en cambio, como S. Alberto Magno, S. Buenaventura y S. Tomás pensaron que fue válida sólo durante el período apostólico. En particular, el Doctor Angélico pensaba que la forma bautismal cristológica (con la sola invocación de Cristo) fue válida, de modo exclusivo, durante la época apostólica y no más allá de ella, concretamente a causa de una especial revelación del Señor.[35] Aunque en el primer período de la Iglesia existían fórmulas litúrgicas cristológicas, ellas eran, en todo caso, al menos implícitamente trinitarias, pues una profesión de fe trinitaria era exigida a los bautizados. En consecuencia, un contexto profundamente trinitario acompañó toda posible forma cristológica.

[32] Cf. S. AMBROSIO, *De Spiritu Sancto*, Lib. 1, cap. 3, 42-43, en PL 16, 713-714.

[33] Cf. Papa PELAGIO I, Carta *Admonemus ut*, en DS 445.

[34] Cf. Papa NICOLAS I, Respuesta *Ad consulta vestra*, en DS 646.

[35] Cf. S. TOMÁS DE AQUINO, *Summa Theologiae* III, q.66, a.6.

Además, toda forma de bautismo «en el nombre del Señor» puede ser interpretada en el sentido de «bajo la autoridad de Cristo», con lo que se indicaría que Cristo instituyó el sacramento y no, necesariamente, que se usó una fórmula litúrgica cristológica durante la época apostólica. Finalmente, el Concilio de Florencia del 1439 declaró la necesidad de usar una fórmula trinitaria.[36] En la discusión ecuménica actual, la fórmula trinitaria es necesaria para el reconocimiento, por parte de la Iglesia Católica, del bautismo conferido por las otras confesiones.[37]

Por otro lado, la forma debe manifestar también el acto del bautismo. En consecuencia, es necesario declarar expresamente «Juan, yo te bautizo» o «Juan es bautizado». Este principio fue afirmado por el Papa Alejandro III en el siglo XII, como también a propósito de la condena de los errores jansenistas por parte del Papa Alejandro VIII. La necesidad de explicitar el acto del bautismo está implícito, también, en el Concilio de Florencia.[38] Si el acto del bautismo no

---

[36] Cf. CONCILIO DE FLORENCIA, *Decreto para los Armenios*, como se encuentra en DS 1314.

[37] Cf. *DE* 93, que enuncia la exigencia «de una fórmula que indique claramente que el bautismo viene realizado en el nombre del Padre, del Hijo y del Espíritu Santo». En todo caso, el bautismo administrado en las sectas no cristianas generalmente es inválido, por defecto de intención del ministro. Cf. CONGREGACIÓN PARA LA DOCTRINA DE LA FE, *Respuesta a la duda planteada sobre la validez del Bautismo otorgado por «La Iglesia de Jesucristo de los Santos del Último Día», conocidos como «Mormones»*, 2001 en *AAS* 93 (2001), p.476.

[38] Cf. la carta del Papa Alejandro III (1159-1181) en DS 757; v. también la condena, por parte del Santo Oficio, del error jansenista, que proponía la validez del bautismo sin la frase «yo te bautizo» (DS 2327). Cf., también, el Concilio de Florencia, en DS 1314.

es mencionado explícitamente, el bautismo resulta indistinguible de una simple bendición, aunque ésta incluya el uso del agua.[39] En conclusión, la forma del bautismo debe contener los siguientes elementos: el ministro y el acto del bautismo, que están incluidos en la expresión del tipo «Yo bautizo»; la persona que debe ser bautizada, que tendría que ser nombrada para especificar que es él, y no otro, el destinatario; la unidad de la esencia divina viene indicada con la fórmula «en el nombre de». Por último, la Trinidad de las personas divinas debe ser mencionada explícitamente.

2.3. El ministro

El ministro ordinario del bautismo es un obispo, sacerdote o diácono. Claramente, como para todos los sacramentos, el dispensador principal del sacramento del bautismo es el obispo en su diócesis. En la Iglesia occidental esta verdad se expresa en la norma según la cual el bautismo de los adultos (al menos de aquellos que han cumplido los catorce años) debe ofrecerse al obispo.[40] El ministro extraordinario del bautismo puede ser cualquier persona, en atención, por un lado, a la necesidad del bautismo y, por otro, a la voluntad salvadora y universal de Dios. El sacramento es, por lo tanto, muy fácil de obtener. Incluso puede bautizar un no cristiano, siempre y cuando tenga la intención de administrar un bautismo cristiano, o tenga la intención de hacer aquello que hace la Iglesia. Por último, existen claras condiciones bajo las cuales una persona católica laica puede

---

[39] Cf. S. TOMÁS DE AQUINO, *Summa Theologiae* III, q.66, a.6.
[40] Cf. *CDC* 863.

ser nombrada ministro regular extraordinario del bautismo.[41]

2.4. El destinatario

El destinatario, naturalmente, no debe estar ya bautizado. Al margen de esto, la tradición de la Iglesia permite tanto el bautismo de los neonatos como el de los adultos. Cuando en la Iglesia primitiva enteras familias eran bautizadas parece que también los niños lo fueran, como en el caso de la familia del centurión Cornelio (*Hch* 10,44-48) y la familia de Estéfanas (*1 Co* 1,16). Tertuliano, en la Iglesia occidental de fines del siglo segundo, testimonia acerca del bautismo de los niños.[42] Hacia el 250, en oriente, Orígenes se refiere al bautismo de los niños como a una práctica usada desde la época de los apóstoles.[43] Los antiguos cristianos esculpieron inscripciones en los sepulcros que indican la práctica cristiana de bautizar durante aquel período. La necesidad del bautismo de los neonatos se repite numerosas veces a lo largo de la tradición de la Iglesia. En el siglo trece el Papa Inocencio III explicó que los niños debieran ser bautizados, incluso si no son capaces de tomar una decisión. Existen dos tipos de pecados, el pecado personal que está vinculado a nuestro consentimiento, y el pecado original, que se ha verificado sin nuestro consentimiento. El pecado original

---

[41] Cf. CONGREGACIONES VARIAS, *Instrucción sobre algunas cuestiones acerca de la colaboración de los fieles laicos al ministerio de los sacerdotes*, 1997, 11.

[42] Cf. TERTULIANO, *De Baptismo*, Cap. 18, 5, en CCL 1, 293.

[43] Cf. ORÍGENES, *Commentaria en Epistolam B. Pauli ad Romanos*, Lib. 5, 9, en *PG* 14, 1047, donde declara: «Pro hoc et Ecclesia ab apostolis traditionem suscepit, etiam parvulis baptismum dare».

le es perdonado al niño, al margen de su consentimiento.[44] El Concilio de Trento rechazó los errores de los anabaptistas, que creían sólo en el bautismo de los adultos, pues pensaban que los neonatos no estaban en condiciones de hacer una profesión de fe.[45] La Iglesia, recientemente, ha reafirmado su enseñanza, relativa a la tradición inmemorial del bautismo de los niños en la fe de la Iglesia. La Iglesia, en efecto, cree en el bautismo de los niños en tanto cree en la necesidad del bautismo para la salvación.[46] Esta reafirmación es especialmente necesaria en nuestros días, en los que existe la tendencia a retardar el bautismo o a permitir que los niños, por sí mismos, decidan la propia religión cuando sean mayores. La Iglesia cree, en cambio, que los niños debieran ser bautizados lo más pronto posible.[47] Para celebrar el bautismo de un neonato el ministro debe tener el consenso de, al menos, uno de los padres o, en su defecto, de un adulto *in loco parentis*. Para que el bautismo sea lícito debe existir una esperanza bien fundada que el niño será educado como un católico.[48] En todo caso, todo neonato que esté en peligro de muerte puede ser bautizado, incluso si los padres se oponen.[49] En el caso de una persona adulta, en cambio, él mismo tiene que querer ser bautizado, además del hecho de tener que recibir una preparación idónea.[50] Además, el bau-

---

[44] Cf. Papa INOCENCIO III, *Carta a Humberto, Arzobispo de Arlés*, en DS 780.

[45] Cf. CONCILIO DE TRENTO, séptima sesión, cánones 11-13 sobre el bautismo, en DS 1624-1626.

[46] Cf. SAGRADA CONGREGACIÓN PARA LA DOCTRINA DE LA FE, Instrucción *Pastoralis Actio* 14, en EV 7 (1980-1981), n. 600.

[47] Cf. CDC 867.

[48] Cf. CDC 868, 1.

[49] Cf. CDC 868,2.

[50] Cf. CDC 865.

tismo condicional debería ser administrado si el bautismo es incierto, sea en el sentido de su existencia o validez, sea en el sentido que el ministro no está seguro si una persona está viva o muerta.[51] En el caso de un adulto inconsciente, alguna evidencia debiera indicar que la persona al menos no se oponía a recibir el bautismo antes de caer en la inconsciencia. En todos los casos, los detalles tienen que registrarse con atención; esto es de importancia capital en vistas de la posibilidad, futura, de contraer matrimonio, de entrar en la vida religiosa y para recibir la sagradas órdenes. El nuevo nombre dado en el bautismo, por último, no debe ser extraño al sentimiento cristiano.[52]

2.5. Los efectos del bautismo

Esta sección examina los efectos salvíficos del bautismo en relación al perdón de los pecados, a la Santísima Trinidad y a la pertinencia a la Iglesia.

2.5.1. El perdón de los pecados

Antes que el ser humano pueda participar en la vida de la Santísima Trinidad, sus pecados deben ser perdonados. En el bautismo, el pecado original, todos los pecados personales y la pena temporal debida al pecado, son remitidos.[53] Mediante el bautismo en la muerte de Cristo, el cristiano se libera de la esclavitud del pecado y participa en la resurrección del Señor (*Rm* 6,1-11; cf. *Col* 2,9-15). El bautismo cambia la persona en la profundidad de su ser. Un adulto, después de haber recibido el bautismo, estará libre del

---

[51] Cf. *CDC* 869.

[52] Cf. *CDC* 855.

[53] Cf. CONCILIO DE FLORENCIA, *Decreto para los Armenios*, como se encuentra en DS 1316.

pecado, pero la historia del pasado permanecerá inalterada, de modo que los efectos del mal sobre el adulto pecador permanecerán. A pesar de eso, el castigo temporal debido al pecado viene removido; por lo tanto, un neonato o una persona adulta, que recibe el bautismo y luego muere de inmediato, obtiene directamente la recompensa eterna. Con todo, si falta la disposición por parte del adulto, este no se beneficia del pleno efecto del sacramento. Por ejemplo, el bautismo no perdonará los pecados veniales si todavía existe apego a ellos. Si existe una falta de disposición más grave, es decir, está presente el deseo de continuar viviendo en el pecado mortal, el sujeto recibe el carácter sacramental pero no la vida divina. La vida divina «revive» cuando el obstáculo es removido, mediante la recepción sincera del sacramento de la penitencia. Si, por otro lado, el sujeto no desea absolutamente recibir el sacramento, él no recibe ni siquiera el carácter, porque el obstáculo que ha interpuesto obstaculiza el sacramento en cuanto tal: «más es contradecir expresamente que no consentir en modo alguno».[54]

El bautismo es, por lo tanto, la justificación o la transición del estado en el que una persona nació como hijo del primer Adán, a la condición de hijo adoptivo de Dios mediante Cristo, el segundo Adán.[55] Lutero interpretó mal el pasaje de la Carta de S. Pablo a los Romanos que dice: «Habiendo, pues, recibido de la fe nuestra justificación, estamos en paz con Dios, por nuestro Señor Jesucristo» (*Rm* 5,1). Lutero sostenía que sólo mediante la fe somos justificados, lo que explica el que haya negado la eficacia objetiva de

---

[54] Papa INOCENCIO III, *Carta a Humberto, Arzobispo de Arlés*, en DS 781.

[55] Cf. CONCILIO DE TRENTO, sexta sesión, *Decreto sobre la justificación*, Cap. 4, en DS 1524.

los sacramentos. En realidad, la cooperación humana viene exigida junto a la gracia de la justificación, porque Dios, no forzando jamás nuestra voluntad, quiere, ante todo, nuestra amorosa respuesta.

Si el estado de gracia se pierde después del bautismo, puede ser recuperado a través del sacramento de la penitencia. En todo caso, cuando se pierde la gracia, contrariamente a cuánto sostenían los reformadores, la fe no se pierde.[56] No obstante que el bautismo remueve el pecado original, aún permanecen algunas de sus consecuencias, como el sufrimiento, la enfermedad y la fragilidad humana, la debilidad de carácter e, incluso, la inclinación al pecado conocida como concupiscencia.[57]

2.5.2. *La unión con Cristo*

Habiendo sido liberada de la esclavitud del pecado, la persona bautizada es capaz de la unión con Cristo, que comprende también una relación con la Iglesia. El bautizado ha sido configurado con Cristo Sacerdote, Profeta y Rey. Esta no es una configuración simplemente externa, sino interna, de modo que la mente y la voluntad están unidas a Cristo. Todo esto conduce a la idea de la conversión del intelecto y de la voluntad, como respuesta al bautismo. La analogía usada en las Escrituras es la de «revestirse de Cristo» como con una nueva prenda: «Todos los bautizados en Cristo os habéis revestido de Cristo» (*Ga* 3,27). La persona bautizada

---

[56] Cf. CONCILIO DE TRENTO, sexta sesión, *Decreto sobre la justificación*, canon 28, en DS 1544, 1978. Las opiniones luteranas sobre la justificación han sufrido un ulterior desarrollo después del período de la Reforma.

[57] Cf. CIC 1264. Para una discusión ulterior sobre los efectos y las consecuencias del pecado original, cf. mi libro *Il mistero della creazione*, LEV, Città del Vaticano 1999, pp. 150-162.

pertenece, así, a la nueva creación: «Por tanto, el que está en Cristo, es una nueva creación; pasó lo viejo, todo es nuevo» (*2 Co* 5,17; cf. *Ga* 6,15). Esta realidad es hecha explícita por el simbolismo del vestido blanco usado en el rito litúrgico: «Juan, eres ya nueva criatura y has sido revestido de Cristo. Esta vestidura blanca sea signo de tu dignidad de cristiano. Ayudado por la palabra y el ejemplo de los tuyos, consérvala sin mancha hasta la vida eterna.» Claramente, el vestuario bautismal puede ser de color diferente al blanco en culturas donde este color no tiene el mismo sentido.

La configuración con Cristo se basa en el real carácter sacramental recibido en el bautismo. El concepto de carácter sacramental del bautismo y, por analogía, el de la confirmación y del orden, se basa en el episodio de la samaritana del pozo: «Todo el que beba de esta agua, volverá a tener sed; pero el que beba del agua que yo le dé, no tendrá sed jamás, sino que el agua que yo le dé se convertirá en él en fuente de agua que brota para la vida eterna» (*Jn* 4,13-14; cf. *Jn* 7,39; *Sal* 36,9; *Is* 58,11). En este pasaje, es presentada una idea dinámica del carácter sacramental, que puede ser comparado a la estructura de una fuente, que viene recibida en el bautismo, donde el agua es la vida de gracia. Mediante el pecado mortal la vida de gracia (como el agua) se agotan, pero la fuente o el carácter permanecen. Por medio de la reconciliación sacramental la vida de gracia es hecha discurrir de nuevo. El carácter sacramental configura al bautizado con Cristo, de modo que el Hijo de Dios viva en él (*Rm* 6,1-11). Por medio del bautismo somos hechos a semejanza de Cristo.[58] El cristiano está, por lo tanto, íntimamente ligado con el misterio de Cristo en su Encarnación, en su vida, en su Pa-

---

[58] Cf. CONCILIO VATICANO II, *Lumen Gentium*, 7.2. Cf. también 31.1.

sión, Muerte y Resurrección, y espera con ansia su Segunda Venida. El carácter bautismal, además, une al cristiano a la Iglesia: «Los fieles, incorporados a la Iglesia por el bautismo, quedan destinados por el carácter al culto de la religión cristiana.»[59]

El carácter tiene, también, un aspecto antropológico y cambia el ser mismo del bautizado, generando de este modo una distinción esencial entre el cristiano y el no cristiano. En este sentido, se evita todo indiferentismo interreligioso. Este aspecto está ligado a la idea de la conversión: «a renovar el espíritu de vuestra mente, y a revestiros del Hombre Nuevo, creado según Dios, en la justicia y santidad de la verdad» (*Ef* 4,23-24).

El carácter bautismal confiere al bautizado una participación en el rol sacerdotal, profético y regio de Cristo. El fundamento sacerdotal del carácter bautismal se encuentra en la primera Carta de S. Pedro (*1 P* 2,2-10). Las funciones del sacerdocio del pueblo de Dios comprenden la participación en la liturgia, el sacrificio y la santificación de la vida cotidiana, el martirio, la virginidad voluntaria, el matrimonio, la aceptación y el ofrecimiento del dolor, de la enfermedad y de la muerte.[60] En tanto el sacerdote ministerial debe estar bautizado antes de ser ordenado, el sacerdocio de todos los fieles es la base sobre la cual viene construido el sacerdocio ministerial; así, este último difiere esencialmente respecto del sacerdocio del bautizado.[61]

El rol profético o de enseñanza del carácter bautismal se basa, aún más, en las palabras de S. Pedro, que describe al cristiano como «adquirido para las alabanzas de Aquél que

---

[59] CONCILIO VATICANO II, *Lumen Gentium*, 11.1.
[60] Cf. CONCILIO VATICANO II, *Lumen Gentium*, 10, 34.
[61] Cf. CONCILIO VATICANO II, *Lumen Gentium*, 10.2.

os ha llamado de las tinieblas a su admirable luz» (*1 P* 2,9). Los bautizados son «valiosos pregoneros de la fe».[62] Los fieles laicos de Cristo, por su bautismo y su confirmación, son testigos de la Buena Nueva del Evangelio, con sus palabras y el ejemplo de su vida cristiana. Ellos pueden ser llamados, también, a cooperar con los obispos y con los sacerdotes en el ejercicio del ministerio de la palabra.[63]

El carácter sacramental del bautismo implica, además, una participación en la regalidad de Cristo. S. Pablo indica que el poder regio de Cristo viene progresivamente conocido y desarrollado (*Col* 1, 15-20; *Ef* 1,3-23). El cristiano contribuye a la llegada del Reino, recordando que «ninguna actividad humana, ni siquiera en el orden temporal, puede sustraerse al imperio de Dios.»[64] Esta participación en el reino de Cristo implica, también, una lucha y una batalla contra las fuerzas secularizantes de la sociedad y contra el mundo del mal (*Ef* 6,11-14). En esta particular dimensión de la llegada del Reino, la tensión entre la salvación como don y como respuesta se siente más intensamente. Esto deriva del hecho que el carácter del sacramento del bautismo se recibe a fin que el cristiano sea un constructor del Reino, que aunque no es de este mundo empieza en este mundo.

2.5.3. El don del Espíritu Santo

S. Pablo pone los fundamentos para una consideración de la inmanencia del Espíritu Santo por medio del bautismo: «Porque en un solo Espíritu hemos sido todos bautizados, para no formar más que un cuerpo, judíos y griegos, esclavos y libres. Y todos hemos bebido de un solo Espíritu» (*1 Co* 12,13). El especial tipo de presencia del Espíritu Santo en

---

[62] Cf. CONCILIO VATICANO II, *Lumen Gentium*, 35.2.

[63] Cf. *CDC* 759.

[64] CONCILIO VATICANO II, *Lumen Gentium*, 36.4.

el bautizado es particular y personal, y debe ser diferenciada respecto de otras formas de presencia divina. Primero, Dios está presente en toda la creación, luego el hombre y la mujer son hechos a imagen y semejanza de Dios. Alguna huella de esta semejanza queda en los hombres y en las mujeres incluso después del evento del pecado original y, por lo tanto, también en aquel que no está bautizado. Pero entonces, ¿qué es lo que distingue la presencia de Dios en el cristiano y en el no bautizado? En el no bautizado Dios está presente como creador de la persona y como Aquél a cuya imagen la persona ha sido creada. En la persona bautizada, en cambio, el Espíritu Santo vive personalmente y, por lo tanto, el cristiano entra en una relación tripersonal con Dios. La gracia, en todo caso, puede ser dada fuera de la Iglesia. Los jansenistas fueron condenados por la negación de esta verdad.[65] Se necesita un justo equilibrio en el concebir la presencia del Espíritu Santo, de modo tal de no limitarla sólo al interno de la Iglesia -estrechamente concebida- aunque, por otro lado, sin caer en el extremo opuesto, concibiéndola indiferentemente en cada persona, independiente de su estado eclesial y sacramental. Que el Espíritu Santo está asociado especialmente con el bautismo se puede ver en los Hechos de los Apóstoles, donde se dice: «Cuando oyeron esto, fueron bautizados en el nombre del Señor Jesús. Y, habiéndoles Pablo impuesto las manos, vino sobre ellos el Espíritu Santo» (*Hch* 19,5-6).[66]

---

[65] Cf. CONCILIO VATICANO II, *Lumen Gentium* 4 y 12, para una idea de la presencia del Espíritu Santo en el cristiano y en la Iglesia. Cf. los errores condenados de Pasquier Quesnel, en DS 2429, que negó que la gracia viniese dada fuera de la Iglesia.

[66] Cf., también, *Hch* 10,47: «Entonces Pedro dijo: '¿Acaso puede alguno negar el agua del bautismo a éstos que han recibido el Espíritu Santo como nosotros?'». Es interesante notar que el Es-

El Espíritu Santo dado en el bautismo no es solamente un poder o una fuerza impersonal. Antes bien, el cristiano es el templo del Espíritu Santo (*1 Co* 6,19). El Espíritu grita «Abbà Padre» en el corazón del cristiano, haciéndolo capaz de invocar al Padre (*Gál* 4,6; *Rm* 8,15). El Espíritu Santo lleva a la unión con Cristo y al estado filial con el Padre. El Espíritu Santo, por lo tanto, está presente en el cristiano bautizado en una perspectiva trinitaria y se suma, en especial, a la asignación de la gracia santificante recibida por el bautizado.[67]

Refiriéndose a determinados pasajes de los Hechos de los Apóstoles (por ej. *Hch* 1,5; 11,6) la renovación carismática ha acuñado la frase «Bautismo en el Espíritu». Existen dos interpretaciones en relación a este término en la renovación católica carismática. La primera considera el bautismo en el Espíritu como una actualización de lo que ha sido recibido en el bautismo y en la confirmación. La segunda explicación habla en términos de una nueva efusión del Espíritu Santo. El peligro vinculado a la segunda interpretación radica en que, a veces, ella se la ha pensado en oposición a la praxis sacramental de la Iglesia institucional. Este peligro está habitualmente asociado a una forma de elitismo que considera como cristianos «verdaderos» sólo a aquellos que han recibido la efusión especial extrasacramental del Espíritu Santo. De hecho, de acuerdo con S. Pablo, existe un solo bautismo (*Ef* 6,4). Es naturalmente posible para el Espíritu Santo actuar al margen de los estrechos confines del sacramento, con especiales dones carismáticos de gracia, aunque,

---

píritu Santo ha sido dado, aquí, antes del actual bautismo sacramental, como gracia preventiva.

[67] Cf. *Rm* 8,1-27, para las ideas centrales sobre la presencia del Espíritu Santo en el cristiano.

claro está, siempre en relación a Cristo, a la Iglesia y al cristiano bautizado. Una efusión extrasacramental del Espíritu Santo no puede estar garantizada del mismo modo que los sacramentos, que son medios seguros de gracia para aquellos que no ponen ningún obstáculo a su recepción. Por último, cualquier manifestación pública del Espíritu Santo debe ser evaluada con atención, a fin de discernir si ella viene verdaderamente de Dios.

2.5.4. *Filiación adoptiva de Dios Padre*

El texto clave para comenzar a ocuparnos de la especial relación del bautizado con Dios Padre obtenida a través del bautismo, es la Carta de S. Pablo a los Romanos. El apóstol afirma que «todos los que son guiados por el Espíritu de Dios son hijos de Dios» (*Rm* 8,14); que el Espíritu nos hace gritar «Abbà Padre» (*Rm* 8,15); que Él nos hace hijos y herederos (*Rm* 8,17) a imagen del Hijo (*Rm* 8,29). San Pablo se refiere a los bautizados también como «hijos adoptivos» (*Ef* 1,5). La relación de filiación adoptiva del Padre, determinada por el bautismo, implica una participación de la naturaleza divina.[68] El carácter bautismal que une el bautizado a Cristo y la gracia santificante infusa por el Espíritu Santo, constituyen al cristiano en hijo adoptivo del Padre.

El ser elegidos hijos e hijas de Dios implica el concepto de predestinación, a partir de una interpretación de las palabras de San Pablo a los cristianos de Éfeso: «Nos ha elegido en él antes de la fundación del mundo, para ser santos e inmaculados en su presencia, en el amor; eligiéndonos de antemano para ser sus hijos adoptivos por medio de Jesucristo» (*Ef* 1,4-5). Aquello que debe ser sostenido en la doctrina católica sobre la predestinación es que, por un lado,

---

[68] Cf. CONCILIO VATICANO II, *Lumen Gentium* 40.1 y 1 *P* 1,4.

Dios desea que todos los hombres se salven[69] y, por otro, que ninguno debiera presumir orgullosamente de estar destinado a la salvación.[70]

2.5.5. *La pertenencia a la Iglesia*

Una vez que el destinatario ha sido liberado del vinculo con el pecado, sea original que personal, es también capaz de unirse a la Iglesia. Esta unión es propia del bautismo y comprende tres elementos: comunión de fe, comunión eclesial y comunión eucarística. El bautismo, de hecho, prepara y está orientado a la recepción de la Eucaristía, consumación de la vida sacramental.

El bautismo constituye al cristiano en un miembro de la Iglesia. En los Hechos de los Apóstoles el bautismo fue visto como acto de acogida en la comunidad cristiana (*Hch* 2,37-41). Este sacramento está siempre vinculado a un contexto de fe, de modo que la comunión eclesial está indisolublemente ligada a la comunión de fe y a la comunión eucarística: «Acudían asiduamente a la enseñanza de los apóstoles, a la comunión, a la fracción del pan y a las oraciones» (*Hch* 2,42). El bautismo constituye la base de la comunión de todos los cristianos, incluyendo a aquellos que aún no están en plena comunión con la Iglesia católica. Por lo tanto, una determinada comunión real, aunque imperfecta, existe entre la Iglesia católica y todas las iglesias cristianas y las comu-

---

[69] Cf. *1 Tm* 2,4: «(Dios) quiere que todos los hombres se salven y lleguen al conocimiento pleno de la verdad». Cf., también, la condena de un error de Cornelio Jansen, en DS 2005, según el cual Cristo no había muerto por todos los hombres, sin excepciones.

[70] Cf. CONCILIO DE TRENTO, sexta sesión, *Decreto sobre la justificación*, en DS 1540. Además, nadie está predestinado al mal, como se ve en DS 1567.

nidades eclesiales, cuyos miembros han sido incorporados a Cristo mediante el bautismo.[71]

La idea del «cristiano anónimo» es insatisfactoria, porque Cristo mismo «inculcando con palabras concretas la necesidad de la fe y del bautismo (cf. *Mc* 16,16; *Jn* 3,5), confirmó a un tiempo la necesidad de la Iglesia, en la que los hombres entran por el bautismo como puerta obligada.»[72] El carácter sacramental del bautismo configura al destinatario con Cristo y, por lo tanto, con la Iglesia. El carácter es una impronta cristológica y eclesiológica. Incluso si una persona deja formalmente la Iglesia, el carácter indeleble permanece presente y, por lo tanto, existe siempre la posibilidad del arrepentimiento.

El bautismo crea una unidad en la Iglesia, de modo que todas las otras distinciones desaparecen: «En efecto, todos los bautizados en Cristo os habéis revestido de Cristo: ya no hay judío ni griego; ni esclavo ni libre; ni hombre ni mujer, ya que todos vosotros sois uno en Cristo Jesús» (*Ga* 3,27-28). Por lo tanto, la Iglesia transciende y acoge toda nacionalidad y supera toda división racial o cultural; lo que significa, a la vez, una conversión de la misma cultura, de modo que los elementos que son contrarios a la fe, a la moral o a la cultura cristiana, pueden ser removidos de ella. Esto no significa, sin embargo, que todos son idénticos en la Iglesia; por ejemplo, existe una distinción entre el sacerdocio ministerial y el de todos los bautizados.[73] La dignidad co-

---

[71] Cf. *CIC* 1271 y Papa JUAN PABLO II, Carta Encíclica *Ut unum sint*, 1995, 11.

[72] CONCILIO VATICANO II, *Lumen Gentium*, 14.1.

[73] Cf. CONCILIO VATICANO II, *Lumen Gentium*, 10.2, que declara que «El sacerdocio común de los fieles y el sacerdocio ministerial o jerárquico se ordena el uno para el otro, aunque cada cual participa de forma peculiar del sacerdocio de Cristo».

mún de todos los fieles que se deriva del bautismo, con «una verdadera igualdad acerca de la dignidad y la acción común a todos los fieles en el edificar el cuerpo de Cristo»,[74] no debe confundirse con la democracia política moderna.

El pueblo de Dios comparte el oficio sacerdotal de Cristo, el profético y el regio.[75] Los bautizados, por lo tanto, que están en comunión con el Pontífice Romano, son todos miembros de la Iglesia. La idea errada según la cual sólo los sacerdotes y los monjes son «cristianos a título pleno» va en contra de la dignidad de la persona bautizada, a la que le ha sido conferido un rol clave en la Iglesia. Los movimientos eclesiales derivan su eficacia y fuerza del empeño bautismal de sus miembros. Todos los movimientos, por lo tanto, deben ser vistos a la luz del empeño bautismal de cada uno de los integrantes de la Iglesia; así se evitan todas las formas de elitismo y de clausura en relación a aquellos que no son miembros de esos grupos.

La Iglesia católica acepta, por lo general, la validez del bautismo conferido por otras confesiones cristianas donde resulte evidente la validez de la materia, la forma y la intención. En particular, no se pone en duda la validez del bautismo conferido por las iglesias orientales separadas de la Santa Sede. En relación a las otras Iglesias y comunidades eclesiales, la certeza de que el bautismo de un individuo ha sido administrado válidamente resulta facilitada por la existencia de un acuerdo sobre el bautismo contraído por las Iglesias y la comunidad eclesial de la región, y del hecho que el bautismo individual se ha desarrollado según lo establecido en ese acuerdo. La ausencia de un acuerdo formal de este tipo no significa que el bautismo sea inválido. Gene-

---

[74] Cf. *Ibid*, 32.3.

[75] Cf. *Ibid*, 11-13.

ralmente la validez del bautismo se presume, siempre y cuando no existan dudas sobre la materia, la forma o la intención por parte del ministro o del destinatario adulto. En particular, se debiera poner atención al peligro de invalidez en el caso en que el bautismo haya sido otorgado mediante aspersión, especialmente a varias personas de modo simultáneo.[76] Donde persista una seria duda, puede ser impartido en privado el bautismo condicional.[77] Está prohibido otorgar el bautismo en dos confesiones al mismo tiempo; por lo tanto, el bautismo no puede ser administrado por dos ministros que pertenecen a Iglesias o a comunidad eclesiales diversas.[78]

2.6. El don y la respuesta

Una vez examinado los principales efectos del bautismo -como la remisión de los pecados, el don de la gracia y la asignación del carácter sacramental- es ahora oportuno referirse a la respuesta que a estos dones da el que los recibe. El bautismo, en efecto, implica un don y una respuesta. Él no es solamente un «billete» para la salvación, sino también la respuesta de aquel que lo ha recibido. En la interacción entre la acción divina y la respuesta humana adecuada, también juegan una papel fundamental las buenas obras y la fe (*St* 2,14-26). El bautismo incluye un cambio de vida (*1 P* 3,21-46). Por lo tanto, el bautismo es un don y, también, una tarea orientada hacia el futuro. El cristiano es bautizado en el misterio pascual de Cristo, que tuvo lugar una vez por todas en el pasado pero que, aún, contiene una prenda de gloria que debe ser revelada. Los dones bautismales se abren en esta

---

[76] Cf. *DE* 95 (c), nota 105.
[77] Cf. *DE* 99.
[78] Cf. *DE* 97.

vida y se perfeccionan en la confirmación, encontrando su centro en la Eucaristía. La fruición final adviene, en todo caso, sólo en la gloria futura. El cumplimiento dinámico del carácter sacramental lo ilustra S. Pablo en los siguientes términos: «En él también vosotros, tras haber oído la Palabra de la verdad, el Evangelio de vuestra salvación, y creído también en él, fuisteis sellados con el Espíritu Santo de la Promesa, que es prenda de nuestra herencia, para redención del Pueblo de su posesión, para alabanza de su gloria» (*Ef* 1,13-14).

2.7. La necesidad del bautismo

Si bien el bautismo no es un «billete» para la salvación, es, ciertamente, una condición necesaria de ella. Esta verdad ha sido confirmada en contra de algunas herejías surgidas a lo largo de la historia de la Iglesia. Los pelagianos, que pusieron en discusión el valor de la gracia y negaron la trasmisión del pecado original, pensaban que el bautismo no era necesario para todos. El hombre podría alcanzar plenamente la salvación con sólo sus propios esfuerzos. Contra los errores de Pelagio, el decimosexto Concilio de Cártago, en el año 418, afirmó que el bautismo remite verdaderamente el pecado original.[79] Contra los errores de los mesalianos y de los maniqueos, que afirmaban que el bautismo era sólo facultativo, el Concilio de Trento afirmó que era necesario para la salvación.[80] La tendencia valdense antisacramental consideraba superfluo el bautismo de los neonatos, además de mostrarse, en el pasado, incierta acerca de

---

[79] Cf. DÉCIMOSEXTO CONCILIO DE CÁRTAGO, canon 2, en DS 223.

[80] Cf. CONCILIO DE TRENTO, séptima sesión, canon 5 sobre el bautismo, en DS 1618.

la remisión de los pecados operada por el sacramento.[81] Entre los reformados, Lutero creía que el bautismo era un sacramento y pensaba, en consecuencia, que el bautismo de los neonatos era un medio real de salvación; después, sin embargo, fue incapaz de armonizar su noción de justificación por la sola fe con la verdad según la cual el bautismo salva. Por tanto, no consideraba el bautismo como necesario para la salvación, ya que para él sólo la fe poseía poder salvador. Calvino rechazó firmemente el bautismo de los niños. Los calvinistas pensaban que el Espíritu Santo despertaba directamente la fe en el corazón de los creyentes y que eso coincidía con el rito del bautismo. Los niños, hijos de padres creyentes, recibían un don infuso de fe y éste les regeneraba. Por lo tanto, según el modo calvinista de ver las cosas, el bautismo no es necesario sino, simplemente, se trata de un emblema o símbolo del proceso de regeneración directa. Los modernistas pensaban que la necesidad del bautismo dependía de un precepto puramente eclesiástico.[82]

Más recientemente, el Magisterio ha declarado que las palabras de Jesús a Nicodemo «tienen una forma tan universal y absoluta, que los padres las han juzgado aptas para establecer la necesidad del bautismo».[83] Si bien el contexto de esta declaración es una reafirmación de la práctica del bautismo de los neonatos -en una situación cada vez más pluralista, en la que algunos padres quieren esperar hasta la

---

[81] Cf. *La profesión de fe prescrita a los valdenses* en DS 794.

[82] Cf. SANTO OFICIO, Decreto *Lamentabili*, que condena el siguiente artículo modernista, tal como aparece en ND [1437.42]: «Fue la comunidad cristiana quien introdujo la necesidad del bautismo, adoptándolo como rito necesario y agregándole las obligaciones de la profesión cristiana».

[83] SAGRADA CONGREGACIÓN PARA LA DOCTRINA DE LA FE, Instrucción *Pastoralis Actio* 12, en *EV 7* (1980-1981), n. 598.

adolescencia de sus hijos para permitirles a éstos elegir su propia religión-, la declaración es, también, un correctivo importante contra una especie de indiferentismo que propone que todas las religiones son iguales. De modo parecido, la actual falta de distinción entre natural y sobrenatural lleva a una reducción de la religión al naturalismo y a la negación de la importancia de la purificación del pecado original y actual. En todo caso, la afirmación reciente pertenece a la larga serie de declaraciones positivas de la enseñanza de la Iglesia relativas a la necesidad del bautismo. En el año 385 el Papa Siricio declaró esta verdad[84] y el Papa Inocencio I la reiteró en el 417.[85] El Concilio de Florencia enseñó esta doctrina e, igualmente, el Concilio de Trento.[86]

La enseñanza de la Iglesia acerca de la necesidad del bautismo para la salvación resulta reconfirmada del hecho que, en determinadas circunstancias, esa necesidad puede ser reemplazada incluso por el bautismo de deseo y el de sangre. Mientras Dios ha vinculado la salvación al sacramento del bautismo, «Él no queda sometido a sus sacramentos».[87]

El bautismo de deseo (conocido también como bautismo de caridad) puede basarse en aquel episodio de los Hechos de los Apóstoles donde el don del Espíritu Santo viene infundido a la familia del centurión Cornelio incluso

---

[84] Cf. Papa SIRICIO, *Carta a Himerius, Obispo de Tarragona*, en DS 184.

[85] Cf. Papa INOCENCIO I, Carta *Inter ceteras Ecclesiae Romanae* a Silvano, en DS 219.

[86] Cf. el CONCILIO DE FLORENCIA, *Decreto para los Armenios*, en DS 1314. Cf. CONCILIO DE TRENTO, séptima sesión, canon 5, en DS 1618: «Si alguno dijere que el bautismo es libre, es decir, no necesario para la salvación: sea anatema».

[87] *CIC* 1257, y cf. *CIC* 1260.

antes que recibiese el bautismo (*Hch* 10,1-48). Una determinada respuesta de fe debe preceder al bautismo (cf. *Hch* 8,36-37), lo que implica una acción salvífica del Espíritu Santo -que prepara al destinatario del bautismo sacramental- incluso antes de ser recibido. Por lo tanto, en el caso hipotético de un catecúmeno que muera antes de recibir el sacramento, resulta inconcebible que Dios lo prive de la salvación; seguramente, en cambio, sucederá que la persona en cuestión será salvada en virtud del deseo de salvación. Tal concepto, sin embargo, debe ser comprendido correctamente. El precepto de Cristo dice que todos debieran ser incorporados a la Iglesia a través del bautismo. Es posible, en todo caso, conseguir la salvación eterna en virtud de la pertenencia a la Iglesia mediante el voto y el deseo. Este deseo no tiene que ser siempre explícito, como en el caso del catecúmeno. Cuando alguien, carente de culpa personal, es invenciblemente ignorante del Evangelio de Cristo y de su Iglesia, un deseo implícito es aceptable, contenido en las buenas disposiciones del alma a través de las cuales una persona quiere que su voluntad se conforme a la de Dios. Este deseo incluye la búsqueda de Dios con un corazón sincero y una vida según conciencia, guiados por la gracia.[88] Dios desea salvar a todas las personas (1 *Tm* 2,4) pero siempre por medio de la Iglesia, signo y sacramento de salvación. El bautismo de deseo borra el pecado original y el grave personal, pero no borra con certeza los pecados veniales ni la pena temporal debida al pecado; actúa, en este sentido, *ex opera operantis*. Esta suplencia operada por el bautismo «de deseo» no otorga, sin embargo, el carácter sacramental.

---

[88] Cf. CONCILIO VATICANO II, *Lumen Gentium*, 16. Cf. también SANTO OFICIO, *Carta al arzobispo de Boston* (1949), en DS 3870.

El bautismo de sangre implica la aceptación voluntaria de la muerte o de la herida mortal causada por un agente externo, padecidas por amor a la religión o a alguna virtud cristiana.[89] La base bíblica de esto puede ser vista en las palabras de Cristo: «...el que pierda su vida por mí, la encontrará» (*Mt* 10,39, cf. 10, 32). El bautismo de sangre confiere la justificación incluso a los niños antes de la edad de la razón, tal como se ve en el ejemplo clásico de los Santos Inocentes. Este rasgo de suplencia operada por el bautismo «de sangre» en relación a la salvación no otorga, sin embargo, el carácter bautismal, porque no es un sacramento. A pesar de eso, y a diferencia del bautismo de deseo, el bautismo de sangre funciona casi *ex opere operato* en tanto implica una objetiva confesión de fe.

2.8. El destino de los niños muertos sin bautismo

Esta espinosa cuestión tiene un gran sentido pastoral, pues más allá del hecho que la terrible tragedia de la pérdida de un niño es muy difícil de sobrellevar, existe la posterior preocupación por su salvación. En la época patrística, el grande e iluminado S. Gregorio de Nisa pensaba que los niños que morían sin ser bautizados se salvaban.[90] Esta doctrina se fundaba en el hecho que la salvación podía ser obtenida mediante el deseo vicario de los padres. En esta opinión S. Gregorio de Nisa fue seguido más tarde por S. Buenaventura y el Cardenal Cayetano. La dificultad está en el hecho que la salvación dependería de la voluntad de los padres. Del otro lado, S. Agustín y otros en el período que sigue, creían en cambio que los niños no se podían salvar -

---

[89] Cf. S. TOMÁS DE AQUINO, *Summa Theologiae* I-II, q.124, a.1.

[90] Cf. S. GREGORIO DE NISA, *De infantibus qui praemature abripiuntur*, en *PG* 46, 161-192.

aunque abrían sufrido el castigo del infierno más pequeño posible[91]- junto al hecho de ser privados de la visión de Dios.

S. Tomás planteó el problema de un nuevo modo, declarando que, si bien estos niños estarían privados, en sentido propio, de los dones sobrenaturales del cielo, habrían alcanzado una determinada beatitud natural (que después fue llamada limbo, de la expresión latina *limbus puerorum*). Esta idea del limbo fue defendida por el Papa Pío VI contra el rigorismo del sínodo jansenista de Pistoia de 1794.[92] El Papa Pío XII, dirigiéndose a las obstetras católicas en 1951, afirmó que un estado de gracia al momento de la muerte era necesario para gozar de la visión beatífica, lo que explica la necesidad del bautismo de los neonatos.[93] Existe un razonable consenso entre los teólogos acerca de que el limbo es un modo adecuado de tratar esta cuestión.[94]

Los teólogos modernos han ampliado los argumentos precedentes al decir que Dios no esta ligado a los sacramentos, pudiendo actuar al margen de ellos.[95] En consecuencia, al prescribir el bautismo, Dios no queda atado de manos. El hombre está destinado a la salvación y, tal como aquellos que nacieron antes de Cristo pueden salvarse incluso sin bautismo, así también existe la posibilidad de salvación para aquellos que, sin su culpa, no pudieron ser bautizados. Una solución de tenor similar, que puede ser aplicada tanto al

---

[91] Cf. S. AGUSTÍN, *Contra Julianum* 5, 11, 44, en *PL* 44, 809.

[92] Cf. la condena del error del pseudo-sínodo de Pistoia, en DS 2626.

[93] Cf. Papa Pío XII, *Discurso a las comadronas católicas*, en *AAS* 43, 1951, p. 841.

[94] Cf. W.A VAN ROO, «Infants Dying Without Baptism», en *Gregorianum* 35, 1954, pp. 406-473.

[95] Cf. S. TOMÁS DE AQUINO, *Summa Theologiae* II, q.68, a.2.

triste caso del suicidio como al de la muerte de los neonatos antes del bautismo, lo ofrece el concepto de iluminación. Esta opinión, que goza de la adhesión del Beato Juan Duns Scoto, afirma que Dios da al neonato una iluminación al momento de la muerte, de modo que pueda elegir entre la vida en unión con Él o no. H. Klee defiende una variante de esta tesis, según la cual al momento de la muerte, el recién nacido sin bautismo adquiriría el uso de la razón para hacer, gracias a ella, un acto de caridad y, así, ser justificado. Posteriormente, J. Galot ha defendido la idea según la cual, mientras para un adulto el bautismo de deseo reemplaza el bautismo sacramental, para un niño, en cambio, el deseo de la Iglesia puede reemplazar el bautismo con agua.[96] La formulación del Catecismo es un resumen adecuado del pensamiento de la Iglesia:

> En cuanto a los niños muertos sin Bautismo, la Iglesia sólo puede confiarlos a la misericordia divina, como hace en el rito de las exequias por ellos. En efecto, la gran misericordia de Dios, que quiere que todos los hombres se salven (1*Tm* 2,4) y la ternura de Jesús con los niños, que le hizo decir «Dejad que los niños se acerquen a mí, no se lo impidáis» (*Mc* 10,14) nos permite confiar en que haya un camino de salvación para los niños que mueren sin Bautismo.[97]

---

[96] Cf. J. GALOT, «La salvezza dei bambini morti senza battesimo», en *La Civiltà Cattolica* 122/2, 1971, pp.228-240. ÍDEM, «La salvezza dei bambini per mezzo del voto del battesimo», en *La Civiltà Cattolica* 122/2, 1971, pp.336-346.

[97] CIC 1261. Cf. COMISIÓN TEOLÓGICA INTERNACIONAL, *La esperanza de salvación para los niños que mueren sin ser bautizados* (20 abril 2007).

3

La Confirmación

Con el crisma de la Confirmación se da a los creyentes nueva fortaleza, para que valientemente amparen y defiendan a la Madre Iglesia y la fe que de ella recibieron.

Papa Pío XII, *Mistici Corporis*

La confirmación es el segundo sacramento de la iniciación. En la mayor parte de los tratados de teología sacramental no se habla mucho de la confirmación, a diferencia del bautismo. A veces, incluso ha sido descuidado teológicamente, no obstante se trate de un sacramento di gran importancia.

3.1. El bautismo y la confirmación

Un problema al cual debemos enfrentarnos es el de la diferencia entre el bautismo y la confirmación. Como hemos visto en el Capítulo 2, el Espíritu Santo viene impartido ya en el bautismo, de modo que resulta importante preguntarse qué es lo que la confirmación agrega al bautizado cristiano.

El sacramento de la confirmación esta intrínsecamente vinculado a la entera economía de la iniciación cristiana.[1] El bautismo y la confirmación están vinculados entre ellos, aunque permanecen diferentes e inconfundibles: «Los fieles, incorporados a la Iglesia por el bautismo, quedan destinados por el carácter al culto de la religión cristiana y, regenerados como hijos de Dios, tienen el deber de confesar delan-

---

[1] Cf. CONCILIO VATICANO II, *Sacrosanctum Concilium*, 71.

te de los hombres la fe que recibieron de Dios por medio de la Iglesia. Por el sacramento de la confirmación se vinculan más estrechamente a la Iglesia, se enriquecen con una fortaleza especial del Espíritu Santo, y de esta forma se obligan con mayor compromiso a difundir y defender la fe, con su palabra y sus obras, como verdaderos testigos de Cristo.»[2] Al mismo tiempo, el bautismo y la confirmación están, ambos, orientados hacia el apostolado cristiano: «El apostolado de los laicos es la participación en la misma misión salvífica de la Iglesia, a cuyo apostolado todos están llamados por el mismo Señor en razón del bautismo y de la confirmación.»[3] El bautismo y la confirmación, a su vez, encuentran su cumplimiento y culminación en la Eucaristía: «Todos los fieles, como miembros de Cristo viviente, incorporados y asemejados a Él por el bautismo, por la confirmación y por la Eucaristía, tienen el deber de cooperar a la expansión y dilatación de su Cuerpo para llevarlo cuanto antes a la plenitud (cf. *Ef* 4,13).»[4] La conexión entre el bautismo y la confirmación puede ser interpretada como análoga a la relación entre la Pascua y Pentecostés. El envío del Espíritu Santo en el día de Pentecostés imprime un sello en el misterio pascual; del mismo modo, la confirmación imprime un sello en el bautizado.

3.2. La institución y la existencia de la confirmación

La confirmación contiene dos acciones rituales, a saber, la imposición de las manos y la unción con un óleo perfumado, llamado crisma, además de una serie de palabras significativas que las acompañan. A continuación demos

---

[2] CONCILIO VATICANO II, *Lumen Gentium*, 11. 1.
[3] *Ibid*, 33.2.
[4] CONCILIO VATICANO II, *Ad Gentes*, 36. 1.

una ojeada a la existencia de este rito según las Escrituras, los Padres y la enseñanza de la Iglesia.

3.2.1. *La Escritura*

En el Antiguo Testamento pueden ser evidenciadas algunas prefiguraciones de la confirmación. Desde los primeros tiempos, las manos venían usadas para invocar una bendición a favor de ciertas personas elegidas especialmente (*Gn* 48,13-16) y para asignar a los individuos algún rol particular (*Nm* 8,10). La unción con óleo, especialmente con óleo perfumado, fue uno de los rituales de la celebración gozosa de la antigua alianza (*Am* 6,6). Más allá de las prefiguraciones, existen también las profecías de una futura efusión del Espíritu Santo, como aquella de Joel: «Sucederá después de esto que yo derramaré mi Espíritu en toda carne. Vuestros hijos y vuestras hijas profetizarán, vuestros ancianos soñarán sueños y vuestros jóvenes verán visiones» (*Jl* 3,1). El profeta Isaías anuncia un don futuro del Espíritu Santo: «Derramaré agua sobre el sediento suelo, raudales sobre la tierra seca. Derramaré mi espíritu sobre tu linaje, mi bendición sobre cuanto de ti nazca» (*Is* 44,3).

En el Nuevo Testamento, Cristo cumple su misión en la potencia del Espíritu (*Mc* 1,10) y proclama: «el Espíritu del Señor [está] sobre mí» (*Lc* 4,18). Cristo promete el Espíritu Santo a los apóstoles, de modo que pudieran dar un valiente testimonio (*Lc* 12,12; cf. *Jn* 14,15). Después de su resurrección, Cristo promete una vez más el Espíritu Santo: «Recibiréis la fuerza del Espíritu Santo, que vendrá sobre vosotros, y seréis mis testigos» (*Hch* 1,8; cf. *Lc* 24,49). El cumplimiento de la promesa tiene lugar en el día de Pentecostés, cuando el Espíritu Santo desciende, con poder, sobre la Madre de Dios y sobre los apóstoles. Los primeros creyentes fueron bautizados y recibieron el Espíritu Santo (*Hch* 2,38).

El lenguaje de la unción es empleado en el contexto del bautismo de Jesús, para describir como Él fue colmado del Espíritu Santo (*Hch* 10,38), y también en referencia a su Filiación divina (*Hb* 1,9). La expresión viene después usada, también, para describir un rito que -relacionado con el bautismo, si bien distinto de él- confería un don del Espíritu Santo, y que implicaba la imposición de las manos: «Al enterarse los apóstoles que estaban en Jerusalén de que Samaria había aceptado la palabra de Dios, les enviaron a Pedro y a Juan. Éstos bajaron y oraron por ellos para que recibieran el Espíritu Santo; pues todavía no había descendido sobre ninguno de ellos; únicamente habían sido bautizados en el nombre del Señor Jesús. Entonces les imponían las manos y recibían el Espíritu Santo» (*Hch* 8,14-17). Unos treinta años mas tarde, S. Pablo realiza el mismo rito en Éfeso (*Hch* 19,1-8). La Carta a los Hebreos, por otro lado, cita una imposición de las manos distinta de la del bautismo (*Hb* 6,2).

De cuanto ha sido puesto en evidencia, resulta claro que el rito realizado por los apóstoles Pedro y Juan tiene todas las características de un sacramento: fue conferido mediante un signo tangible (es decir, con la imposición de las manos), generaba la gracia (*Hch* 8,18), era distinto del bautismo y fue instituido permanentemente por Cristo. En tanto el Señor promete impartir el Espíritu Santo a todos los fieles, se debe afirmar en consecuencia que Él también dio claras instrucciones acerca de cómo este don debía ser comunicado. Los apóstoles se consideraban simples ministros de Cristo y administradores de los misterios divinos (1 *Co* 4,1) y no iniciadores de los mismos. Porque administraban este rito del don del Espíritu Santo, se comprende que este acto sagrado tuvo que ser fundado por Cristo mismo. No se sabe con certeza el momento preciso en el que Cristo instituyó la confirmación. Algunos teólogos piensan que la fundó antes de la resurrección, otros en cambio, que fue instituida después. Algunos estudiosos, incluso, proponen que Cristo dispuso la confirmación durante la última cena, cuando habló de un modo preciso del don del Espíritu Santo (*Jn* 16,5-15). Otros, en cambio, han afirmado que el sacramento fue prefigurado por Cristo cuando impuso sus manos a los niños (*Mt* 19,13), de modo que lo instituyó más claramente sólo durante la última cena, instruyendo a los apóstoles para que lo administrasen después de Pentecostés.[5]

3.2.2. Los Padres de la Iglesia

Las primerísimas liturgias cristianas de iniciación comprenden la imposición de las manos y una unción post-bautismal, aunque no resulta del todo claro si se trataba de un sacramento separado del bautismo. También hoy, en el actual rito del bautismo de los niños, existe una unción con el crisma después del bautismo mismo, que anticipa la confirmación del niño que se verificará más tarde. Esta unción es un vestigio de la confirmación tomada del rito de iniciación de los adultos, en el que los tres sacramentos de la iniciación eran conferidos juntos. Ella se desarrolla con la siguiente oración: «Dios todopoderoso, Padre de nuestro Señor Jesucristo, que te ha liberado del pecado y dado nueva vida por el agua y el Espíritu Santo, te consagre con el crisma de la salvación para que entres a formar parte de su pueblo y seas para siempre miembro de Cristo, sacerdote, profeta y rey.» En todo caso, la distinción entre los dos sacramentos resulta clara ya desde los tiempos de S. Hipólito, en su tratado sobre la tradición apostólica, escrita alrededor del año 215 d.C., donde se refería al rito romano de la iniciación, en el que tenían lugar dos unciones post-bautismales.

---

[5] Cf. S. TOMÁS DE AQUINO, *Summa Theologiae* III, q.72, a.1.

Después del bautismo, los candidatos, de regreso de la pila bautismal, eran ungidos inmediatamente con el óleo del agradecimiento de los sacerdotes, que pronunciaban las siguientes palabras: «Te unjo con el óleo santo en nombre de Jesucristo».[6] Después, la segunda unción con el óleo consagrado parece ser, claramente, la confirmación. Una vez secos y vestidos, se dirigían a la iglesia, donde el obispo imponía las manos sobre los candidatos y rezaba por ellos. Luego, suministraba el óleo consagrado a cada candidato y ponía sus manos sobre la cabeza de cada uno de ellos, recitando la fórmula: «Te unjo con el aceite santo en Dios Padre Omnipotente y en Jesucristo y en el Espíritu Santo».[7] El obispo, por lo tanto, ponía el sigilo sobre la frente de cada uno y les daba el beso de la paz. Esta antigua descripción de la confirmación es muy similar a la actual. Tertuliano se refiere a tres diversas fases en el rito de la iniciación cristiana, de modo que la confirmación era vista como un sacramento en sentido propio:

> El cuerpo viene lavado a fin que el alma sea purificada, el cuerpo recibe la unción a fin que el alma sea consagrada, el cuerpo recibe la señal de la cruz a fin que el alma permanezca custodiada, el cuerpo recibe la imposición de las manos a fin que el alma sea iluminada por el Espíritu Santo, el cuerpo se alimenta del Cuerpo y de la Sangre de Cristo, a fin que el alma quede llena de Dios.[8]

---

[6] S. HIPÓLITO, *La tradición apostólica* 21, 19, *Sources Chrétiennes* 11 bis, Cerf, Paris 1968², pp. 86-87.

[7] S. HIPÓLITO, *La tradición apostólica* 22, 2, *Sources Chrétiennes* 11 bis, pp. 88-89.

[8] TERTULIANO, *De Resurrectione Carnis*, cap. 8, 3, en *CCL* 2, 931.

En el oriente cristiano, alrededor de la mitad del cuarto siglo, S. Cirilo de Jerusalén trató el sacramento de la confirmación en sus homilías catequéticas:

> Ahora, como Cristo realmente fue crucificado y sepultado y resucitó, y a vosotros en el Bautismo por una cierta semejanza os viene concedido por la divina bondad el ser crucificados y sepultados y resucitar; igualmente sucede por el Crisma. Él fue ungido con el óleo espiritual, es decir con el Espíritu Santo, el cual es llamado, precisamente por esto, óleo de exultación, porque es Autor de la gloria espiritual; vosotros, en cambio, habéis sido ungidos con el ungüento como aquellos que han sido hechos partícipes y consortes de Cristo.[9]

En Occidente, al final del cuarto siglo, S. Ambrosio trató todos los sacramentos de la iniciación, incluida la confirmación: «Ahora, después del bautismo, te has presentado al obispo. Considera la unción que sigue. Ha ocurrido cuanto David afirma: 'Y como óleo precioso sobre la cabeza, que discurre por la barba, que discurre por la barba de Aarón'... Tú has recibido el sigilo espiritual... Dios Padre te ha signado, Cristo te ha confirmado y el Espíritu te ha dado la prenda en tu corazón.»[10]

Posteriormente, el desarrollo teológico de la confirmación estuvo fuertemente influenciado por el pensamiento de un tal Fausto, que fue abad de Lérins y luego obispo de Riez en la Francia meridional, durante la segunda mitad del siglo quinto. Una de sus homilías tuvo un gran impacto sobre la teología sacramental de la confirmación en la tardía edad

---

[9] S. Cirilo de Jerusalén, *Catequesis Mistagógicas* 3, 2; en *PG* 33, 1089-1090.

[10] S. Ambrosio, *De Mysteriis*, 6, 29; 7, 42; en *PL* 16, 398, 402 403.

media. Su idea era que la confirmación equipaba al cristiano para ser soldado de Cristo:

> Los procedimientos militares exigen que cuando un comandante recibe a un hombre en su ejército, no debería sólo inscribirlo, sino también equiparlo con las armas necesarias para combatir....Así el Espíritu Santo, que desciende sobre las aguas bautismales trayendo salvación, dio en la pila bautismal todo aquello que es necesario para la inocencia; con la confirmación incrementó la gracia, porque en este mundo, aquellos que sobreviven los diversos estadios de la vida, deben caminar entre peligros y enemigos invisibles. En el bautismo hemos nacido una vez más a la vida, después del bautismo venimos confirmados para la batalla.[11]

Luego, en el siglo nueve, Rabano Mauro, Arzobispo de Maguncia, habla de dos unciones que el cristiano recibía después del bautismo. La primera unción se hacía en la cabeza del candidato, y era suministrada por el sacerdote. La segunda se hacía sobre la frente del candidato, esta vez por parte del obispo. La primera unción significa el descenso del Espíritu Santo con el fin de consagrar una digna morada para Dios, mientras que la segunda otorga la gracia septenaria del mismo Espíritu Santo a un hombre, con toda la plenitud de la santidad. En la segunda unción, la confirmación, el Espíritu Santo desciende sobre el cristiano para colmarlo de dones celestes y para sostenerlo mediante su gracia, a fin que porte el nombre de Cristo sin miedo delante de los reyes

---

[11] S. FAUSTO DE RIEZ, *Homilía por el Pentecostés*, en L. G. WALSH, *The Sacrament of Initiation*, Geoffrey Chapman, London 1988, p. 141.

y gobernadores de este mundo, y predique a Cristo con voz libre.[12]

El Doctor Angélico ha desarrollado estas ideas sobre la confirmación, a la que considera como «un crecimiento espiritual por el que el hombre alcanza la edad espiritual perfecta»[13] o, como afirma en otra formulación, «el sacramento de la plenitud de la gracia.»[14]

3.2.3. *La enseñanza de la Iglesia*

La palabra *confirmación* fue usada por primera vez en el Concilio de Riez, en el 439. El Concilio de Florencia, mil años más tarde, definió la confirmación como un sacramento en el que «se da el Espíritu Santo para fortalecer».[15] A su vez, el Concilio de Trento declaró, contra los reformadores, que la confirmación es un auténtico sacramento.[16] Que este sacramento fue instituido por Cristo fue enseñado mediante el decreto tridentino sobre los sacramentos en general, en contraste con la confesión luterana de Augsburgo, que había afirmado que la confirmación era sólo de institución apostólica.[17] Más tarde, al inicio del siglo veinte, los modernistas fueron aún más allá de los reformadores y negaron que el rito de la confirmación hubiera sido usado por los Apósto-

---

[12] Cf. B. Rabanus Maurus, *De Clericorum Institutione*, Lib. 1, cap. 30, en *PL* 107, 314.

[13] S. Tomas de Aquino, *Summa Theologiae* III, q.72, a.5. Cf. también a.1.

[14] S. Tomás de Aquino, *Summa Theologiae* III, q.72, a.1.

[15] Cf. Concilio de Florencia, *Decreto para los Armenios*, en DS 1319.

[16] Cf. Concilio de Trento, séptima sesión, canon 1 sobre el sacramento de la confirmación, en DS 1628.

[17] Cf. *Ibid*, canon 1 sobre los sacramentos en general, en DS 1601.

les, afirmando que «la distinción formal de dos sacramentos: bautismo y confirmación, nada tiene que ver con la historia del cristianismo primitivo».[18] En 1971, por último, el Papa Pablo VI declaró que, después de Pentecostés, los Apóstoles, «en cumplimiento de la voluntad de Cristo, comunicaban a los neófitos, mediante la imposición de manos, el don del Espíritu Santo, destinado a completar la gracia del Bautismo. Es esta imposición de manos la que ha sido con toda razón considerada por la tradición católica como el primitivo origen del sacramento de la Confirmación.»[19] Estas afirmaciones enseñan, así, la divina institución del sacramento de la confirmación por parte de Cristo.

3.3. El signo externo

3.3.1. La materia

La materia de la confirmación ha tenido un desarrollo histórico en los diferentes ritos, tanto occidentales como orientales. Parece que durante el período de los Hechos de los Apóstoles, la confirmación fue impartida mediante la imposición de las manos y el pronunciamiento de una oración (ver, por ejemplo, *Hch* 19,1-7). En todo caso, la idea de la sagrada unción está implícita en la concepción neotestamentaria de la efusión del Espíritu, como S. Juan especifica: «Y en cuanto a vosotros, la unción que de Él habéis recibido permanece en vosotros y no necesitáis a nadie que os enseñe. Pero como su unción os enseña acerca de todas las cosas -y es verdadera y no mentirosa- según os enseñó, permane-

---

[18] Cf. el Decreto *Lamentabili* del Santo Oficio (1907), que condena los artículos del modernismo, en DS 3444.

[19] Papa PABLO VI, Constitución Apostólica sobre el sacramento de la confirmación, *Divinae consortium naturae* (1971), en *EV* 4 (1971-1973), n. 1072.

ced en él» (1 *Jn* 2,27). A veces, en el primer siglo de la vida de la Iglesia, el rito de la confirmación estuvo tan entrelazado a la ceremonia conclusiva del bautismo que resulta difícil discernir, con precisión, qué cosa constituía la esencia de la confirmación.

En el rito romano más antiguo, el de Hipólito, en torno a la primera mitad del siglo tercero, la confirmación era administrada de esta manera: después del bautismo, cuando los candidatos estaban ya secos y vestidos, todos iban a la iglesia, donde el obispo imponía las manos sobre ellos con una oración. Luego, el obispo les ungía con el óleo santo, diciendo: «Te unjo con el óleo santo en Dios Padre Omnipotente, en Jesucristo y en el Espíritu Santo». Por lo tanto, eran empleadas tanto la unción como la imposición de las manos. En todas las liturgias latinas siguientes, la unción con el crisma y la imposición de las manos están presentes en todos los ritos. En las liturgias orientales bizantinas, armenias ortodoxas y sirio-antioquenas, durante los ritos se usa sólo el crisma. Por otro lado, en la liturgia nestoriana encontramos sólo la imposición de las manos. El rito copto y el etíope presentan tanto el crisma como la imposición de las manos. En los ritos latinos occidentales la importancia de la unción comenzó a crecer desde el siglo quinto en adelante. Luego, desde el siglo trece, a la unción le viene reconocida una importancia aún mayor, sin olvidar, en todo caso, la imposición de las manos. Por ejemplo, el Papa Inocencio III consideraba la unción como una expresión de la imposición de las manos.[20] El primero Concilio de Lyón y el Concilio de Florencia redujeron la imposición de las manos a la unción sobre la frente del candidato con la mano, en tanto que el

---

[20] Cf. Papa INOCENCIO III, Carta *Cum venissit*, DS 785.

Concilio de Trento no se ocupa de esta particular cuestión.[21] Por lo tanto, se desarrolló la idea según la cual la imposición de las manos estaba incluida en el simbolismo de signar la frente con el crisma. El Papa Benedicto XIV (1740-1758) fue el primero en reafirmar, de nuevo, la imposición de las manos como un elemento ritual en sentido propio, aclarando, en todo caso, que la materia del sacramento es la unción. Actualmente, en la iglesia ortodoxa, la imposición de las manos tiende a perder su importancia.

Por lo que se refiere a la relación entre la imposición de las manos y la unción con el crisma, existen diversas interpretaciones. Una perspectiva considera que la imposición de las manos mencionada en los Hechos de los Apóstoles se ha desarrollado al interno del rito de la unción. Otra posición, en cambio, afirma que también en los Hechos de los Apóstoles fue usado el crisma, además de la imposición de las manos, sólo que ella simplemente no es mencionada. En todo caso, Pablo VI, al reformar el rito, ha despejado cualquier duda respecto a la futura comprensión de la materia del sacramento:

> Por tanto, a fin de que la revisión del rito de la Confirmación también comprenda oportunamente la esencia misma del rito del sacramento, con Nuestra Suprema Autoridad Apostólica decretamos y establecemos que, en adelante, sea observado en la Iglesia latina cuanto sigue: el sacramento de la Confirmación se confiere mediante la unción del crisma en la frente, que se hace con la imposición de la mano, y mediante

---

[21] Cf. CONCILIO DE LYÓN I, en DS 831; CONCILIO DE FLORENCIA, en DS 1317.

las palabras: «Accipe signaculum doni Spiritus Sancti» (Recibe por esta señal el don del Espíritu Santo).[22]

La definición de Pablo VI se aplica a la Iglesia latina. El documento aclara, además, que la imposición de las manos con la prescrita oración antes de la unción, no forma parte de la esencia del sacramento, de modo que no puede ser exigida en vistas de su validez; sin embargo, «hay que tenerla en gran consideración», ya que ella contribuye a la perfección integral del rito y a una más clara comprensión del sacramento. Pablo VI precisa, por otro lado, que la extensión de las manos sobre todos los candidatos como grupo, antes de la unción, difiere de la imposición de las manos durante la cual se realiza la unción en la frente de cada uno de los candidatos. Una aclaración, propuesta más recientemente, enseña que durante la administración de la confirmación es suficiente, para el ministro, aplicar el crisma con su pulgar sin necesidad de imponer, al mismo tiempo, su mano sobre la cabeza del candidato.[23] En la preparación del crisma generalmente se usa aceite de oliva mezclado con perfume y, después, bendecido por el obispo el Jueves Santo durante la Misa crismal. Puede ser utilizado, también, aceite vegetal que no sea de oliva, aunque no es admisible como materia remota para el sacramento de la confirmación el empleo de aceite de origen animal o mineral.[24]

---

[22] Papa PABLO VI, Constitución Apostólica sobre el sacramento de la confirmación, *Divinae consortium naturae* (1971), en *EV* 4 (1971-1973) n. 1080.

[23] Cf. la COMISIÓN PONTIFICIA PARA LA INTERPRETACIÓN DE LOS DECRETOS DEL CONCILIO VATICANO II, *Respuesta del 9 de junio de 1979*, en *AAS* 64 (1972), p. 526.

[24] Cf. el *Rito de la Bendición de los Óleos y para la Consagración del Crisma*, en *EV* 3, 1968-1970, n.2858.

3.3.2. *La forma*

También la forma de la confirmación, es decir la oración que acompaña la materia, ha conocido una gran variedad de expresiones durante su historia. Las Escrituras hablan, simplemente, de una oración que acompañaba a la imposición de las manos (*Hch* 8,15). Algunos Padres, como Tertuliano y S. Cipriano, describen la administración del sacramento con el uso del crisma y la invocación del Espíritu Santo. S. Ambrosio y S. Agustín, por su parte, dan importancia a la invocación del Espíritu Santo con sus dones septenarios. En la Iglesia oriental, del siglo cuarto en adelante, se empleó una fórmula simple que comprendía la expresión «sello del don del Espíritu Santo». Esta expresión también fue empleada en occidente hasta el siglo diez, aunque en la edad media la forma fue sometida, hasta el sigo doce, a múltiples variaciones, cuando finalmente se vuelve normativa, en occidente, la siguiente fórmula: «Yo te confirmo con la señal de la cruz y te confirmo con el crisma de la salud, en el nombre del Padre, del Hijo y del Espíritu Santo.» Esta fórmula duró hasta el año 1971, cuando el Papa Pablo VI renovó el rito de la confirmación, con la nueva forma: «Juana, recibe por esta señal el don del Espíritu Santo.» El nombre del candidato mencionado en el rito es, o aquel que ha recibido con el bautismo o, también, uno nuevo elegido en la confirmación.

La nueva forma se parece a la antigua fórmula del rito bizantino, mediante la cual se invoca el don personal del Espíritu Santo en el día de Pentecostés (*Hch* 2,1-4,38). En las Iglesias orientales, la unción del myron se hace después de una oración de epíclesis, sobre las partes más significativas del cuerpo: la frente, los ojos, la nariz, los oídos, los labios, el pecho, la espalda, las manos y los pies, y cada unción va acompañada de la fórmula: «Σφραγίς δωρεας πνεύματος

Ἁγίου. (Sello del don que es el Espíritu Santo).» El rito sirio-maronita adopta la fórmula «crisma del don del Espíritu Santo», mientras que el rito caldeo afirma «eres perfecto en el nombre del Padre, del Hijo y del Espíritu Santo». El rito etíope-copto usa la forma «unción de la gracia del Espíritu Santo». En todos estos casos es significativo que las formulaciones expresan, directa o indirectamente, el doble efecto de la confirmación, es decir el carácter y la gracia.

3.4. El ministro

En la época del Nuevo Testamento, aquellos que fueron bautizados por Felipe fueron, más tarde, confirmados por autoridades más altas, es decir por los apóstoles Juan y Pedro, y no por el mismo Felipe (*Hch* 8,14s). En occidente, la confirmación, como parte del rito de la iniciación cristiana, fue siempre administrada por un obispo, como hemos visto más arriba en relación al rito descrito por S. Hipólito. Cuando la confirmación fue separada del bautismo, viene siempre conferida por el obispo. Una razón significativa de esto está en que en la confirmación se pone de manifiesto el aspecto público de la Iglesia y, por lo tanto, el obispo es el ministro competente. S. Tomás de Aquino atribuye al obispo la asignación de la confirmación, pues este sacramento es el cumplimiento que exige un supremo acto de poder. Mientras que en el bautismo el hombre se transforma en una morada espiritual, en la confirmación se lo consagra templo del Espíritu Santo. Este acto de perfección se reserva al ministro más perfecto, es decir, al obispo.[25] El Concilio de Florencia y

---

[25] Cf. S. Tomás de Aquino, *Summa Theologiae* III, q.72, a.11.

el de Trento enseñan que el ministro ordinario es el obispo.[26] En oriente, del siglo cuarto en adelante, nace una práctica diferente, en la que los sacerdotes eran los ministros regulares; el óleo debía ser, en todo caso, siempre bendecido antes por el patriarca o al menos por el obispo. Desde entonces, en la tradición oriental los sacramentos de la iniciación siempre se confieren juntos. La confirmación es conferida, por lo tanto, inmediatamente después del bautismo (incluso en el caso de los recién nacidos), de modo que el sacerdote, además de ser normalmente el ministro del bautismo, lo es también de la confirmación.

En occidente, en todo caso, la confirmación, en circunstancias especiales, podría ser también impartida por sacerdotes, de modo que ellos son considerados como ministros extraordinarios de este sacramento.[27] La autoridad papal extiende el permiso necesario. Desde el tiempo de S. Gregorio Magno en adelante, numerosos Papas han concedido la facultad de administrar la confirmación a sacerdotes de rito latino, incluyendo a los misioneros, los abades y los cardenales. Cuando el Concilio de Florencia y el de Trento hablaron del obispo como del ministro ordinario del sacramento afirmaron, al mismo tiempo, la posibilidad que existiera un ministro extraordinario, a saber, el sacerdote. Según la disciplina actual, un sacerdote puede confirmar si, sin la dignidad episcopal, desarrolla una tarea que por ley equivale a la del obispo diocesano; por ejemplo, si es prefecto apostólico o prelado o abad *nullius* o administrador diocesano.

---

[26] Cf. el CONCILIO DE FLORENCIA, *Decreto para los Armenios*, en DS 1318; también el CONCILIO DE TRENTO, séptima Sesión, canon 3 sobre la confirmación.

[27] Cf. PRIMER CONCILIO DE TOLEDO, en DS 187, que les dio a los sacerdotes, en ausencia del obispo, el permiso de administrar la confirmación.

Un presbítero que, con el mandato del obispo, bautiza a un adulto o lo recibe en plena comunión, recibe la facultad de confirmarlo. Es evidente que los convertidos al catolicismo desde las Iglesias orientales que no están en plena comunión con el sucesor de Pedro, no deben ser confirmados, en cuanto ya han recibido este sacramento, de un modo válido, junto al bautismo. La única dificultad podría surgir en el caso de aquellos ritos orientales que no tienen unción, como el de las liturgias caldeo-nestorianas. La tercera situación en la que el sacerdote tiene el poder de confirmar es en el caso de una persona en peligro de muerte.[28]

El significado teológico del permiso dado al simple sacerdote, como ministro extraordinario, de administrar la confirmación, ha sido caracterizado en términos de «la apertura» de un poder que ya posee en virtud de su condición de sacerdote. Esta no es sencillamente una cuestión de jurisdicción, pues un obispo puede confirmar válidamente fuera de la propia diócesis, incluso sin este permiso. En este sentido, es en vistas de la licitud que un obispo solicita el permiso «al menos razonablemente presunto, del obispo diocesano».[29] En todo caso, el poder ni siquiera forma parte, simplemente, de las órdenes presbiterales, pues un sacerdote no puede confirmar válidamente en todas partes, como el obispo. Sin embargo, puesto que en oriente el sacerdote es también el ministro ordinario de la confirmación, el poder de confirmar podría ser puesto en relación, más fácilmente, al orden presbiteral que al poder de ordenar (donde las instancias en las que un sacerdote ha hecho las veces de ministro han sido extremadamente raras).[30]

---

[28] Cf. *CDC* 883.
[29] *CDC* 886, § 2.
[30] Cf. Cap. 7, Sec. 7.4.

3.5. El destinatario

Sujeto de la confirmación es todo cristiano bautizado que aún no ha recibido el sacramento. Ha habido numerosas discusiones sobre la edad oportuna para la confirmación. Ante todo, parece justo no considerar la confirmación como el sacramento de la madurez cristiana, porque eso podría implicar, a la inversa, que el bautismo pertenece a la inmadurez; por otro lado, las iglesias orientales administran la confirmación directamente después del bautismo. La cuestión de la edad está en relación, en último término, al orden en el que se desarrollan los sacramentos de la iniciación. En el caso del orden tradicional -es decir, el bautismo, la confirmación y la santa Eucaristía- la confirmación debiera ser administrada más anticipadamente, de modo que el niño no esté privado de la comunión más allá de los siete u ocho años. En el caso del orden que prevalece en la mayor parte de occidente en tiempos recientes -es decir, el bautismo, la primera comunión y la confirmación- ha sido posible una mayor flexibilidad. En algunos casos, la confirmación ha sido, regularmente, impartida alrededor de los dieciocho años. El Concilio de Trento sugirió los siete años como una edad apta para la confirmación, tal como ha sido indicado, por otro lado, por documentos postconciliares posteriores al Concilio Vaticano II, si bien por razones pastorales puede ser, también, conferida en una edad más madura.[31] Parece justo, en todo caso, que la confirmación sea administrada antes de la adolescencia, de modo que la persona joven pueda contar con la gracia a la hora de enfrentarse a los desafíos -físicos y espirituales- propios de esa edad.

---

[31]Cf. CONGREGACIÓN PARA EL CULTO DIVINO, *Introducción General al Rito para la Confirmación*, 11, en *EV* 4 (1971-1973), n. 1100.

3.6. Los efectos

El sacramento de la confirmación completa el sacramento del bautismo, pues confiere la gracia -más allá de aquella previamente recibida en el bautismo- e imparte, además, un nuevo carácter sacramental. Así, perfecciona aquello que ha sido conseguido con el bautismo (y, juntos, bautismo y confirmación, son completados en la Eucaristía). El carácter de la confirmación está vinculado con la naturaleza específica del sacramento. Aquello que la confirmación añade puede ser visto poniendo en relación la naturaleza del carácter sacramental del bautismo, de la confirmación y del orden. El bautismo confiere al cristiano la unión con Cristo y su Iglesia. La confirmación confiere a la persona bautizada la misión en la Iglesia, como cristiano laico. El ordenación presbiteral y episcopal permite compartir la función de Cristo como mediador entre Dios y el hombre. Más detalladamente, el carácter recibido con la confirmación confiere a la persona la naturaleza pública de su ser cristiano. Mientras el bautismo se focaliza más específicamente sobre la vida individual del miembro de la Iglesia, la confirmación pone el acento sobre el aspecto público. Eso se explica, en parte, porque el sacramento está en relación con el crecimiento hacia la madurez cristiana. Parte de este crecimiento implica la lucha para realizar el bien y contrastar el mal, de la que emana la idea según la cual el cristiano confirmado es un soldado de Cristo. La confirmación procura al destinatario el poder de proclamar públicamente la fe cristiana, mediante la palabra y las acciones.[32]

El carácter sacramental alcanzado con la confirmación es la base para incrementar la vida divina, en términos de una unión más estrecha con Cristo y una permanencia más

---

[32] Cf. S. TOMÁS DE AQUINO, *Summa Theologiae* III, q.72, a.5.

profunda del Espíritu Santo, en una filiación adoptiva más estrecha con Dios Padre. No obstante todo lo cual, debiera ser acentuado el hecho que el Espíritu Santo no viene dado por primera vez en la confirmación; ya ha sido otorgado en el bautismo. La confirmación, ante todo, pone el sello sobre el bautismo, de igual modo que Pentecostés completa la Pascua. El crisma simboliza el descenso del Espíritu Santo que procede del Padre y del Hijo. La oración antes de la confirmación habla del don septenario del que serán dotados los candidatos, el espíritu de sabiduría e inteligencia, el espíritu de consejo y fortaleza, el espíritu de ciencia, el espíritu de piedad y el temor de Dios. Estos dones ya han sido enumerados por el Profeta Isaías (*Is* 11,2). El don de sabiduría habilita al cristiano para tener a la vista las verdades eternas a la luz de las cuales juzgar cada cosa, para alimentar la salvación y los medios necesarios para conseguirla, y para apreciar las cosas de Dios. El don de la inteligencia es el poder de penetrar el significado más profundo de las verdades de la Revelación, así como el de enseñar a los otros estas verdades. El consejo es el poder de decidir prudentemente sobre los asuntos de Dios y de la salvación, así como el reforzamiento de la voluntad para elegir lo mejor. El don de fortaleza habilita al cristiano a poseer la firmeza de ánimo en el profesar la fe y en la perseverancia de la vida con Cristo, así como también la fuerza para resistir en la adversidad, durante las luchas con el mundo, con la carne y con el diablo. El don de ciencia permite a la persona confirmada observar y utilizar las cosas temporales a la luz de la vida eterna. La piedad es el don que dispone a la persona a servir a Dios, la Santísima Trinidad, con tierno amor y devoción, y a practicar aquello que la Iglesia enseña. El don de la reverencia ante la presencia de Dios, o temor de Dios, permite al cristiano confirmado tener la correcta reverencia de frente a la majestad y la soberanía de Dios, no sólo en la esfera religiosa sino en todos los aspectos de la vida, recordando que Dios está presente en todas partes.

La confirmación es importante para la salvación, y aunque no es absolutamente necesaria como el bautismo, se debiera asegurar con atención que estos preciosos medios de salvación estén rápidamente disponibles. Durante la edad carolingia algunos teólogos pensaban que el sacramento habría aumentado el grado de felicidad celeste después de la muerte. Santo Tomás de Aquino precisó que -mientras el bautismo es necesario para la salvación, en el sentido que sin aquel ésta no se da- la confirmación es necesaria para la perfección de la salvación. Aquellos que, con desprecio, omiten confirmarse ponen en peligro su salvación.[33] La practica de la Iglesia evidencia, además, la importancia salvífica de este sacramento cuando, por ejemplo, confirma a un joven que -aún menor a la edad de la razón- está en peligro de muerte, de modo que él «no sea privado de los beneficios de este sacramento».[34] Se recomienda (si bien no se exige) que los candidatos al sacramento del matrimonio sean primero confirmados.[35] Se exige el sacramento de la confirmación, en cambio, para la recepción lícita de la ordenación.[36]

---

[33] Cf. S. TOMÁS DE AQUINO, *Summa Theologiae* III, q.72, a.1.

[34] CONGREGACIÓN PARA EL CULTO DIVINO, *Introducción General al Rito para la Confirmación*, 11, en *EV* 4 (1971-1973), n. 1100.

[35] Cf. CDC 1065, §1.

[36] Cf. CDC 1033.

4

La Santísima Eucaristía

Es al mismo tiempo Sacramento-Sacrificio, Sacramento-Comunión, Sacramento-Presencia.

JUAN PABLO II, *Redemptor Hominis*, 20.5

Entre los siete sacramentos la Eucaristía es el central, porque Cristo se hace presente en su sacrificio pascual en toda su plenitud. Desde los primeros días de la Iglesia, la Eucaristía ha sido vista como el misterio más alto, la consumación de las celebraciones del bautismo y la confirmación, entre los sacramentos de la iniciación cristiana. La celebración de la Santa Misa es la representación más perfecta de la Iglesia, la acción en la que la Iglesia en la tierra es más perfectamente ella misma. Pues «en la Sagrada Eucaristía se contiene todo el bien espiritual de la Iglesia».[1] La Eucaristía es el «sacramento de los sacramentos» y todos los demás sacramentos están ordenados a ella como a su fin.[2] Es el más grande sacramento porque contiene sustancialmente a Cristo mismo; mientras los demás santifican sólo si el destinatario los usa, en la Eucaristía «antes de todo uso, está el autor mismo de la santidad».[3] El sacramento eucarístico es «fuente y cima de toda vida cristiana».[4] La Eucaristía hace presente a

---

[1] CONCILIO VATICANO II, *Presbyterorum Ordinis*, 5. 2. V. S. TOMÁS DE AQUINO, *Summa Theologiae* III, q.65 a.3.

[2] Cf. S. TOMÁS DE AQUINO, *Summa Theologiae* III, q.65 a.3.

[3] CONCILIO DE TRENTO, decimotercera sesión, *Decreto sobre la Santa Eucaristía*, Cap. III, en DS 1639.

[4] CONCILIO VATICANO II, *Lumen Gentium*, 11. 1.

Cristo, tanto en su Encarnación y redención como en su ser y en su acción sacrificial.

4.1. La institución de la Eucaristía

La institución de la santa Eucaristía a través de Cristo, fue preparada y prefigurada tanto en el Antiguo como en el Nuevo Testamento.

4.1.1. Las prefiguraciones en el Antiguo Testamento

Diversos episodios y eventos del Antiguo Testamento prefiguran el sacramento y el sacrificio de la Eucaristía. El sacrificio de Melquisedec, sacerdote y rey, incluía una oferta del pan y del vino (*Gn* 14,18). El maná con el que Dios nutrió su pueblo en el desierto (*Dt* 8,3) prefiguraba la Eucaristía en la que Cristo nutre a su Iglesia con el propio Cuerpo y Sangre en su viaje hacia el banquete celeste. La celebración de la Pascua comprendía la fiesta del pan ácimo, y era una conmemoración anual del evento con el que Dios liberó su pueblo de los egipcios: «Este será un día memorable para vosotros, y lo celebraréis como fiesta en honor de Yahvé de generación en generación. Decretaréis que sea fiesta para siempre» (*Ex* 12,14). Este memorial, o *zikkaron* en hebreo, traía a la mente el pasado de modo objetivo, con el fin de encontrar, una vez más, en el presente, su vigencia. Este memorial de las maravillas de Dios se expresaba en la bendición (*berakah* en hebreo), que tenía el propósito de dar gracias a Dios. La palabra *Eucaristía*, de origen griego, surge a partir de la idea de agradecimiento. La nueva Pascua, la celebración de la muerte y resurrección de Cristo, se hace presente en el sacrificio de la Misa, en la que es celebrada la victoria de Cristo sobre el pecado y la muerte. La ratificación del pacto (*Ex* 24,1-11) en el Antiguo Testamento incluía la aspersión, sobre el pueblo, de la sangre de los novillos. En la nueva y eterna alianza, la preciosa sangre de Cristo fue derramada por todos, y se hace presente en la Eucaristía. El pan y el vino eran vistos como el alimento principal del Antiguo Testamento, pan que fortifica el corazón del hombre y vino que lo alegra (cf. *Sal* 103, 15). La embriaguez del vino es identificable, en el pensamiento semítico, con la del amor: «Mejores son que el vino tus amores» (*Ct* 1,2). El banquete mencionado en el Libro de los Proverbios (*Pr* 9,1-6) es preparado por la sabiduría personificada, es decir, la Palabra eterna. La casa construida por la sabiduría puede ser vista como una alusión a la Encarnación de Cristo, así como en la invitación «¡Vengan, coman de mi pan, y beban del vino que yo mezclé!», puede leerse una alusión a la Eucaristía. En la Tienda del Encuentro de los judíos y en el templo que la sucedió, fue construido un altar de oro, sobre el que fue puesto el pan de la Presencia (*Ex* 35,13; *1 Sam* 21,6; *1 Re* 7,48), que parece una clara prefiguración de la Eucaristía y de la reserva eucarística.

4.1.2. *Las prefiguraciones en el Nuevo Testamento*

En sus palabras y acciones Jesucristo preparó a sus seguidores para el sacrificio pascual, que tuvo lugar en la plenitud de los tiempos. Dos milagros particulares de Cristo prefiguraron su institución de la Santa Eucaristía. Las bodas de Caná pueden ser inscritas en el cuadro de las teofanías natalicias, junto a la visita epifánica de los Magos, con su presentación de los regalos al Cristo neonato, y el bautismo en el Jordán. Estas teofanías expresan la divinidad de Cristo y su misión salvífica. En todo caso, las bodas de Caná, en las que Cristo transformó el agua en vino (*Jn* 2,11), prefiguran, además, el milagro más grande en el que el vino fue transformado en su preciosa sangre. En la primera ocasión, en las bodas de Caná, el agua fue transformada en vino; por su parte, la última cena, en la que el vino fue transformado en la Sangre de Cristo, puede considerarse como una fiesta de matrimonio en la que es celebrada la unión de Cristo con su Iglesia. Esto es afirmado por el propio Cristo, cuando dice en la última cena: «Yo os digo que desde ahora no beberé de este producto de la vid hasta el día en que lo beba con vosotros, nuevo, en el Reino de mi Padre» (*Mt* 26,29). Las palabras de Jesús indican que la Eucaristía es participación en las nupcias definitivas del Cordero. También el milagro de la multiplicación de los panes (*Mt* 14,13 21) es, en el Nuevo Testamento, una prefiguración de la Eucaristía. El milagro de la multiplicación de este alimento humano primario, el pan, anticipa el evento más grande en el que Cristo transforma el pan en su propio Cuerpo.[5]

4.1.3. *La institución por parte de Cristo*

Los estudiosos han discutido si la Eucaristía fue instituida en el contexto de la comida pascual judía, o si se trató, en cambio, de una comida radicalmente nueva que presentaba algunos elementos en común con la Pascua hebraica. Pareciera existir una tensión entre los Sinópticos, que se refieren a la comida pascual, y al Evangelio de Juan, que vincula el inicio de la fiesta de la Pascua con la noche de la muerte de Jesús.[6] El Concilio de Trento indicó que «celebrada la antigua Pascua, que la muchedumbre de los hijos de Israel inmolaba en memoria de la salida de Egipto, [Cristo] instituyó una Pascua nueva, que era Él mismo, que había de

---

[5] Cf. *CIC* 1335.

[6] Cf. *Jn* 19,14; 31;42. Cf., también, J.H NICOLAS, *Sintesi dogmatica. Dalla Trinità alla Trinità*. Vol. II *La Chiesa e i sacramenti*, Libreria Editrice Vaticana, Città del Vaticano 1992, p. 308.

ser inmolado por la Iglesia».[7] Por lo tanto, cualquiera sea la opinión que se tenga por lo que se refiere a la cronología de la Última Cena en relación a la comida pascual, Jesús le dió a la Pascua su sentido definitivo.[8] Los relatos del Evangelio transmiten una tradición litúrgica, pero al mismo tiempo afirman un evento histórico, es decir, la última cena, íntimamente vinculada al punto culminante de la historia de la salvación. A partir de las acontecimientos relatados en los evangelios sinópticos sobre la institución de la Eucaristía por parte de Cristo (*Lc* 22,7-20; *Mt* 26,17-29; *Mc* 14,12-25), numerosos temas se aclaran. Ante todo, Jesús les dijo a sus discípulos que su muerte sacrificial era inminente. Su Sangre, que habría de ser derramada por toda la humanidad, signa la nueva y eterna alianza. Los acontecimientos relatados indican que Jesús se ofreció a sus discípulos, como alimento y bebida. Jesucristo, después, ordenó a sus discípulos repetir esta sagrada acción, diciendo: «Haced esto en memoria mía»

Por otro lado, si bien es cierto que el Evangelio de Juan no contiene el relato de la institución de la Eucaristía, con todo, desde diversos puntos de vista se puede sostener que el fulcro del cuarto Evangelio es eucarístico. Juan relata el milagro de Caná (*Jn* 2,1-12) y la multiplicación de los panes (*Jn* 6,1-15), que prefiguran la Eucaristía. Además, el discurso en la sinagoga de Cafarnaún (6,22-71), es una afirmación, extremadamente clara, de la Eucaristía. Este discurso contiene tres partes: en la primera, Jesús es presentado, a aquellos que creen mediante la fe, como el pan de la vida (vv. 22-48); la segunda parte invita a los creyentes, en térmi-

---

[7] CONCILIO DE TRENTO, vigésimo segunda sesión, *Doctrina y cánones sobre el sacrificio de la Misa*, en DS 1741.

[8] Cf. *CIC* 1340.

nos muy realistas, a comer del Cuerpo de Cristo y a beber su Sangre (vv. 49-59); la tercera sección describe la reacción negativa de algunos de aquellos que han escuchado el discurso, y reafirma la importancia del discurso y la verdad de las palabras de Jesús como espíritu y vida (vv. 60-70). El relato de la Última Cena es muy largo en el cuarto Evangelio y contiene numerosas alusiones a la Eucaristía. El episodio en el que Jesús lavó los pies a sus discípulos (*Jn* 13,1-16) puede ser interpretado de diversos modos. Una de las posibles interpretaciones, que acentúa mayormente la dimensión moral del relato, es la que contiene una invitación a imitar lo que hace Jesús. Es necesario, sin embargo, una mirada más profunda para coger la radical verdad de este gesto. Jesús, lavando los pies a sus discípulos, les ofreció un símbolo de su auto-abajamiento, no como si la exaltación de la humillación fuera un fin en sí misma, sino en términos de auto-ofrecimiento o sacrificio. Este gesto simboliza, al mismo tiempo, el sacrificio del Calvario y el de la Misa. Cuando Cristo dice: «Porque os he dado ejemplo, para que también vosotros hagáis como yo he hecho con vosotros» (*Jn* 13,15) Él no pide una simple imitación del lavado de los pies, sino, antes bien, ordena a sus apóstoles repetir la secuencia de la última Cena, es decir, celebrar la Misa. La frase es, sencillamente, otro modo de decir «Haced esto en memoria mía». Por otro lado, el hecho de ofrecer una pedazo de pan a Judas el traidor (*Jn* 13,26) está vinculado a la Eucaristía, como se indica en el discurso de Cafarnaún, donde Jesús predice su traición (*Jn* 6,64-70). Además de esto, la parábola de la vid y el sarmiento (*Jn* 15,1-17) señala a la vid como el símbolo del Reino de Dios, donde el fruto de la vid es la materia del sacramento de la nueva alianza. Además, la vid que simboliza la unión entre Cristo y su Iglesia, en el pensamiento joánico, es el equivalente de la imagen del cuerpo en el pensamiento paulino. La oración sacerdotal de Jesús (*Jn* 17,1-20) es inseparable de la Eucaristía, ya que la perpetuación de este sacrificio depende de la institución del sacerdocio con la que aquél está íntimamente unido.

S. Pablo presenta dos relatos de la Eucaristía, uno de su institución (*1 Co* 11,23-32) y el otro en el contexto de la prohibición para los cristianos de tomar parte en las comidas sacrificiales paganas (*1 Co* 10,14-21). El realismo de la doctrina eucarística de S. Pablo es sorprendente. El paralelo de S. Pablo entre el comer la víctima sacrificial pagana y la Eucaristía (*1 Co* 10,21) no tendría ningún sentido si no fuese realmente consumida la víctima del sacrificio del Calvario. De modo parecido, la atención prestada al reconocimiento del Cuerpo de Cristo (*1 Co* 11, 29) implica una interpretación marcadamente realista de la presencia de Cristo en el sacramento.

La Carta a los Hebreos trata de la originalidad radical del sacrificio de Cristo y de su sacerdocio respecto de la antigua alianza, que prefigura y prepara el misterio pascual. La nueva alianza está signada con la Sangre de Cristo (*Hb* 9,15 28), de modo que el cristiano, ahora, tiene «un Sumo Sacerdote» (*Hb* 10,21). En este contexto, el hecho que el cristiano tenga un propio «altar» (*Hb* 13,10) podría referirse al sacrificio eucarístico; sin embargo, las opiniones de los teólogos sobre este punto están divididas. La práctica de la Iglesia primitiva en sus celebraciones eucarísticas es claramente reconocible en los escritos del Nuevo Testamento y, en particular, en estas palabras: «Acudían asiduamente a la enseñanza de los apóstoles, a la comunión, a la fracción del pan y a las oraciones» (*Hch* 2,42). Este pasaje es de gran importancia, ya que ilustra la conciencia, desde los primeros días de la Iglesia, de la unión indisoluble entre la comunión eucarística («la fracción del pan»), la comunión de la fe («la enseñanza de los apóstoles») y la comunión eclesial («la comunión»). De estas diversas fuentes del Nuevo Testamento resulta evidente la intención de Cristo de instituir el sacramento de la santa Eucaristía, al igual que la de fundar la Iglesia, el papado y los otros sacramentos.[9]

4.2. El signo externo

Como se puede observar a partir de los relatos bíblicos, la institución de la Eucaristía por parte de Cristo indica, además, el signo externo esencial de este sacramento, majestuoso y augusto en términos de su materia y su forma.

4.2.1. La materia

El pan que se usa para la Eucaristía debe ser de trigo mezclado con agua, al que se ha hecho fermentar. Cualquier tipo de trigo es aceptable, en tanto el pan hecho con algún otro tipo de grano podría ser una materia inválida. Del mismo modo, es inválido el pan hecho con leche o aceite en lugar de agua. La materia de la Eucaristía es, por lo tanto, aquella que, según la opinión común, está compuesta de pan de trigo (y que debe estar, en consecuencia, libre de una mezcla tal con otros materiales que acabarían por convertirlo en una cosa diversa del pan). Por la misma razón, nada le puede ser extraído al trigo, pues ello podría cambiar la naturaleza del pan. Por esta razón, las hostias sin gluten -tratándose de una componente esencial del trigo- no son materia válida para la Eucaristía. En caso que el receptor del sacramento esté afectado del mal celíaco (*coeliacus*), es posi-

---

[9] Cf. el CONCILIO DE TRENTO, decimotercera sesión, *Decreto sobre el sacramento de la Eucaristía*, en DS 1637-1638. También ver la vigésima segunda sesión, *Doctrina sobre el Santísimo Sacrificio de la Misa*, en DS 1740-1741. Vid, además, la condena del error modernista en DS 3449.

ble comulgar, evitando la hostia y bebiendo sólo del cáliz. Las hostias con bajo contenido de gluten son materia válida, siempre y cuando contengan una cantidad suficiente de gluten como para hacer el pan, no le hayan sido agregado materiales extraños y el procedimiento para hacerlas no modifique la naturaleza de la sustancia del pan.[10] Las hostias debieran estar frescas y en buenas condiciones, no dañadas o enmohecidas. El Concilio de Florencia afirmó que la Eucaristía está válidamente celebrada tanto con pan de harina fermentada como con pan ácimo.[11] La tradición de toda la Iglesia, hasta el siglo nueve, fue la de favorecer el uso del pan fermentado. Luego, el primer y claro testimonio del uso del pan ácimo para la Eucaristía fue el de Rabano Mauro. Por lo tanto, en la Iglesia latina, la tradición subraya el empleo del pan ácimo para la Eucaristía, donde la ausencia de la levadura representa la pureza, de acuerdo con las palabras de S. Paolo: «Purificaos de la levadura vieja, para ser masa nueva; pues sois ázimos. Porque nuestro cordero pascual, Cristo, ha sido inmolado. Así que, celebremos la fiesta, no con vieja levadura, ni con levadura de malicia e inmoralidad, sino con ázimos de pureza y verdad» (*1 Co* 5,7-8). La Iglesia griega perseveró en el uso del pan fermentado, en el que, según la teología oriental, el fermento simboliza la acción vivificante del Espíritu Santo. Para los griegos, en efecto, el pan ácimo en la Eucaristía era -en referencia a la herejía de Apolinar de Laodicea, que negaba que el cuerpo de

---

[10] Cf. CONGREGACIÓN PARA LA DOCTRINA DE LA FE, *Respuesta a las dudas*, en *AAS* 74 (1982), pp. 1298-1299. Cf., también, la Carta Circular *Questo dicastero*, el 19 de junio de 1995, en *EV* 14 (1994-1995) n. 2886.

[11] Cf. CONCILIO DE FLORENCIA, *Decreto para los Griegos*, en DS 1303.

Cristo hubiera tenido un alma humana- como un cuerpo sin alma.

El vino empleado en la Misa debe ser fermentado de modo natural y hecho de uva, al que se le agrega una pequeña cantidad de agua durante el ofertorio. El vino no puede ser hecho de ninguna otra fruta ni, tampoco, de los granos pequeños o inmaduros, o de los restos sobrantes de los granos de uva, luego que el zumo ha sido exprimido. En regiones donde no hay uva fresca es posible hacer el vino con pasas. En todo caso, el vino del que se ha extraído completamente el alcohol, o que, a la inversa, contiene más de un veinte por ciento de alcohol, es materia inválida. Inválido es, también, el vino al que se le han añadido sustancias extrañas al grado que cambie su carácter. También es posible reforzar el vino con un poco de espíritu extraído de la uva, para prevenir su corruptibilidad; claro que tal procedimiento debe desarrollarse según el modo aprobado por la Santa Sede.[12] El agua se añade al vino durante el ofertorio, símbolo de nuestra participación en la divinidad de Cristo, exactamente del mismo modo como él participó de nuestra humanidad. Esto indica, además, la pasión de Cristo, en el que el agua brotó de su costado luego que fuera traspasado por la lanza. Algunos Padres también vieron en la mezcla del agua con el vino una imagen simbólica de la unión, en Cristo, de la naturaleza divina y humana. El hecho de agregar el agua es, por lo tanto, algo importante. Respecto a la cantidad, algunas gotas son suficientes, aunque añadir un quinto o un cuarto de agua (si el vino es fuerte) sigue siendo, todavía, una cantidad lícita. En cambio, una cantidad de agua que exceda un tercio haría dudosa esta materia. En este último

---

[12] Cf. las respuestas del Santo Oficio en DS 3264, 3312, 3313.

caso, el celebrante debería añadir más vino o, simplemente, comenzar de nuevo.

La materia para la celebración de la Misa debe estar física y moralmente presente al celebrante, que une la materia a la forma. En otras palabras, la forma prescrita usa la expresión «esto» tanto para la consagración del pan como para la del vino, de modo que la materia debe estar cerca.

4.2.2. *La forma*

La Iglesia católica considera las palabras de la institución como la forma de la Eucaristía. Para el pan: «Tomad y comed todos de él, porque éste es mi Cuerpo, que será entregado por vosotros». Para el cáliz, las palabras son: «Tomad y bebed todos de él, porque éste es el cáliz de mi Sangre, Sangre de la alianza nueva y eterna, que será derramada por vosotros y por todos los hombres para el perdón de los pecados. Haced esto en conmemoración mía.» San Anselmo de Canterbury distinguió, en el Canon de la Misa, entre los elementos esenciales y las características accidentales, abriendo, así, el camino para la descripción de las palabras de la institución como eficaces en lo que se refiere a causar la transustanciación. El Concilio de Trento afirmó indirectamente que las palabras de la institución son eficaces en lo que se refiere a causar la transustanciación, cuando decretó que el Cuerpo y la Sangre de Cristo están presentes después de la consagración.[13]

En las iglesias orientales, con un acento sobre la presencia dinámica del Espíritu Santo, la *epíclesis* juega un papel fundamental en la transformación de la especie. La expresión *epíclesis* en griego significa «invocación». Cuando S.

---

[13] Cf. CONCILIO DE TRENTO, decimotercera sesión, canon 4 sobre el Santísimo Sacramento de la Eucaristía, en DS 1654.

Ireneo escribió que el pan recibe la invocación de Dios y se convierte en la Eucaristía, parece que haya atribuido poder consacratorio a la epíclesis.[14] S. Basilio afirma que la invocación del Espíritu Santo tiene una gran importancia en los misterios (la Eucaristía) y que, mientras las palabras de la institución pertenecen a la tradición escrita, la epíclesis forma parte de la tradición no escrita.[15] Entre los ritos orientales, la epíclesis sigue las palabras de la institución. En la liturgia divina de S. Juan Crisóstomo y en la de S. Basilio, el sacerdote recita la siguiente epíclesis: «Haz de este pan el precioso Cuerpo de Cristo. Y de aquello que está en el cáliz la preciosa Sangre de tu Cristo. Transformándoles en virtud de tu Espíritu Santo. Amén. Amén. Amén». En relación a la importancia de la epíclesis, existen dos posiciones en la cristiandad oriental. La idea más radical hace descansar la eficacia del sacrificio eucarístico en la sola epíclesis, mientras que la perspectiva más equilibrada considera como necesaria, además las palabras de la institución. Actualmente, la teología ortodoxa ve las palabras de la institución y la epíclesis como entrelazadas en un conjunto armonioso, sin costuras, dentro del contexto de la anáfora (oración eucarística). Dentro de este cuadro, la teología oriental tiene en alta consideración las palabras de la institución. Por ejemplo, Nikolaus Cabasilas compara las palabras de la institución con las del Creador 'Id y multiplicaos', dadas a nuestros primeros padres: «Tal como las palabras pronunciadas una vez por el Creador no son suficientes para la generación de los niños, sino que son eficaces sólo mediante la unión del hombre y la mujer, así también las palabras de Cristo, pronunciadas una

---

[14] Cf. S. IRENEO, *Contra las herejías*, Lib. 4, cap. 18, 5, en *PG 7*, 1028-1029.

[15] Cf. S. BASILIO, *De Spiritu Sancto*, cap. 37, 66, en *PG 32*, 188.

vez por Él durante la última Cena...no son suficientes para la consagración de los dones, sino que tienen efecto sólo mediante la oración del sacerdote.»[16] También en occidente la epíclesis es estimada de cierta importancia, y se pronuncia antes de las palabras de la institución, cuando el celebrante extiende las manos sobre las ofrendas. En la segunda plegaria eucarística se encuentra la formulación: «Te pedimos que santifiques estos dones con la efusión de tu Espíritu, de manera que sean para nosotros Cuerpo y Sangre de Jesucristo, nuestro Señor.» La tercera plegaria eucarística contiene la siguiente epíclesis: «Por eso, Padre, te suplicamos que santifiques por el mismo Espíritu estos dones que hemos separado para ti, de manera que sean Cuerpo y Sangre de Jesucristo, Hijo tuyo y Señor nuestro, que nos mandó celebrar estos misterios.» La cuarta plegaria eucarística adopta la siguiente formulación: «Por eso, Padre, te rogamos que este mismo Espíritu santifique estas ofrendas, para que sean Cuerpo y Sangre de Jesucristo, nuestro Señor, y así aclamemos el gran misterio que nos dejó como alianza eterna.» El canon romano incluye una epíclesis implícita, en las palabras: «Bendice y santifica, oh Padre, esta ofrenda, haciéndola perfecta, espiritual y digna de ti, de manera que sea para nosotros Cuerpo y Sangre de tu Hijo amado, Jesucristo, nuestro Señor.» La referencia en la oración es al Padre, al Hijo, además de estar presente el Espíritu Santo, como Aquel que bendice.

En todos los casos, el celebrante de la Eucaristía debe pronunciar externamente las palabras que constituyen la

---

[16] Nikolaus Cabasilas, *Liturgiae expositio*, 29, en *PG* 150, 429-430.

forma.[17] Esto es necesario, de modo especial, para los concelebrantes y los que celebran la Misa sin la presencia del pueblo, donde puede surgir una tergiversación en relación a la recitación en silencio de la oración eucarística. Una recitación en voz baja de las palabras de la consagración constituiría una Misa válida, mientras que con una formulación puramente interior no lo sería. Por tanto, la intención en sí misma no es suficiente para la validez.[18]

4.3. La presencia eucarística de Cristo

Cuando un amigo querido muere deja tras de sí un símbolo, una fotografía o un objeto precioso que nos lo recuerda. Cuando el Verbo Eterno hecho hombre nos ha dejado y ha ascendido junto al Padre, Él concedió infinitamente más a sus amigos. Él, en su sacrificio, nos ha confiado su propia persona velado bajo las apariencias del pan y el vino. Este acto de amor se basa, claramente, en su poder divino. Habría sido simplemente humano dejarnos el símbolo de su presencia, pero ya que Él es divino nos ha dado su propia persona. Después de todo, ¿qué ser humano enamorado de otro habría elegido, si estuviese en su poder, un contacto meramente simbólico en lugar de una relación de carne y

---

[17] En el cap. 1, sec. 1.7, se ha dicho que la forma de cada sacramento debe ser pronunciada externamente.

[18] Las rúbricas del actual misal indican que las palabras de la institución deberían ser pronunciadas clara y distintamente, como exige su sentido. Cf. *Missale Romanum*, Editio Typica Tertia, Libreria Editrice Vaticana 2002, por ejemplo en la rubrica n. 89: «In formulis quae sequuntur, verba Domini proferantur distincte et aperte, prouti natura eorundem verborum requirit». Ver, también, Papa Pío XII, *Discurso a la convención internacional de liturgia*, el 22 de septiembre de 1956, en *AAS* 48 (1956), p. 718. También, Santo Oficio, *Respuesta a una duda*, en *AAS* 49 (1957), p.370.

sangre? Por lo tanto, porque está en el poder de Dios cambiar el pan y el vino en el Cuerpo y Sangre de su Hijo -y teniendo en mente la promesa de su Hijo «Y he aquí que yo estoy con vosotros todos los días hasta el fin del mundo» (*Mt* 28,20)-, ¿no está en conformidad al mismo poder de Dios el hecho de confiar a su Iglesia el poder de consagrar el Cuerpo y la Sangre de su Hijo? En la *kénosis* de la Encarnación, el Verbo se hace carne y habitó entre nosotros. Esta autodonación continuó en la Redención, cuando los sufrimientos de Cristo escondieron su belleza divina y, por último, en la Eucaristía, donde Cristo veló aún más su gloria bajo las apariencias del pan y del vino.

4.3.1. La fe patrística

En continuidad con el realismo sobre la Eucaristía profesado en el Nuevo Testamento, los primeros Padres expresaron su fe en la presencia real y sustancial de Cristo en este sacramento. En los primeros siglos S. Ignacio de Antioquía, S. Justino y S. Ireneo defendieron la presencia real de Cristo en la Eucaristía contra los docetistas, que no creían en la realidad de la Encarnación. Además, es sumamente significativo para la historia posterior de la teología que la doctrina de Dios hecho hombre esté estrechamente vinculada con la fe eucarística. Cuando, en efecto, los reformados negaron la presencia sustancial de Cristo en la Eucaristía, este error estaba a un paso del de la negación de la dogma del Encarnación. A principios del siglo segundo, S. Ignacio de Antioquía afirmó que la Eucaristía es la carne de nuestro salvador Jesucristo, que sufrió por nuestros pecados y que el Padre resucitó de la muerte.[19]

---

[19] Cf. S. IGNACIO DE ANTIOQUIA, *A los Smirnei*, 7, en *Sources Chrétiennes* 10, Cerf, Paris 1945, pp. 126-127.

Unos cincuenta años más tarde, también S. Justino mártir afirmó, contra los docetistas, la realidad de la presencia de Cristo en la Eucaristía:

> Nosotros llamamos Eucaristía a esta comida.... Nosotros, en efecto, no los recibimos como si fuese un común trozo de pan o una común bebida: nos ha sido enseñado que, tal como a través del Logos de Dios, nuestro salvador Jesucristo se ha hecho carne, y ha tomado por lo tanto carne y sangre por nuestra salvación, del mismo modo esta comida, hecha Eucaristía gracias a la oración con las mismas palabras de Cristo, y que ya alimenta nuestra sangre y nuestra carne por asimilación, es además carne y sangre de Jesús encarnado.[20]

Treinta años más tarde, S. Ireneo toma por garantizada la realidad de la presencia de Cristo en la Eucaristía:

> Tal como el leño de la vid, plantado en tierra, da fruto a su tiempo, o como el grano de trigo, caído en la tierra y maduro, brota múltiple por obra del Espíritu de Dios que todo lo contiene -vid y trigo que, por la sabiduría de Dios, sirven a la verdadera utilidad del hombre, porque acogiendo la palabra de Dios se convierten en la Eucaristía, que es el cuerpo y la sangre de Cristo -, del mismo modo nuestros cuerpos, alimentados con la Eucaristía, depuestos en tierra y allí disueltos, resurgirán a su tiempo porque el Verbo de Dios les prodigará la resurrección para gloria de Dios Padre.[21]

En la mitad del cuarto siglo, S. Cirilo de Jerusalén enseñó claramente que el pan y el vino son transformados en el Cuerpo y Sangre de Cristo. Sin embargo, no estaba claro

---

[20] S. JUSTINO, *La primera apología*, 66, en *PG* 6, 427-430.
[21] S. IRENEO, *Contra las herejías*, Lib. 5, cap. 2, 3, en *PG* 7, 1127.

cuándo tenía lugar esta transformación, vinculándola, sobre todo, a la epíclesis.[22] S. Gregorio de Nisa, por su parte, hacia el final del mismo cuarto siglo, enseñó la doctrina de la conversión en los elementos del pan y el vino, e indicó que el momento de la consagración estaba vinculado a las palabras de la consagración misma: «Justamente nosotros creemos que, ahora, también el pan consagrado por la palabra de Dios es convertido en el Cuerpo de la Palabra-Dios.»[23] Durante el mismo período, S. Juan Crisóstomo escribió sobre la transformación eucarística, que, en algunas de sus obras, asocia a la epíclesis, y en otras, a las palabras de la consagración:

> Cristo está presente, y Él, que preparó aquella comida (de la Última Cena), del mismo modo ahora prepara esta comida. No es el hombre el que convierte las cosas que se ofrecen en el Cuerpo y Sangre de Cristo, sino que es el propio Cristo, que ha sido crucificado por nosotros. El sacerdote, figura de Cristo, pronuncia aquellas palabras, aunque su virtud y gracia son de Dios. Éste es mi cuerpo, dice. Esta Palabra transforma las especies ofrecidas.[24]

En la primera parte del siglo quinto, también S. Cirilo de Alejandría enseñó la realidad de la conversión eucarística

---

[22] Cf. S. CIRILO DE JERUSALÉN, *Catequesis Mistagógica* 1, 7, en *PG* 33, 1067-1068.

[23] S. GREGORIO DE NISA, *Oración Catequética*, 37, en *PG* 45, 95-96. También ver S. GREGORIO NACIANCENO, *Carta 171 a Anfiloquio*, Obispo de Iconio en *PG* 37, 279-282 «no dejar de orar y suplicar por mí cuando haces descender la Palabra por medio de tu palabra, cuando con un corte incruento fraccionas el Cuerpo y la Sangre del Señor, usando tu voz como espada».

[24] S. JUAN CRISÓSTOMO, *Homilía 1 sobre la traición de Judas*, 6 en *PG* 49, 380.

y expuso, del mismo modo, las razones por las que permanecen las características aparentes del pan y el vino:

> Por miedo a quedar gravemente impresionados por el horror de ver la carne y la sangre dispuestas sobre el sagrado altar de la iglesia, Dios condesciende a nuestra debilidad y manda el poder de la vida a los elementos y los transforma en el poder de su propia carne, a fin que podamos tenerlos y participar de ellos como medios de vida, de modo que el cuerpo de la vida pueda convertirse en nosotros en la semilla que da la vida.[25]

En los escritos de S. Agustín sobre la Eucaristía es posible individuar dos tendencias. Una de estas evidencia el realismo de la continuidad entre la carne de Cristo, suspendida sobre la cruz, y el Cristo eucarístico: «El tomó la tierra de la tierra al tomar la carne de la Virgen María; y como anduvo por el mundo en aquella carne, y nos la dio a comer para nuestra salud, y nadie come esta carne sin antes adorarla, se halló el modo de adorar el escabel de los pies del Señor, no sólo, sin pecar, adorándole, sino, pecando, no adorándole.»[26] En la otra, a su vez, S. Agustín enfatizó, igualmente, el modo espiritual y sacramental en la que la carne de Cristo debe ser consumida: «Entonces será esto, es decir, el cuerpo y la sangre de Cristo será vida para cada uno, cuando lo que en este sacramento se toma visiblemente, *el pan y el vino, que son signos*, se coma espiritualmente, y espiritualmente se beba lo que significa.»[27] Ambos aspectos del

[25] S. Cirilo de Alejandría, *Comentario a Lucas* 22, 19, en *PG* 72, 911-912.

[26] S. Agustín, *Comentario al Salmo 98*, 9, en *PL* 37, 1264. [Versión castellana en *Obras Completas, op. cit.* vol XXI.]

[27] S. Agustín, *Sermón 131*, cap. 1, en *PL* 38, 729. [Versión castellana en *Obras Completas, op., cit.* vol. XXIII.]

pensamiento de S. Agustín son necesarios para construir una completa visión católica de la santa Eucaristía. El peligro está en el hecho que, con posterioridad, algunos pensadores exageraron el aspecto espiritual de la Eucaristía, quedando, con ello, anclados al puro simbolismo.

4.3.2. *El desarrollo teológico*

Sucesivamente, tanto en el pensamiento oriental como en el occidental, hubo dos tendencias, la realista y la simbólica. Mientras S. Juan Crisóstomo y S. Ambrosio subrayaron la identidad entre el Cristo de la historia nacido de la Virgen Maria y la Eucaristía, Orígenes subrayó más el aspecto simbólico. Mientras las dos tendencias se mantuvieron unidas, en armonía, como en S. Agustín, la integridad de la fe se mantuvo a salvo. En la edad media, en cambio, surgieron dos controversias respecto de la relación entre los aspectos real y simbólico de la Eucaristía. En la primera, alrededor del año 844, Pascasio Abad, abad del monasterio benedictino de Corbie, escribió la primera monografía sobre la Eucaristía, titulada *De Corpore et Sanguine Domini*, en la que mostró la completa unión entre la carne y la sangre de Cristo nacido de la Virgen Maria, crucificado y resucitado de entre los muertos, y la Eucaristía. Así, no delineó ninguna diferencia entre los dos modos de ser de Cristo y, por lo mismo, no estableció ninguna distinción entre la dimensión histórica y la sacramental. La perspectiva de Pascasio Abad, así, era exactamente contraria a la de aquellos que -como el monje Ratramno de Corbie (†868) y Rabano Mauro, arzobispo de Magonza (†856)- seguían una línea más simbólica.

La controversia se reeditó, de nuevo, en el siglo once. Lanfranco de Bec (†1089) llevó la idea de Pascasio Abad un poco más allá, y llegó a decir que el Cuerpo y la Sangre de Cristo estaban sujetos a las leyes de la digestión. Berengario de Tours (†1088), reaccionó contra la visión naturalística de la Eucaristía, haciendo una distinción radical entre el rol histórico de la existencia de Cristo y el modo sacramental en la Eucaristía. Berengario, sin embargo, exageró esta distinción, vaciando al sacramento de la existencia real y cayendo, así, en el error del puro simbolismo. Fue, por lo tanto, condenado y debió someterse numerosas veces a la enseñanza de la Iglesia. El Papa S. Gregorio VII pidió que Berengario hiciera un juramento en el que se debía incluir el concepto de la transformación sustancial:

> Yo, Berengario, creo de corazón y confieso de boca que el pan y el vino que se ponen en el altar, por el misterio de la sagrada oración y por las palabras de nuestro Redentor, se convierten sustancialmente en la verdadera, propia y vivificante carne y sangre de Jesucristo nuestro Señor, y que después de la consagración son el verdadero cuerpo de Cristo que nació de la Virgen y que, ofrecido por la salvación del mundo, estuvo pendiente en la cruz y está sentado a la diestra del Padre; y la verdadera sangre de Cristo, que se derramó de su costado, no sólo por el signo y la virtud del sacramento, sino en la propiedad de la naturaleza y verdad de la sustancia.[28]

La expresión transustanciación (*transsubstantiatio*) apareció por la primera vez alrededor del 1140 en los escritos del teólogo Rolando Bandinelli, que llegó a ser, más tarde, el Papa Alejandro III (que reinó entre el 1140 y el 1142). Posteriormente, fue usada por primera vez en un documento oficial por Inocencio III en 1202, en el que el Papa afirmó que Cristo «transustanció» el pan y el vino en su Cuerpo y Sangre. Inocencio III condenó el error de aquellos que afirma-

---

[28] Cf. CONCILIO DE ROMA, *Confesión de fe de Berengario de Tours*, en DS 700.

ban que en el sacramento del altar se daba sólo «el símbolo, la especie o la figura» del Cuerpo y la Sangre de Cristo.[29] El Cuarto Concilio de Letrán, del 1215, formuló el Credo de la Iglesia en la conversión eucarística en términos de transustanciación.[30] El dogma de la transustanciación reaparece, después, en la profesión de fe del segundo Concilio General de Lyón.[31]

S. Tomás de Aquino desarrolló, posteriormente, la teología de la presencia eucarística de Cristo, que comprende la transustanciación, a la que consideró como una expresión apropiada para esta maravillosa trasformación.[32] Él enseñó que el pan y el vino son transformados en el Cuerpo y Sangre de Cristo en la consagración, y que permanecen sólo los accidentes (aquellos que los sentidos reconocen) del pan y del vino.[33] Todo el Cristo está presente bajo cada una de las especie de este sacramento. Por medio de la transustanciación el pan se transforma en el Cuerpo de Cristo y el vino en su Sangre. Así, puesto que Cristo ahora ha resucitado y no morirá más, su Sangre y su Alma deben estar presentes en natural concomitancia y conexión con su Cuerpo bajo las apariencias del pan, y del mismo modo su Cuerpo y Alma deben estar presentes con su Sangre bajo la apariencia del vino. La naturaleza divina de Cristo está unida a su Cuerpo, Sangre y Alma por medio de la unión hipostática. Por lo tanto, todo el Cristo está presente bajo cada una de las espe-

---

[29] Papa INOCENCIO III, *Carta Cum Marthae Circa* al arzobispo Juan de Lyón, en DS 782.

[30] Cf. CONCILIO LATERANO IV, Símbolo Lateranense, en DS 802.

[31] Cf. CONCILIO DE LYÓN II, *Profesión de fe de Miguel Paleólogo*, en DS 860.

[32] Cf. S. TOMÁS DE AQUINO, *Summa Theologiae* III, q.75, a.4.

[33] Cf. S. TOMÁS DE AQUINO, *Summa Theologiae* III, q.75, a.5.

cies del pan y el vino.[34] El Doctor Angélico siguió una línea muy prudente entre el ultra-realismo y el simbolismo, sosteniendo tanto el aspecto realista como el sacramental del misterio. Todo lo cual resulta evidente cuando se observa lo que sucede al momento de consumir la Eucaristía: «Lo que se come en su propio ser se rompe y se mastica en su propio ser. Pero el cuerpo de Cristo no se come en su propio ser, sino en su ser sacramental... Por tanto, el cuerpo de Cristo no queda fraccionado, sino la especie sacramental.»[35] En la sagrada Eucaristía, los accidentes del pan y del vino quedan sin la sustancia natural a la que pertenecen.

4.3.3. La Reforma

En el Edad Media la Iglesia reaccionó contra los errores de los valdenses y, más tarde, contra los de Wyclif y Hus, que negaban la realidad de la presencia de Cristo en la Eucaristía.[36] De todos modos, un amplio rechazo de las doctrinas de la Iglesia llegó solamente con la Reforma. El Concilio de Trento propuso la enseñanza católica en lo que se refiere a la presencia de Cristo en la Eucaristía y declaró que, después de la consagración del pan y el vino, «se contiene verdadera, real y sustancialmente nuestro Señor Jesucristo, verdadero Dios y hombre, bajo la apariencia de aquellas cosas sensibles».[37] El Concilio condenó el error de Lutero, que

---

[34] Cf. S. TOMÁS DE AQUINO, *Summa Theologiae* III, q.76, aa.1-3.

[35] S. TOMÁS DE AQUINO, *Summa Theologiae* III, q.77, a.7.

[36] Cf. Papa INOCENCIO III, *Profesión de fe prescrita a los valdenses* (1208), en DS 794; También ver Papa MARTÍN V, Bula *Inter Cunctas*, preguntas propuestas a los seguidores de Wyclif y Hus (1418), en DS 1256-1257.

[37] CONCILIO DE TRENTO, decimotercera sesión, *Decreto sobre el sacramento de la Eucaristía*, cap. 1, en DS 1636 y canon 1, en DS 1651.

profesaba la consustanciación, es decir, que el pan y el vino siguen existiendo junto al Cuerpo y a la Sangre de Cristo. Del mismo modo, fue rechazada la idea de Osiandro, que defendió el concepto de empanación, según la cual Cristo estaba hipostáticamente unido a la sustancia del pan y del vino.[38] La enseñanza tridentina excluye claramente, también, la idea de Zwinglio según la cual Cristo estaba presente en la Eucaristía sólo como signo, como también excluye la de Calvino, que pensaba que Cristo estaba presente sólo al modo de un poder dinámico.

4.3.4. Reafirmaciones recientes

Lejos del ser un concepto anticuado, la transustanciación es un modo muy apropiado para expresar la fe de la Iglesia en la conversión que tiene lugar en la Eucaristía. En diversas ocasiones después del Concilio de Trento, la Iglesia ha vuelto a declarar su fe en este misterio de la presencia eucarística de Cristo. En el 1794, el Papa Pío VI reafirmó la doctrina de la transustanciación contra los errores jansenistas del pseudo-Sínodo de Pistoya.[39] En el 1950, el Papa Pío XII repudió el error de aquellos que afirmaban que la doctrina de la transustanciación se basaba sobre «una noción filosófica de sustancia ya anticuada» y que «ha de ser corregida en el sentido de que la presencia de Cristo en la Santísima Eucaristía se reduzca a una especie de simbolismo».[40] El Papa Pablo VI puso en evidencia, también, el peligro de exagerar los aspectos simbólicos de la Eucaristía y reafirmó

---

[38] Cf. CONCILIO DE TRENTO, decimotercera sesión, *Decreto sobre el sacramento de la Eucaristía*, canon 2, en DS 1652.

[39] Cf. Papa PÍO VI, Constitución *Auctorem fidei*, 29, en DS 2629.

[40] Papa PÍO XII, Carta Encíclica *Humani generis* (1950), en DS 3891.

el valor del concepto de la transustanciación. El consideró como insuficientes algunas aproximaciones recientes a esta cuestión, en que la conversión ha sido descrita en términos de transignificación o transfinalización, porque en cualquier caso es la conversión de la sustancia lo que debiera estar en la base de toda discusión sobre el nuevo significado y finalidad de las especies eucarísticas.[41] En otra ocasión, el Papa afirmó solemnemente que la conversión misteriosa que tiene lugar en la Eucaristía es «llamada por la Santa Iglesia conveniente y propiamente *transustanciación*». El Papa añadió que «cualquier interpretación de teólogos que busca alguna inteligencia de este misterio, para que concuerde con la fe católica, debe poner a salvo que, en la misma naturaleza de las cosas, independientemente de nuestro espíritu, el pan y el vino, realizada la consagración, han dejado de existir, de modo que el adorable cuerpo y sangre de Cristo, después de ella, están verdaderamente presentes delante de nosotros bajo las especies sacramentales de pan y vino».[42] El Catecismo de la Iglesia Católica ha reafirmado la formulación del Concilio de Trento: «La Iglesia católica ha llamado justa y apropiadamente a este cambio *transustanciación*».[43]

La doctrina de la transustanciación fue desarrollada en el cuadro de la filosofía escolástica, que comprendía la distinción entre sustancia y accidente. La doctrina no depende, en todo caso, de la filosofía aristotélica. La distinción entre sustancia y accidente es accesible al realismo del sentido común de cualquier época. La idea de sustancia se refiere a

---

[41] Cf. Papa PABLO VI, Carta Encíclica *Mysterium Fidei* (1965), como se encuentra en *EV* 2 (1963-1967), nn. 409, 427.

[42] Papa PABLO VI, *El Credo del pueblo de Dios* (1968), 25, en *EV* 3 (1968-1970), n. 561.

[43] *CIC* 1376; vid., CONCILIO DE TRENTO, decimotercera sesión, *Decreto sobre la Santísima Eucaristía*, en DS 1642.

la realidad subsistente. Si consideramos el ejemplo de una persona -que en su sustancia permanece la misma a lo largo de toda su vida, si bien sus accidentes cambian, como el color del cabello, el peso, el aspecto físico- diríamos que la persona permanece la misma, pero los accidentes cambian. Los accidentes son aquellas cualidades que experimentamos empíricamente. En la Eucaristía, en cambio, es la sustancia la que cambia, pero los accidentes quedan los mismos. La sustancia es la esencia fundamental de una cosa, cuya naturaleza es la de sostener y recoger en su conjunto a los accidentes. La expresión sustancia es usada aquí en sentido metafísico y no en sentido físico; con todo, la distinción entre sustancia y accidente es real, no imaginaria. En el caso de la persona, la distinción entre la persona y sus características accidentales es, después de todo, real. Por lo tanto, si bien las nociones de sustancia y accidente tiene su origen en la filosofía aristotélica, tal distinción es, también, independiente del desarrollo filosófico y científico. Se trata de una distinción real, no vinculada a una corriente filosófica de la que dependería su vigencia o falta de ella. La expresión *transustanciación* aplicada al cambio eucarístico debe situarse junto a otras, como al de consustancial, aplicada a la doctrina de la Santísima Trinidad. La formulación se desarrolló después de un largo período de reflexiones, para describir la fe que ya existía en el modo de transformación que tiene lugar en la Misa. Es una palabra normativa para la vida de la fe.

Además, no existe contradicción en el hecho que Cristo esté sentado a la derecha del Padre en el Cielo y, al mismo tiempo, esté presente en las innumerables hostias reservadas en todo el mundo. El Cuerpo de Cristo, sin cambiar su contenido ontológico y sin movimiento local, puede obtener una nueva y particular relación con un determinado lugar, porque se vuelve presente -sin extensión en el lugardonde antes de la transustanciación estaba el pan. La Eucaristía es, por lo tanto, una extensión de la Encarnación de Cristo y una aplicación de su acto redentor. Además, cuando la sagrada hostia es fraccionada, Cristo está presente en cada una de sus partes. En palabras del Doctor Angélico:

> Cuando fracciones el sacramento,
> no temas, sino recuerda:
> [Cristo] es tanto en cada parte,
> cuanto en el todo.[44]

La presencia de Cristo en la Eucaristía es perpetua, de modo que Él permanece en tanto la especie continúe siendo tal. Por lo tanto, Cristo no está presente sólo en el uso o en la recepción de este sacramento, como afirmaban los reformados.[45] La Iglesia primitiva llevaba la comunión a los enfermos y a los prisioneros que no podían participar en la Santa Misa. San Cirilo de Alejandría enseñó que la hostia sagrada que se conserva una vez finalizada la Misa, durante la que fue consagrada, era, todavía, el Cuerpo de Cristo: «Porque Cristo no se modifica, y su Santo Cuerpo no se cambia, sino que su poder y su capacidad de bendición y gracia que da la vida existe para siempre.»[46] Por lo tanto, es necesario conservar la santa Eucaristía en un lugar digno. Cuando terminó el período de las persecuciones, los cristianos podían

---

[44] El himno de San Tomás de Aquino «Lauda Sion Salvatorem» 19: «Fracto demum sacramento, ne vacilles, sed memento, tantum esse sub fragmento, quantum toto tegitur». Vid., también, CONCILIO DE TRENTO, decimotercera sesión, *Decreto sobre la Santísima Eucaristía*, canon 3, en DS 1653.

[45] Cf. CONCILIO DE TRENTO, decimotercera sesión, *Decreto sobre la Santísima Eucaristía*, canon 4, en DS 1654.

[46] S. CIRILO DE ALEJANDRÍA, *Epistola a Calosyrium*, en *PG* 76, 1075-1076.

construir iglesias y fue posible, por lo tanto, la reserva eucarística. La práctica de decorar artísticamente el tabernáculo y
los ostensorios se inició en la primera edad media. Creció la
devoción hacia Cristo en el Santísimo Sacramento, como
ejemplo práctico del desarrollo en la comprensión de la doctrina. El Papa Pablo VI recordó la enseñanza de la Iglesia
con este argumento:

> Ya que no sólo mientras se ofrece el sacrificio y se
> realiza el sacramento, sino también después, mientras
> la Eucaristía es conservada en las iglesias y oratorios,
> Cristo es verdaderamente el Emmanuel, es decir,
> «Dios con nosotros».... La Eucaristía es conservada en
> los templos y oratorios como centro espiritual de la
> comunidad religiosa y de la parroquial, más aún, de
> la Iglesia universal y de toda la humanidad.[47]

El Santísimo en el tabernáculo es «el corazón vivo de
nuestros templos».[48] El Papa Juan Pablo II ha mostrado cómo «la adoración de Cristo en este sacramento de amor debe
encontrar, después, expresión en diversas formas de devoción eucarística».[49] Esta devoción parte de la conservación
digna y noble del Santísimo, como un modo de estimular las
visitas durante el día. La exposición y la bendición del Santísimo son, también, una ocasión en la que el cristiano puede
meditar sobre el acto central de amor que lo redime. A veces, la exposición se extiende por un largo período, como en
la devoción de las cuarenta horas o en la exposición perpetua. Las procesiones del Santísimo son un modo tangible y

---

[47] Papa PABLO VI, Carta Encíclica *Mysterium fidei*, 37, en *EV 2*
(1963-1967), nn.438-439.
[48] Papa PABLO VI, *Credo del pueblo de Dios*, 26, en *EV 3*, (1968-
1970) n. 562.
[49] Papa JUAN PABLO II, *Dominicae Cenae*, 3.5.

público de expresión del Credo de la Iglesia. El Jueves Santo celebra la institución de la Eucaristía en el contexto del triduo pascual, y la solemnidad del *Corpus Christi*, instituidas por el Papa Urbano IV en el 1264, celebra la naturaleza de este sacramento.

4.3.5. *La idea griega*

La teología greco-ortodoxa asumió la expresión de la transustanciación después del segundo Concilio de Lyón, y la expresa con la palabra *metousiosis*. Esta expresión griega adquiere gran importancia en la ortodoxia sólo en el siglo diecisiete, en el contexto de la lucha contra la heterodoxia del patriarca Cirilo Lukaris. Lukaris había estudiado en Alemania y en Suiza, y había absorbido las doctrinas luteranas y calvinistas; rechazó la doctrina de la presencia substancial de Cristo en la Eucaristía, concluyendo que Cristo estaba presente sólo durante el uso del sacramento.[50] Aunque Lukaris era patriarca de Constantinopla, su heterodoxia fue rechazada por la iglesia ortodoxa y sus teólogos. En particular, en el 1640, Pedro Mogila, metropolitano de Kiev, escribió una defensa de la verdadera doctrina de cada sacramento, en la que defendió la *metousiosis*.[51] La expresión se difundió rápidamente en las iglesias orientales. Con todo, la moderna teología ortodoxa no define de modo estricto la naturaleza y el modo de la presencia eucarística del Cuerpo y la Sangre de Cristo.

---

[50] Cf. la Confesión Protestante de Cirilo Lukaris, como se encuentra en *SW* pp. 175-176.

[51] Cf. la Confesión Ortodoxa de Pedro Mogila, como se encuentra en *SW* pp. 176-177.

4.4. El sacrificio eucarístico

En la Eucaristía, tanto el ser como la acción son importantes; con todo, el ser lo es más, pues en él se basa la acción (*agere sequitur esse*). Es, por lo tanto, la transustanciación lo que vuelve presente el Cuerpo y la Sangre de Cristo y, con ello, su sacrificio sobre la cruz.

4.4.1. La concepción patrística

La enseñanza de la Carta a los Hebreos sobre el sacerdocio y sobre el sacrificio de Cristo ha estimulado el pensamiento cristiano sobre la Eucaristía en tanto sacrificio.[52] De la experiencia humana religiosa, de las Escrituras y de la reflexión cristiana, se puede ver que en la idea de sacrificio hay implicados numerosos elementos. El tema de base es el de hacer santo algo o alguien, tal como se desprende del origen latino de las palabras 'sacrificio' y 'consagración'. Esta acción de hacer santo (a algo o a alguien) implica una ofrenda a Dios, en términos de una víctima sacrificial. Alguien debe, en todo caso, ofrecer la víctima y esta persona es el sacerdote. El sacerdote ofrece sobre el altar del sacrificio, que está ubicado en un lugar santo o en un templo. La respuesta apropiada a la acción sacrificial es la alabanza y la adoración de Dios, en un contexto de conmemoración y memorial, que comprende el perdón de los pecados, la expiación y la redención. El sacrificio se concluye con la participación, la unión y la comunión.

Ya en la *Didaché* (la Enseñanza de los Doce Apóstoles), de alrededor del año 100, se puede advertir la idea del sacrificio de la Misa, si bien, en todo caso, no en su forma plena-

---

[52] Cf. *Hb* 8,6-13 que afronta los temas de la alianza y el sacrificio, y *Hb* 10,11-18, que trata del sacrificio, de la purificación de los pecados y de la santificación.

mente desarrollada: «En cuanto al domingo del Señor, una vez reunidos, partid el pan y dad gracias después de haber confesado vuestros pecados para que vuestro sacrificio sea puro.»[53] En su diálogo con Trifón, de alrededor del año 150, S. Justino Mártir vio en el sacrificio de la Eucaristía el cumplimiento de la profecía del profeta Malaquías: «Dios, por lo tanto, ha anunciado con anticipación que todos los sacrificios ofrecidos en su nombre -es decir, que Jesucristo ofreció en la Eucaristía del Pan y del Cáliz, y que son ofrecidos por nosotros los Cristianos en todo el mundo- le agradan.»[54] S. Ireneo se refirió, también, a la Eucaristía como al cumplimiento de la profecía de Malaquías: «Por lo tanto, la oblación de la Iglesia, que el Señor enseñó que fuese ofrecida en el mundo entero, fue vista por Dios como sacrificio puro y, así, aceptable para Él.»[55] Tertuliano, en su fase católica, se refiere a la Eucaristía como a un sacrificio, tratándose de uno de los testimonios más antiguos (a principios del siglo tercero) de la oferta de la Misa por los difuntos.[56]

En oriente, San Gregorio Nacianceno desarrolló la idea del vínculo entre el sacrificio de la Misa y el sacrificio espiritual del participante: «Nadie es digno del gran sacrificio y del sumo Sacerdote de Dios, a menos que antes no haya hecho de sí mismo una oferta viviente y santa agradable a Dios, y haya ofrecido a Dios un sacrificio de alabanza y un

---

[53] *Didaché* 14, 1, en *Sources Chrétiennes* 248, Cerf, Paris 1978, pp. 192-193. [Traducción castellana en *Padres Apostólicos*, Ciudad Nueva, Biblioteca de Patrística, Madrid 2000.]

[54] S. JUSTINO MÁRTIR, *Diálogo con Trifon*, 117; en *PG* 6, 745-746; cf. también *Mt* 1,10-12.

[55] S. IRENEO, *Adversus haereses*, Lib. 4, cap. 18, 1 en *PG* 7, 1024.

[56] Cf. TERTULIANO, *Sobre la Corona*, en cap. 3, 3 en *CCL* 2, 1043.

corazón contrito.»[57] A su vez, S. Juan Crisóstomo expresó el nexo entre el sacrificio del Calvario y el sacrificio de la Misa: «Porque Cristo es en todo lugar un Cuerpo completo. Justamente del mismo modo que Él es sólo un cuerpo y no muchos cuerpos, también así, si viene ofrecido en muchos lugares no hay sino un sacrificio. Es nuestro sumo sacerdote, que ha ofrecido el sacrificio que nos purifica. Así también nosotros ofrecemos ahora aquello que fue ofrecido entonces, y que no puede agotarse.»[58]

S. Cipriano, por su parte, se refería a la Eucaristía como al memorial de la pasión del Señor:

> Si nuestro Señor y Dios Jesucristo es sumo Sacerdote de Dios Padre y en primer lugar se ofreció a sí mismo al Padre al sacrificio, y ordenó hacer esto en memoria suya, entonces el sacerdote de verdad ocupa el lugar de Cristo, si repite cuanto ha hecho Cristo y ofrece a Dios Padre en la Iglesia un sacrificio verdadero y completo, si cumple el sacrificio tal como lo ha ofrecido Cristo.[59]

S. Agustín, a su vez, afirmó que Cristo es ofrecido místicamente en la Misa:

> Toda la ciudad redimida, o sea, la congregación y sociedad de los santos, se ofrece a Dios como un sacrificio universal por medio del gran Sacerdote, que en forma de esclavo se ofreció a sí mismo por nosotros en su pasión, para que fuéramos miembros de tal Cabeza; según ella, es nuestro Mediador, en ella es sacerdote, en ella es sacrificio....Este es el sacramento

---

[57] S. Gregorio Nacianceno, *Oratio 2*, 95, en *PG* 35, 498.

[58] S. Juan Crisóstomo, *Homilía 17 sobre los Hebreos*, 3, en *PG* 63, 131.

[59] S. Cipriano, *Epístola* 63, 14, en *PL* 4, 385.

tan conocido de los fieles que también celebra asiduamente la Iglesia.[60]

En sus numerosos escritos, Agustín desarrolló tanto la idea dinámica-espiritual cuanto la objetiva-realista del sacrificio de la Eucaristía. A veces enfatizó un aspecto, otras veces el otro, favoreciendo, con ello, una cierta incomprensión de su doctrina; en especial de aquellos que sostenían el aspecto espiritual en desmedro del objetivo. El Papa S. León Magno expuso claramente que la institución de la Misa como sacrificio se debe a la voluntad de nuestro Salvador: «Cristo instituyó el sacramento de su Cuerpo y Sangre, y enseñó que este sacrificio debía ser ofrecido a Dios.»[61] Fausto de Riez profundizó ulteriormente esta idea según la cual el Señor mismo instituyó el sacramento de su sacrificio: «Porque Cristo deseaba sustraer su cuerpo a nuestros ojos y subir a los cielos, fue necesario que él consagrase... el Sacramento de su Cuerpo y Sangre, de modo que aquello que una vez fue sacrificado por todos como nuestro rescate, pueda ser adorado de modo continuo en el misterio constantemente renovado.»[62] El Papa San Gregorio Magno sostiene que el sacrificio de la Misa renueva el misterio pascual de manera salvífica: «Cada vez que ofrecemos a Él el sacrificio de su pasión, renovamos su pasión por nuestra redención.»[63]

---

[60] S. Agustín, *Ciudad de Dios*, Lib. 10, cap. 6, en *PL* 41, 284. [Traducción castellana en *Obras Completas, op. cit.* vol. XVI.]

[61] Papa S. León Magno, *Homilía 58*, cap. 3 en *PL* 54, 333.

[62] S. Fausto de Riez, *Homilía sobre el Cuerpo y Sangre de Cristo*, en *PL* 30, 272.

[63] Papa S. Gregorio Magno, *Homilía 37 sobre los Evangelios*, 7 en *PL* 76, 1279.

Los Padres griegos pusieron de manifiesto la relación entre la Encarnación y la Eucaristía. La escuela de Antioquía identificó el verdadero Cuerpo de Cristo, nacido de la Virgen María, crucificado y resucitado, con el Cristo eucarístico, y, por lo tanto, puso un mayor acento en la Redención, en la acción salvífica de Cristo. Por otra parte, la escuela de Alejandría vio la dignidad de la Eucaristía en relación al Cuerpo y a la Sangre del Verbo, que generan una radical unión con Él; de ahí que haya puesto un mayor énfasis en la Encarnación.

En general, en el primer milenio de la Iglesia, el acento fue puesto sobre todo en la Eucaristía como advenimiento, mientras que en el segundo milenio se ha enfatizado más el aspecto del contenido objetivo. En todo caso, ambos (el aspecto del ser como el de la acción), siempre han estado presentes en la Misa. A veces, los Padres adoptaron las expresiones *sacrificio espiritual* o *memorial* para el sacrificio eucarístico, pero esto no significa que ellos pensaran que la Eucaristía no fuese el verdadero sacrificio del Calvario; fue sólo más tarde, especialmente con los reformados, que se verificó una negación del sacrificio de la Misa.

4.4.2. Desarrollo posterior

Las ideas patrísticas sobre el sacrificio de la Misa fueron desarrolladas, posteriormente, en la edad media. Una mayor claridad acerca del sentido en que la Misa es un sacrificio se encuentran, especialmente, en S. Tomás de Aquino. El Doctor Angélico declaró que el sacramento de la Eucaristía es una imagen representativa de la Pasión de Cristo, que es su sacrificio: «La celebración de este sacramento es considerada como inmolación de Cristo.»[64] La consagración

---

[64] S. Tomás de Aquino, *Summa Theologiae* III, q.83 a.1.

separada del Cuerpo y la Sangre de Cristo simboliza la Pasión del Señor. La esencia sacrificial de la Misa consiste en la consagración separada del Cuerpo y la Sangre de Cristo, de modo que el estado de la víctima viene representado místicamente en el altar.[65] Sin embargo, Cristo está completamente presente en cada una de las especies, a causa de la unión natural del Cuerpo y la Sangre de Cristo en su condición de Resucitado. Por lo tanto, la inmolación es mística, porque Cristo se hace presente sobre el altar en el estado de su Pasión y Muerte, en las que había separación entre su Cuerpo y su Sangre. La Misa es, por lo tanto, la representación incruenta del sacrificio de la cruz. El Papa Pío XII confirmó esta comprensión del sentido en que la Misa es un sacrificio, cuando dijo: «las especies eucarísticas, bajo las cuales [Cristo] se halla presente, simbolizan la cruenta separación del cuerpo y la sangre. De este modo, la conmemoración de su muerte, que realmente sucedió en el Calvario, se repite en cada uno de los sacrificios del altar, ya que, por medio de señales diversas, se significa y se muestra Jesucristo en estado de víctima».[66]

Mientras las principales figuras de la Reforma protestante diferían en su comprensión sobre el modo de la presencia de Cristo en la Eucaristía, todas ellas estaban de acuerdo, en cambio, en rechazar la idea de la Misa como sacrificio. Los reformados negaron la relación entre el sacrificio del Calvario y la última Cena y aspiraron, así, a quitar de la celebración eucarística toda alusión a la oblación, oferta o sacrificio. Para Lutero el Calvario fue un sacrificio, pero la

---

[65] Cf. S. TOMÁS DE AQUINO, *Comentario al Evangelio de Juan*, VI, 7. Cf., también, *Summa Theologiae* III, q.76, a.2.

[66] Papa PÍO XII, Carta Encíclica *Mediator Dei* (1947), en DS 3848.

Eucaristía la concebía como una mera promesa o testamento signada por la Sangre de Cristo derramada en el Calvario.[67] Zwinglio y Calvino, para los que la Eucaristía era un convite, fueron más allá, rechazando cualquier elemento sacrificial de esta celebración. Cranmer, en la reforma inglesa, introdujo elementos luteranos y calvinistas en la iglesia anglicana. Él deseaba erradicar la idea «del sacrificio y de la oblación de Cristo hecha por el sacerdote para la salvación de los vivos y de los muertos.»[68] El artículo treinta y uno de los treinta y nueve artículos anglicanos del Libro de las oraciones públicas es una clara negación del carácter sacrificial de la Misa. En todo caso, el reciente diálogo entre católicos y anglicanos ha dado lugar a un acuerdo sobre el hecho que «Cristo instituyó la Eucaristía como memorial (*anamnesis*) de la totalidad de la acción reconciliante de Dios en Él. En la oración eucarística, la Iglesia sigue ofreciendo un perpetuo memorial de su muerte», entrando, así, «en el movimiento de su auto-ofrecimiento.»[69] Con todo, esta declaración es incompleta, en tanto no expresa la verdad según la cual el sacrificio de Cristo está realmente presente en la Misa, del que la Iglesia participa por medio de la oferta del sacrificio en Cristo y con Cristo. Igualmente, «el valor propiciatorio que el dogma católico atribuye a la Eucaristía no se menciona.»[70]

---

[67] Cf. M. LUTHER, *The Babylonian Captivity of the Church*, como está citado en *SW* p.198.

[68] T. CRANMER, *Defense of the True Catholic Doctrine of the Sacrament*, como se encuentra en *SW* p. 203.

[69] ANGLICAN-ROMAN CATHOLIC INTERNATIONAL COMMISSION, *Windsor Statement*, 5.

[70] CONGREGACIÓN PARA LA DOCTRINA DE LA FE, *Observaciones sobre el informe final del ARCIC* en *AAS* 74 (1982), p. 1066.

El Concilio de Trento reafirmó la doctrina católica respecto al santo sacrificio de la Misa, enseñando que fue instituido divinamente por Cristo. El Concilio propuso como artículo de fe que la Misa es un sacrificio visible, propiciatorio para los vivos y los muertos. Sostiene, además, la práctica de las Misas en honor de los Santos, aunque aclaró que el sacrificio se ofrece sólo a Dios. El Concilio de Trento enseñó, en contra de la noción luterana, que el carácter sacrificial de la Eucaristía no puede ser reducido simplemente a la comunión, ni el sacrificio de la Misa es meramente espiritual. Trento afirmó la unidad de base entre el sacrificio del Calvario y el sacrificio de la Misa.[71]

Las tentativas actuales de proponer una tensión entre el elemento sacrificial y el convival de la Eucaristía no son de ayuda. Estas aproximaciones implican una deformación del altar del sacrificio en un lugar común para la comida fraterna, al modo de los reformados, que destruyeron los altares y los reemplazaron por mesas como un modo de reaccionar a la doctrina católica del sacrificio de la Misa. El Papa Juan Pablo II ha reafirmado la importancia del carácter sacrificial de la Misa, declarando que «la Eucaristía es sobre todo un sacrificio».[72] La Misa representa el mismo sacrificio del Calvario, pero de modo incruento. Por lo tanto, la Eucaristía hace presente el misterio pascual de Cristo en todos los tiempos y en todos los lugares, en el corazón de la Iglesia. Este sacrificio que se hace presente a través de la historia y sobre la entera faz de la tierra, exige que el sacerdocio de

---

[71] Cf. CONCILIO DE TRENTO, vigésimo segunda sesión, *Doctrina sobre el Santísimo Sacrificio de la Misa*, en DS 1739-1743, 1751-1754.

[72] Papa JUAN PABLO II, *Dominicae Cenae* (1980), 9.

Cristo sea compartido con los sacerdotes ordenados, que actúan en Su persona en la Eucaristía.

4.5. El ministro

Sólo un obispo o un sacerdote ordenado es un válido celebrante de la Eucaristía. Esta verdad ha sido reafirmada en diversas ocasiones a lo largo de la historia de la Iglesia. Como protesta contra el modo de vida, a veces mundana, de los clérigos, los valdenses sostuvieron que el requisito de base para el celebrante de la Eucaristía era la santidad; por lo tanto, incluso una persona laica, si es suficientemente santa, podría celebrarla. En sus errores, los valdenses cayeron en la trampa de confundir la persona y el oficio; en todo caso, ¿cómo podría la santidad de una persona ser juzgada por alguien distinto de Dios?[73] Más recientemente, la Iglesia ha insistido en que sólo un sacerdote o un obispo válidamente ordenado puede celebrar de modo válido la Eucaristía.[74] El contexto de esta reafirmación es el error corriente que consiste en tratar de hacer derivar, de algún modo, el poder del sacerdote ministerial de la comunidad de los fieles; de modo que en ausencia del sacerdote la comunidad, por lo tanto, podría designar otro celebrante para la Eucaristía. Esta solución errónea ha sido propuesta en el caso de fieles que están privados de la Eucaristía por un tiempo prolongado. En todo caso, esta consideración es insuficiente,

---

[73] Cf. Papa INOCENCIO III, *Profesión de fe prescrita a los valdenses*, como se encuentra en DS 794.

[74] Cf. CONGREGACIÓN PARA LA DOCTRINA DE LA FE, Declaración *Mysterium ecclesiae*, en defensa de la doctrina católica sobre la Iglesia contra determinados errores de nuestros días (1973), parte 6.6; ÍDEM, *Carta a los obispos católicos en relación al ministro de la Santa Eucaristía* (1983), en *AAS* 75 (1983), pp.1001-1009.

porque en situaciones de este tipo Dios puede, de todos modos, proveer su gracia al margen de los sacramentos.

En lo que concierne a la intención que el ministro debe tener, la condición de base es que tenga la intención de hacer «al menos lo que la Iglesia hace». El celebrante, para celebrar la Misa, debe manifestar una intención general, ya sea explícita o actual o, al menos, virtual. Si la intención es virtual, debe ser manifestada antes de la Misa, de modo que la celebración se desarrolle bajo su influencia, y no debe permanecer siempre explícita durante la celebración.[75] El celebrante puede formular, además, una intención particular, que puede ser la de ofrecer la Misa por una persona o por un grupo de personas, vivas o muertas. La costumbre de las Misas por los difuntos es muy antigua y ya la menciona San Agustín.[76] La Misa puede ser ofrecida, también, en razón de un deseo (como la beatificación de una determinada persona) o, incluso, en honor de Cristo, de la Madre de Dios o de algún santo en particular. Las intenciones generales o particulares deben ser hechas explícitas al menos antes de las palabras de la consagración, aunque es aconsejable que sean hechas explícitas mucho antes, concretamente antes de la celebración de la Misa.

El uso de las intenciones, además, está en pleno acuerdo con la tradición del Iglesia.[77] En todo caso, incluso sin una particular intención por la que ofrecer la Misa, ésta debiera ofrecerse para el bien de las personas necesitadas. Con ello, el fiel contribuye al bien de la Iglesia. Se debe evitar, además, toda apariencia comercial en el ofrecimiento de

---

[75] Cf. Cap. 1, sec. 1.8.

[76] Cf. S. AGUSTÍN, *Sermón 172*, Cap. 2, 2 en *PL* 38, 936-937.

[77] Para los aspectos canónicos de las ofertas de la Misa, ver *CIC* 945-958.

las Misas, de modo que aún en el caso que la oferta sea mínima se debe celebrar una Misa aparte. Un sacerdote puede recibir la oferta sólo por una Misa al día (prescindiendo de la solemnidad de Navidad, cuando puede recibir hasta tres). Las ofertas por la Misa son de diversos tipos. La más común es la oferta *manual* dada al sacerdote para que celebre una o dos Misas. La Misa *gregoriana* es celebrada en razón de una particular intención, por treinta días consecutivos. La Misa de *fundación* se establece sobre un fondo que permita la celebración de la Misa anual, usualmente por un difunto, por un determinado números de años.

4.6. La comunión eucarística

El sacrificio eucarístico se celebra bajo forma de un banquete, con lo cual la relación entre el aspecto sacrificial y el convival de la Misa es puesta en evidencia. La Eucaristía une diversos aspectos, no como elementos que se yuxtaponen, sino, antes bien, como elementos que se reúnen en una unidad orgánica. El factor unificante es el sacrificio de Cristo. Ya que la comunión es parte integral del sacrificio, es necesaria para el ministro sacrificante y, también, es fuertemente recomendada al fiel que participa de la Misa.[78] Al recibir la santa comunión, los fieles son reforzados y «manifiestan concretamente la unidad del pueblo de Dios aptamente significada y maravillosamente producida por este augustísimo sacramento».[79] Este concepto de comunión eclesial, que se nutre de la comunión eucarística, no debe ser confundido con las ideas superficiales en relación a la comunidad. En los años recientes se ha asistido a la tendencia a sostener el aspecto comunitario de la liturgia, en detrimen-

---

[78] Cf. Papa Pío XII, Carta Encíclica *Mediator Dei*, en DS 3854.
[79] Concilio Vaticano II, *Lumen Gentium* 11.1.

to del aspecto individual. También la noción de comunidad ha sido, a menudo, comprendida a partir de conceptos psicológicos o sociológicos, antes que con la comunión mística eclesial que es, esencialmente, un don divino. En otras palabras, el aspecto horizontal de comunidad ha sido enfatizado en perjuicio de la dimensión vertical del don de Dios.

4.6.1. *El destinatario*

A veces, en el pasado, una severidad y escrupulosidad exageradas impidieron comulgar a los fieles. El jansenismo, un sistema de pensamiento herético que exageró la caducidad de la persona humana como resultado del pecado original, desincentivó en este sentido al pueblo. Algunos jansenistas se jactaron de estar meses, o incluso años, privados de participar del Cuerpo de Cristo.[80] En los primeros años del siglo veinte, el Papa S. Pío X animó a la comunión frecuente, e incluso diaria, si las necesarias disposiciones eran satisfactorias.[81] Sin embargo, en estos últimos años, también asistimos a otro fenómeno. «Algunas veces, o más bien en numerosos casos, todos los participantes a la asamblea eucarística se acercan a la comunión, pero a veces... no se ha verificado la debida preocupación de acercarse al sacramento de la penitencia para purificar la propia conciencia.»[82]

Las condiciones de base para recibir la santa comunión comprenden la comunión eclesial, es decir, el estar en buena relación con la Iglesia, libre de cisma. Se exige, también, la comunión de fe y el estar libre de herejía, formal o material. Un estado de gracia -consistente en estar libre de

---

[80] Cf. R. KNOX, *Enthusiasm*, Oxford University Press, Oxford 1950, pp. 215-217.

[81] Cf. Papa S. PÍO X, *Sacra Tridentina Synodus* en DS 3375-3383.

[82] Papa JUAN PABLO II, *Dominicae Cenae*, 11.5.

pecado mortal- es la precondición posterior. Por último, es necesaria una correcta disposición, que comprende el cumplimiento del ayuno eucarístico que, en la legislación actual del ritual latino, exige el abstenerse de la comida y de la bebida, a excepción del agua, desde una hora antes de recibir la santa comunión.[83] La medicinas no infringen el ayuno, y el enfermo y el anciano, y aquellos que prestan los cuidados, están dispensados de esta norma. Es necesaria, además, una determinada disposición corpórea y una reverencia, que se manifiesta en la genuflexión antes de recibir el sacramento. Tales gestos, como también vestidos convenientes, «manifiesta el respeto, la solemnidad, el gozo de ese momento en que Cristo se hace nuestro huésped».[84] Si estas condiciones se satisfacen, debe ser animada la comunión frecuente e incluso cotidiana. A veces, la participación a más de una Misa al día plantea la cuestión de recibir varias veces la comunión. Aquel que ha recibido la santa Eucaristía, puede recibirla de nuevo el mismo día sólo en el contexto de una celebración eucarística en la que participa.[85] El significado de la expresión «de nuevo» en este contexto parece referirse a una segunda vez antes que a varias veces en el mismo día.[86]

Si un cristiano no puede cumplir las condiciones necesarias para recibir la santa comunión, es posible, todavía, participar en la Misa a través de la comunión espiritual. Por lo tanto, una Misa sin la recepción de la santa comunión no debiera ser juzgada infructuosa. S. Tomás de Aquino puso

---

[83] Cf. *CDC* 919.

[84] *CIC* 1387. Cf. *Missale Romanum*, Editio Typica Tertia, Libreria Editrice Vaticana 2002, *Institutio Generalis*, n. 160.

[85] Cf. *CDC* 917.

[86] Cf. COMISIÓN PONTIFICIO PARA LA INTERPRETACIÓN AUTÉNTICA DEL CÓDIGO DE DERECHO CANÓNICO, *Respuesta*, el (26 de junio de 1984), en *EV* 9 (1983-1985), n. 862.

en paralelo el bautismo de deseo y el sacramental, llegando a la idea que la comunión espiritual comprende un deseo de unirse a la oferta del sacrificio y de recibir la santa comunión. Mientras algunos efectos del sacramento podrían obtenerse de este modo, la actual recepción de la santa comunión «produce más plenamente el efecto del mismo que el solo deseo».[87] Este concepto encuentra su aplicación pastoral en el caso de las personas que no pueden comulgar porque no cumplen las condiciones recién mencionadas y, al mismo tiempo, tienen un auténtico y gran deseo de recibir la Eucaristía.

En occidente la santa comunión fue administrada bajo las dos especies hasta el siglo trece. En aquel tiempo, dada la conciencia doctrinal y teológica que se había alcanzado del hecho que Cristo estaba plenamente presente en las dos especies, se pasó a la comunión bajo una sola especie. S. Tomás de Aquino evidenció las dificultades prácticas que se presentaban en la distribución bajo las dos especies:

> Por parte de quienes lo reciben se requiere una gran reverencia y cautela para que no suceda nada que pueda ultrajar tan gran misterio. Pues bien, esto podría acontecer principalmente en la distribución de la sangre, ya que, si no se toman bien las precauciones, podría fácilmente derramarse. Y, puesto que en el pueblo cristiano hay ancianos, jóvenes y niños, algunos de los cuales no tienen tanta discreción que utilicen siempre las necesarias cautelas al recibir este sacramento, prudentemente en algunas Iglesias se tiene la norma de no dar al pueblo la comunión con la sangre, y la asume solamente el sacerdote.[88]

---

[87] S. TOMÁS DE AQUINO, *Summa Theologiae* III, q.80 a.1.
[88] S. TOMÁS DE AQUINO, *Summa Theologiae* III, q.80 a.12.

Después, con la Reforma, fue necesario afirmar contra los errores de la época que Cristo se recibía «todo y íntegro» en cada especie.[89] La práctica de la comunión bajo una especie llegó a ser general en occidente hasta después del Concilio Vaticano II, que una vez más animó la posibilidad para el fiel de recibir, en determinadas circunstancias, tanto la hostia como el cáliz. En el oriente cristiano la comunión bajo ambas especies ha sido, desde siempre, la forma de recepción más difundida.

4.6.2. *La comunión eclesial*

El vínculo de la comunión eclesial en la iglesia transciende el espacio y el tiempo. Existe una unión entre los miembros de la Iglesia en el cielo, cuya intercesión invocamos en la Eucaristía, los miembros de la Iglesia en el purgatorio por los que ofrecemos la Misa y la Iglesia sobre la tierra reunida en su celebración eucarística. Un nexo indisoluble entre la comunión eucarística y la comunión eclesial puede ser visto desde los primeros tiempos de la Iglesia: «Acudían asiduamente a la enseñanza de los apóstoles, a la comunión, a la fracción del pan y a las oraciones» (*Hch* 2,42). La comunión eucarística expresa y construye la comunión eclesial. La Madre de Dios participa en la celebración eucarística de modo especial:

> Esta maternidad suya ha sido comprendida y vivida particularmente por el pueblo cristiano en el sagrado Banquete -celebración litúrgica del misterio de la Redención-, en el cual Cristo, su verdadero cuerpo nacido de María Virgen, se hace presente. Con razón la piedad del pueblo cristiano ha visto siempre un *pro-*

---

[89] Cf. CONCILIO DE TRENTO, vigésimo primera sesión, *Doctrina sobre la comunión bajo las dos especies y sobre la comunión de los niños*, canon 3, en DS 1733.

fundo vínculo entre la devoción a la Santísima Virgen y el culto a la Eucaristía; es un hecho de relieve en la liturgia tanto occidental como oriental, en la tradición de las Familias religiosas, en la espiritualidad de los movimientos contemporáneos incluso los juveniles, en la pastoral de los Santuarios marianos *María guía a los fieles a la Eucaristía.*[90]

También los ángeles y los santos están implicados en la Eucaristía, que es una anticipación del paraíso. El canon romano expresa la realidad de la participación angélica en la Misa: «Te pedimos humildemente, Dios todopoderoso, que esta ofrenda sea llevada a tu presencia, hasta el altar del cielo, por manos de tu ángel, para que cuantos recibimos el Cuerpo y la Sangre de tu Hijo al participar aquí de Tu altar, seamos colmados de gracia y bendición.» Los rituales orientales expresan esta participación en la liturgia celeste en el Himno de los Querubines: «Nosotros que representamos místicamente a los Querubines, y cantamos el himno tres veces Santo a la Trinidad Vivificadora. Apartemos en este momento toda solicitud temporal para recibir al Rey de todos, escoltado invisiblemente, por legiones de ángeles. Aleluya, aleluya, aleluya.» En diversas liturgias occidentales y orientales, tanto la Santa Virgen Madre de Dios como los Santos son venerados en la oración eucarística, indicando con ello, una vez más, la comunión viviente de amor que une la iglesia militante a la iglesia triunfante en la Misa.

La noción verdadera de la comunión habla, por lo tanto, de las importantes consecuencias para la así llamada dimensión comunitaria de la Eucaristía. La tendencia actual es la de estimar esta dimensión de un modo puramente empí-

---

[90] Cf. Papa JUAN PABLO II, Carta Encíclica *Redemptoris Mater*, 44.

rico o emotivo, antes que de modo orgánico u ontológico, como debiera ser. La Misa, en consecuencia, se convierte en una celebración del «estar juntos» del pueblo presente, antes que una reunión del pueblo de Dios por medio de Dios Padre, mediante su Hijo en el poder del Espíritu Santo. En realidad, la iniciativa eucarística viene de Dios y los sagrados misterios reconducen a la Santísima Trinidad. Por lo tanto, toda celebración de la Misa tiene un carácter esencialmente eclesial. El Papa Pablo VI afirmó, en este sentido, que cada Misa, «aunque sea celebrada privadamente por un sacerdote, no es acción privada, sino acción de Cristo y de la Iglesia».[91] Y aclaró, además, que es incorrecto enfatizar la Misa comunitaria en desmedro de las Misas celebradas privadamente.[92]

4.6.3. *Cuestiones ecuménicas*

El concepto de comunión eclesial y su relación con la comunión eucarística es el punto de arranque para tratar la cuestión de si otros cristianos pueden compartir la Eucaristía católica y, también, para aclarar el problema de si los católicos pueden compartir las celebraciones eucarísticas de otros cristianos.[93] La idea que subyace es que existe una reciprocidad eucarística, limitada a los católicos y los otros cristianos pertenecientes a las Iglesias que han conservado la sucesión apostólica (generalmente todos los cristianos orien-

---

[91] Papa PABLO VI, Carta Encíclica *Mysterium fidei*, 15, en *EV* 2 (1963-1967) n. 420.

[92] Cf. *Ibid*, n. 409.

[93] Cf. Papa BENEDICTO XVI, Exhortación Apostólica *Sacramentum Caritatis* (2007), 56: «En efecto, la Eucaristía no sólo manifiesta nuestra comunión personal con Jesucristo, sino que implica también la plena *communio* con la Iglesia.»

tales).[94] Aquellas Iglesias que mantienen la sucesión apostólica son merecedoras, en propiedad, del nombre de Iglesia, y a causa de la validez de los siete sacramentos, se mantienen en un relación relativamente estrecha, aunque imperfecta, de comunión con la Iglesia católica. En esta categoría deben incluirse todas las Iglesias ortodoxas y las Iglesias antiguo-orientales. Por lo tanto, en el caso que miembros de estas Iglesias orientales pidan la Eucaristía con espontánea voluntad, y tengan la disposición apropiada, pueden recibir la santa comunión de la Iglesia Católica.[95] En todo caso, no está previsto que un miembro de una Iglesia en parcial comunión deba recibir la santa comunión permanentemente, sino que está concebida como una medida temporal, en una situación de necesidad. Del mismo modo, un católico que se encuentra física o moralmente privado de la posibilidad de acceder a un ministro católico, y está en estado de necesidad, o quiere conseguir un verdadero beneficio espiritual, puede recibir la santa comunión durante una celebración en las Iglesias orientales. Sin embargo, en este caso se tiene que prestar atención para evitar el peligro de error y de indiferentismo; el católico que recibe la santa comunión de este modo respeta, también, la práctica oriental y no da escándalo a los cristianos orientales.[96]

La posibilidad de intercomunión con aquellas denominaciones cristianas que no han mantenido la sucesión apostólica está muy limitada, porque su nivel de comunión con la Iglesia católica es más bajo. Estos entes son conocidos, generalmente, como comunidades eclesiales y comprenden numerosos cristianos del occidente que están separados de

---

[94] Cf. *DE* 122.

[95] Cf. *DE* 125.

[96] Cf. *DE* 123-124.

una plena comunión con la Iglesia católica. Sólo muy excepcionalmente la Eucaristía católica puede ser dada a un miembro de tales comunidades eclesiales. Una precondición, en este caso, es el peligro de muerte u otra grave y urgente necesidad, de la que el ordinario local es juez. La persona, también, debe estar impedida de recurrir a su propio ministro. Además, el cristiano de otra denominación debe solicitar libremente la Eucaristía. Sin embargo, la persona debe manifestar de modo cierto la fe católica en la Eucaristía y estar adecuadamente dispuesta.[97] Sobre la base de las mismas consideraciones de comunión, un católico no puede comulgar en una de aquellas denominaciones que no tienen órdenes válidas o una válida Eucaristía. Una excepción la ofrece la Iglesia vetero-católica, que por lo general se estima que tiene órdenes válidos; así, donde esta condición se puede dar por segura, un católico -que se encuentre en peligro de muerte o en grave y urgente necesidad, y no tenga ninguna posibilidad de acceder a la Eucaristía católica- puede obtener la Eucaristía de un ministro válidamente ordenado.[98] Por último, bajo ninguna circunstancia se puede dar la santa comunión a un no bautizado.

La concelebración eucarística simboliza la plena comunión en la fe, la alabanza y la vida comunitaria dentro de la Iglesia católica. Por lo tanto, la concelebración ecuménica por parte de sacerdotes católicos en las concelebraciones eucarísticas de otros cristianos está completamente excluida, pues presupone un nivel de comunión eclesial -entre la Iglesia Católica y las otras Iglesias o comunidades eclesiales- que en ese momento no se da. Del mismo modo, está prohi-

---

[97] Cf. *DE* 130-131.
[98] Cf. *DE* 132.

bido a los sacerdotes o a los ministros de otras denominaciones el concelebrar en una Misa católica.[99]

4.6.4. *Los efectos*

Los efectos de la recepción de la santa Eucaristía son múltiples. La gracia particular de este sacramento consiste en una nutrición espiritual de unión con Cristo, correspondiente al efecto que la comida material produce en la vida corporal. Este fruto consiste en el sostenimiento, en el crecimiento, en la renovación, en la reparación y en la alegría de la vida de gracia recibida con el bautismo y con la confirmación. Además, la Eucaristía trae un incremento de la gracia santificante y debilita, además, la concupiscencia, la inclinación al pecado. Perdona, también, los pecados veniales y renueva la caridad, de modo de prevenir en el futuro pecados graves. La recepción de la santa comunión implica una parcial remisión de la pena temporal debida a los pecados; el grado de esta remisión depende del fervor y de la devoción con los cuales la Eucaristía sea recibida.

Las consecuencias de la recepción de la santa comunión pueden clasificarse como eclesiológicas, soteriológicas, sociales y escatológicas. La santa Eucaristía une más estrechamente a Cristo a todos aquellos que lo reciben. Porque Cristo y su Iglesia son inseparables, la santa Eucaristía vincula a todos los fieles al Cuerpo místico de Cristo que es su Iglesia.[100] La santa comunión es, también, necesaria para la salvación, porque si el cristiano no «come la Carne del Hijo del hombre y no bebe su Sangre» (cf. *Jn* 6,53) no tendrá la vida. La participación en la Carne y en la Sangre del Salvador, así, da al comulgante la participación de la vida de

---

[99] Cf. *DE* 104e y *CIC* 908.
[100] Cf. 1 *Co* 10,16-17; 12,13.

Cristo crucificado y resucitado, de modo que el cristiano adquiere la esperanza de la propia resurrección.[101] Por esta razón, la Iglesia exige, como requisito mínimo, que después de haber hecho la primera comunión, cada cristiano debe recibir la Eucaristía al menos una vez al año. La obligación debe ser generalmente satisfecha durante el ciclo pascual, entre el miércoles de Cenizas y el día de Pentecostés, para indicar la unión indisoluble entre la Eucaristía y el sacrificio pascual.[102] En este contexto, la santa comunión conferida al moribundo, conocida como viático, asume un sentido especial: el del nutrimiento en el último viaje con Cristo, hacia el Padre. Recientemente se han puesto de manifiesto las implicaciones sociales de la Eucaristía, si bien la idea no es nueva. S. Juan Crisóstomo subrayó la contradicción entre la misericordia divina expresada en la Eucaristía y la reluctancia humana a ayudar al pobre:

> Tú has bebido la Sangre del Dios y no reconoces a tu hermano...tú deshonoras este mismo altar, no juzgando digno de compartir tu comida con aquel que ha sido considerado digno de participar en esta Misa ... Dios te ha liberado de todos tus pecados y te ha invitado a este banquete. Y tú, ni siquiera por esto, eres más misericordioso.[103]

Porque la Eucaristía es fuente de caridad, el sentido auténtico de este sacramento nos hace partícipes de una escuela de amor activo hacia nuestro prójimo.[104] La unión con Cristo que se realiza en el Sacramento nos capacita también

---

[101] Cf. *Jn* 6,53-54.

[102] Cf. *CDC* 920.

[103] S. JUAN CRISÓSTOMO, *Homiliae in primam ad Corinthias*, 27, 4, en *PG* 61, 229-230.

[104] Papa JUAN PABLO II, *Dominicae Coenae*, 5-6.

para nuevos tipos de relaciones sociales: la «mística» del Sacramento tiene un carácter social. En efecto, la unión con Cristo es al mismo tiempo unión con todos los demás a los que Él se entrega. No puedo tener a Cristo sólo para mí; únicamente puedo pertenecerle en unión con todos los que son suyos o lo serán.[105] La Eucaristía misma proyecta una luz intensa sobre la historia humana y sobre todo el cosmos. En esta perspectiva sacramental aprendemos, día a día, que todo acontecimiento eclesial tiene carácter de signo, mediante el cual Dios se comunica a sí mismo y nos interpela. La fundada preocupación por las condiciones ecológicas en que se encuentra la creación en muchas partes del mundo encuentra motivos de tranquilidad en la perspectiva de la esperanza cristiana, que nos compromete a actuar responsablemente en defensa de la creación.[106] Por lo tanto, la Eucaristía es «un agradecimiento que abraza toda la creación.»[107]

Por último, la santa comunión es una prenda de la gloria futura con la Santísima Trinidad. Este aspecto escatológico está recogido en la aclamación memorial de la Misa: «Anunciamos tu muerte, proclamamos tu resurrección. ¡Ven, Señor Jesús!». En la institución de la Eucaristía del Jueves Santo, Cristo atrajo la atención de sus apóstoles hacia la gloria del banquete eucarístico: «Y os digo que desde ahora no beberé de este producto de la vid hasta el día aquel en que lo beba con vosotros, nuevo, en el Reino de mi Padre» (*Mt* 26,29). De este modo, la santa Eucaristía anticipa la fies-

---

[105] Cf. Papa BENEDICTO XVI, *Sacramentum Caritatis*, 89; Cfr. IDEM, Carta Encíclica *Deus caritas est*, 18.

[106] Cf. Papa BENEDICTO XVI, *Sacramentum Caritatis*, 92.

[107] Cf. A. HOUGH, *God is not 'Green'*, Gracewing, Leominster 1997, p. 181. Cf. también, I. ZIZIOULAS, *Il creato come eucaristia*, Ediciones Qiqajon, Magnano 1994.

ta nupcial del Cordero.[108] En cada Celebración eucarística se realiza sacramentalmente la reunión escatológica del Pueblo de Dios. El banquete eucarístico es para nosotros anticipación real del banquete final, anunciado por los profetas (cf. *Is* 25,6-9) y descrito en el Nuevo Testamento como «las bodas del cordero» (*Ap* 19,7-9), que se ha de celebrar en la alegría de la comunión de los santos.[109] La santa Eucaristía es el punto culminante de los sacramentos de la iniciación cristiana; pero además forma parte, junto a la penitencia y a la unción, del grupo de los sacramentos que completan el peregrinaje terrenal. Es decir, del grupo de los sacramentos de la curación, que ahora nos aprestamos a examinar.

---

[108] Cf. *CIC* 1329.
[109] Cf. Papa BENEDICTO XVI, *Sacramentum Caritatis*, 31.

5

La Penitencia

Sin Cristo la Iglesia no puede perdonar ningún pecado; sin embargo, es la voluntad de Cristo el no perdonar ningún pecado sin la Iglesia.

Beato ISAAC DE LA ESTRELLA, *Homilía 11*

La literatura y la historia del género humano testimonian un interés general por el problema del mal moral en su realidad concreta. En los inicios de la existencia humana se produjo la tragedia conocida bajo el nombre de caída, y este acto primordial de desobediencia dejó su huella en los seres humanos en la forma del pecado original, transmitido a todo el género humano. Una inclinación a realizar el mal permanece desde ese momento en la historia de los hombres y las mujeres que, reconociendo el valor objetivo del bien y del mal, han buscado, de algún modo, vencer la batalla contra el pecado y la culpa. En numerosas religiones existen ritos que manifiestan un sentido de penitencia y reparación por el mal cometido. Éstas, en su modo imperfecto, indican la iniciativa del hombre en el tentativo de encontrar de nuevo a Dios y de reconciliarse con él. En todo caso, en el Antiguo Testamento, esencialmente es Dios Padre quien toma la iniciativa de buscar al hombre perdido en sus pecados, y donde esta economía de la redención culmina con la llegada de su Hijo, que cumple el acto definitivo de expiación sobre el altar de la Cruz. También el cristiano, que ha sido purificado del pecado original en el sacramento del bautismo, aún debe combatir contra la concupiscencia o la inclinación al pecado que queda, como también contra las tentaciones que el mundo y el diablo presentan. Esta acción redentora de Cristo es concretamente posible gracias al sacramento de la penitencia, que extrae su poder, como todos los demás sacramentos, del misterio pascual, y está especialmente dirigido al perdón de los pecados.

5.1. Datos bíblicos

5.1.1. *El Antiguo Testamento*

El evento de la caída, tal como está descrito en el tercer capítulo del libro del Génesis, es expuesto en numerosos libros de teología que tratan de la creación o de la antropología cristiana.[1] Esta tragedia primordial de los primeros padres de la humanidad se tradujo en el pecado original, que pasó a todos los hombres y mujeres, a excepción de la Madre de Dios. También dejó una huella en la totalidad del cosmos. A la caída, rápidamente, siguieron una serie de otros pecados, de variada especie. El primer homicidio, el pecado de Caín (*Gn* 4,1-16), señaló sólo el inicio de numerosos actos de violencia entre los hombres. También en medio del pueblo elegido por Dios se verificaron numerosos actos de infidelidad hacia Dios mismo, y no en último lugar el pecado de idolatría cometido por el pueblo de Israel con el becerro de oro (*Ex* 32,1-14). También los hombres elegidos especialmente por Dios cayeron en pecados graves, de los que un caso ejemplar fue el de David con su doble pecado grave de adulterio y homicidio (2 *S* 11).

---

[1] Cf. mi libro *Il mistero della creazione*, LEV, Città del Vaticano 1999, pp. 146-162.

La alianza que Dios estableció con su pueblo estaba estrictamente ligada al sacrificio a causa del pecado (*Lv* 4-5), y los sacrificios rituales eran ofrecidos por los sacerdotes en beneficio del pueblo (*Lv* 6). La idea de una confesión de los pecados estaba presente en el rito del Antiguo Testamento, por ejemplo cuando Aarón debió hacer pasar todas las iniquidades del pueblo a un macho cabrío, que después portaba consigo todos estos pecados al desierto a fin que fueran eliminados (*Lv* 16,20-22). Los pecados de individuos como David fueron, a menudo, duramente criticados por los profetas. Al individuo interesado se le pedía que desarrollara una penitencia, a fin que fuera perdonado por Dios, aunque no sin un castigo, que en el caso de David consistió en la muerte del niño de Betsabé (2 *S* 12,1-25).

Sin embargo, la idea veterotestamentaria del perdón de los pecados era diversa respecto de la perspectiva abierta en el Nuevo Testamento. El sacerdote de la antigua ley, en efecto, podía *declarar* el perdón de los pecados, pero el perdón interior actual se desarrolló plenamente sólo en el Nuevo Testamento. El escritor sagrado de la Carta a los Hebreos hizo evidente esta diferencia fundamental entre la antigua y la nueva alianza: «Pues si la sangre de machos cabríos y de toros y la ceniza de vaca santifica con su aspersión a los contaminados, en orden a la purificación de la carne, ¡cuánto más la sangre de Cristo, que por el Espíritu Eterno se ofreció a sí mismo sin tacha a Dios, purificará de las obras muertas nuestra conciencia para rendir culto a Dios vivo!» (*Hb* 9,13-14). Sin embargo, el Antiguo Testamento fue una preparación y una prefiguración de la Redención que trajo Cristo. En particular, la literatura sapiencial de la antigua alianza y los profetas gradualmente interiorizaron la conciencia de los pecados y la contrición. El salmo penitencial comúnmente conocido como *Miserere*, expresa el arrepentimiento en términos de una nueva creación: «Crea en mí, oh Dios, un corazón puro, un espíritu firme dentro de mí renueva» (*Sal* 51,12). El profeta Joel también propuso la conversión en términos de renovación del corazón: «Mas ahora todavía - oráculo de Yahvé- volved a mí de todo corazón, con ayuno, con llantos, con lamentos. Desgarrad vuestro corazón y no vuestros vestidos, volved a Yahvé vuestro Dios, porque él es clemente y compasivo...» (*Jl* 2,12-13). El profeta Ezequiel habló de una idea interior de arrepentimiento: «Descargaos de todos los crímenes que habéis cometido contra mí, y haceos un corazón nuevo y un espíritu nuevo...» (*Ez* 18,31). El perdón ofrecido a David después de su pecado parece estar a un nivel profundo e interior (cf. *2 S* 12,13). Daniel vincula el arrepentimiento con las buenas obras: «... rompe tus pecados con obras de justicia y tus iniquidades con misericordia para los pobres, para que tu ventura sea larga» (*Dn* 4,24).

5.1.2. *El Nuevo Testamento*

La idea de base del arrepentimiento y del perdón divino se nos ofrece plásticamente en la imagen del Hijo Pródigo (*Lc* 15,11-32). El punto crucial de la visión cristiana del perdón radica en su naturaleza trinitaria. El perdón es ofrecido por el Padre a través de Cristo su Hijo como don del Espíritu Santo. En la parábola del hijo pródigo es el padre quien perdona, que incluso cumple el primer paso en esta dinámica: «...estando él todavía lejos, le vió su padre y, conmovido, corrió, se echó a su cuello y le besó efusivamente» (*Lc* 15,20). En su amor, Dios toma la iniciativa en el proceso de reconciliación, aunque igualmente invita al pecador a colaborar. En esta parábola, son signos externos del perdón interior el vestido más bello y el anillo ofrecido al hijo más joven, que simbolizan la restauración de su dignidad. Por lo tanto, la reconciliación es un proceso sacramental, ya que comprende una invitación al pecador a colaborar en este encuentro a través de la contrición, la confesión y la satisfacción. La fiesta ofrecida al hijo simboliza la Eucaristía, a la que el pecador reconciliado una vez más está invitado a participar. Este signo externo de la gracia interna de la reconciliación fue instituida por Cristo.

Una indicación que pone de manifiesto la institución divina del sacramento de la penitencia es la promesa hecha a los apóstoles del poder de las llaves y del poder de 'atar y desatar': «A ti te daré las llaves del Reino de los Cielos...» (*Mt* 16,19). Este poder de las llaves había sido prefigurado en una profecía del Antiguo Testamento: «Pondré la llave de la casa de David sobre su hombro; abrirá, y nadie cerrará, cerrará, y nadie abrirá» (*Is* 22,22). Las llaves del Reino denotan la autoridad suprema (de enseñar, de gobernar y de santificar) sobre la tierra respecto del Reino de Dios y la persona que posee este poder puede permitir la entrada en este Reino o excluir de él.[2] Ahora bien, en tanto es precisamente el pecado lo que impide la entrada en el Reino, el poder de perdonar los pecados debe estar incluído, también, en el poder de las llaves. De este modo, el poder de la Cruz de Cristo se actualizada hoy por medio del ministro de Cristo. Inmediatamente después de la promesa del poder de las llaves, Jesús le dijo a S. Pedro: «... y lo que ates en la tierra quedará atado en los cielos, y lo que desates en la tierra quedará desatado en los cielos» (*Mt* 16,19). «Atar y desatar» significa exclusión de la comunidad mediante la imposición de una interdicción o la reaceptación mediante la elimina-

---

[2] Para una exposición del sentido del poder de las llaves, v. S.L JAKI, *The Keys of the Kingdom*, Franciscan Herald Press, Chicago 1986.

ción de la interdicción. Como el pecado es la causa de la exclusión, el poder de perdonarlos está comprendido en el poder de 'atar y desatar'. El poder del que plenamente goza San Pedro y sus sucesores, en el 'atar y desatar', fue extendido en términos similares a los otros apóstoles: «Yo os aseguro: todo lo que atéis en la tierra quedará atado en el cielo, y todo lo que desatéis en la tierra quedará desatado en el cielo» (*Mt* 18,18). La concesión de este don del perdón divino ocurre en el contexto de las instrucciones sobre cómo un pecador debe ser corregido y, por lo tanto, el pasaje se refiere directamente al perdón de los pecados.

Como en el caso de la mayor parte de los sacramentos, el poder del perdón sacramentalizado se volvió plenamente actualizado sólo después de la primera Pascua. La penitencia sacramental tuvo una fundación prepascual y una actualización postpascual. Cristo prometió el poder antes de la Pascua y lo concedió plenamente después que su acto redentivo se cumplió. La tarde del día de su Resurrección, Jesucristo aparece a los apóstoles y les dice: «La paz con vosotros. Como el Padre me envió, también yo os envío» (*Jn* 20,21). Luego sopló sobre ellos, indicando con ello que estaba dándoles el poder, y dijo: «Recibid el Espíritu Santo. A quien perdonéis los pecados, les quedan perdonados; a quienes se los retengáis, les quedan retenidos» (*Jn* 20,22-23). El paralelismo de estructura que relaciona, por un lado, el atar y el desatar y, por otro, el perdón y la remisión, es notable. Con estas palabras, Jesús extendió a los apóstoles su misión de buscar y salvar aquello que estaba perdido (*Lc* 19,10). La expresión «perdonar los pecados» empleada por Jesús indica una verdadera erradicación del pecado, no el simple hecho de cubrir la culpa del pecado o una simple remisión del castigo. Nuestro Señor sabía que, dada la debilidad de la humanidad caída, a los apóstoles les habría servido, inmediatamente, el poder de perdonar los pecados. Por tanto, el poder concedido a S. Pedro y a los apóstoles no fue solamente un carisma personal dado sólo a ellos, sino que fue voluntad de Cristo que su poder de remisión de los pecados continuase en la Iglesia como una institución permanente, como el papado, la santa Eucaristía y los demás sacramentos.

Otros textos del Nuevo Testamento también indican la existencia del sacramento de la penitencia divinamente instituido. Un ejemplo se nos ofrece en las instrucciones de Cristo sobre cómo tratar a los pecadores graves en la comunidad: «Si tu hermano llega a pecar, vete y repréndele, a solas tú con él. Si te escucha, habrás ganado a tu hermano. Si no te escucha, toma todavía contigo uno o dos, para que *todo asunto quede zanjado por la palabra de dos o tres testigos*. Si les desoye a ellos, díselo a la comunidad. Y si hasta a la comunidad desoye, sea para ti como el gentil y el publicano» (*Mt* 18,15-17). Este texto también constituye la base para la praxis de la Iglesia primitiva. El concepto de excomunión descansa en la idea de un período terapéutico de reflexión (como sucede en el caso del hijo pródigo) que permita un espacio para el verdadero arrepentimiento.

S. Pablo enumeró algunos pecados que excluyen al pecador del Reino de los Cielos: «Ahora bien, las obras de la carne son conocidas: fornicación, impureza, libertinaje, idolatría, hechicería, odios, discordias, celos, iras, rencillas, divisiones, disensiones, envidias, embriagueces, orgías y cosas semejantes, sobre las cuales os prevengo, como ya os previne, que quienes hacen tales cosas no heredarán el Reino de los Cielos» (*Ga* 5,19-21). Así, este pasaje lleva a la distinción entre los pecados que excluyen del Reino de los Cielos y los que no. Un posterior paso en la distinción entre el pecado mortal y el venial fue dado por S. Juan: «Si alguno ve que su hermano comete un pecado que no es de muerte, pida y [Dios] le dará vida -a los que cometan pecados que no son de muerte pues hay un pecado que es de muerte, por el cual no digo que pida-. Toda iniquidad es pecado, pero hay pecado que no es de muerte» (*1 Jn* 5,16-17). A partir de estas bases bíblicas y a la luz de la tradición, la Iglesia desarrolló la diferencia entre el pecado mortal y el venial, donde el pecado mortal implica la materia grave, directamente conocida y querida.[3] Se han ofrecido diversas interpretaciones sobre lo que constituye «el pecado imperdonable» mencionado en el Evangelio de Mateo: «Al que diga una palabra contra el Hijo del hombre, se le perdonará; pero al que la diga contra el Espíritu Santo, no se le perdonará ni en este mundo ni en el otro» (*Mt* 12,32; cf. también *Lc* 12,10). El pecado imperdonable a menudo está vinculado a la idea de la «dureza de corazón» o la «impenitencia final», que es el pecado definitivo del rechazo del perdón de los pecados por parte de Dios o rechazo del arrepentimiento.[4]

Con todo, propiamente ya desde el tiempo de la Iglesia primitiva todos los pecados graves concretos podían ser perdonados. Es oportuno recordar que S. Pedro cometió el pecado grave de negar a nuestro Señor tres veces y que, previo arrepentimiento, le fue perdonado. Al hombre que cometió el gravísimo pecado de incesto en Corinto y que fue excomulgado (*1 Co* 5,1-5), parece que más tarde le fue concedido el perdón (*2 Co* 2,6-10). A pesar de esta tradición establecida del perdón, en la Iglesia primitiva no faltaron quienes entendieron mal un pasaje de la Carta a los Hebreos

---

[3] Cf. *CIC* 1854-1864. Cf., también, Papa JUAN PABLO II, Exhortación Apostólica Post-Sinodal *Reconciliatio et Penitentia* (1984), 17.

[4] Cf. Papa JUAN PABLO II, Carta Encíclica *Dominum et Vivificantem* (1986), 46.

respecto al hecho que una persona que hubiera pecado gravemente no podría ser readmitida en la Iglesia por segunda vez: «Porque es imposible que cuantos fueron una vez iluminados, gustaron el don celestial y fueron hechos partícipes del Espíritu Santo, saborearon las buenas nuevas de Dios y los prodigios del mundo futuro, y a pesar de todo cayeron, se renueven otra vez...» (*Hb* 6,4-6). Este texto debiera leerse en relación a la dureza del corazón y no a la imposibilidad del perdón de las culpas después del bautismo. S. Juan habla de un reconocimiento de los pecados como condición para alcanzar el perdón (*1 Jn* 1,9) y Santiago instruye a los fieles en estos términos: «Confesaos, pues, mutuamente vuestros pecados» (*St* 5,16). Así, mientras estos pasajes se refieren a una confesión de los pecados, aunque sin significar necesariamente la confesión sacramental, es claro que desde los inicios de la Iglesia existía la posibilidad de un perdón de los pecados después del bautismo.

5.2. El desarrollo histórico y teológico

5.2.1. La época patrística

Sobre la base de los textos bien conocidos del Evangelio (*Mt* 13,16-19; 18,15-20 y *Jn* 20,21-23) y de la praxis de la comunidad primitiva de excluir y readmitir al pecador, se desarrolló la doctrina católica del sacramento de la penitencia. En la época apostólica y en la postapostólica resultaba clara la distinción entre los pecados veniales y los graves. Tal vez el hecho que en la Iglesia primitiva los pecados muy graves no eran demasiado comunes explica, por otro lado, la práctica penitencial notoriamente severa de la cristiandad primitiva. Según la tradición eclesial y teológica, para un cristiano que está en estado de gracia y participa de la normal vida sacramental de la Iglesia, el poder de la gracia resulta tal que ni él está expuesto fácilmente al pecado grave ni, por lo mismo, éste entra normalmente en la vida cristiana.[5]

En la Iglesia primitiva, para los pecados graves la práctica penitencial incluía la exclusión de la comunidad de la Iglesia y la readmisión; este período de exclusión era visto como tiempo en el que podía madurar cierta «nostalgia» por la Iglesia. Por lo tanto, el sacramento de la penitencia fue aplicado a aquellos pecados que llamaremos graves o mortales. No existía, en cambio, ninguna obligación de someterse a la penitencia sacramental en el caso de pecados veniales. La Iglesia pensaba que cada pecado, sin excepciones, podía ser perdonado si el pecador se arrepentía. La cuestión versaba sobre cuántas veces podía ser perdonado. Algunos heréticos rigoristas se opusieron a esta posición de la Iglesia.

Un documento de principios del siglo segundo, la *Didaché*, o Doctrina de los Doce Apóstoles, muestra que los pecados cotidianos o veniales podían expiarse con la oración, el ayuno y la limosna. Todos los pecados graves podían ser perdonados a través de un proceso que parecía implicar la confesión y, además, un período de separación de la comunidad de la Iglesia hasta que tenía lugar la contrición.[6] S. Ignacio de Antioquía llamó la atención sobre el mismo proceso, en el que el obispo, con sus sacerdotes, determinaba la penitencia que el penitente debía cumplir: «Ciertamente el Señor perdona a todos los que se arrepienten si se convier-

---

[5] Cf. COMMISIONE TEOLOGICA INTERNAZIONALE, *La Riconciliazione e la Penitenza* (1982), C. III.4, en COMMISIONE TEOLOGICA INTERNAZIONALE, *Documenti*, LEV, Città del Vaticano 1988, p. 455. V. también S. TOMAS DE AQUINO, *De Veritate* 27, 1 ad 9.

[6] Cf. *Didaché* 4, 6-14; 8, 1-3; 11, 7; 14, 1; 15, 3 en *Sources Chrétiennes* 248. Cerf, Paris 1978, pp. 160-161, 164-165, 172-175, 184-185, 192-193, 194-195.

ten a la unidad de Dios y a la asamblea del obispo.»[7] El *Pastor*, escrito por Hermas alrededor del 180, provee la más clara descripción de la práctica penitencial de la iglesia romana del segundo siglo. La Iglesia no quería publicar demasiado abiertamente la existencia de una segunda posibilidad para obtener el perdón de los pecados graves cometido después del bautismo, ya que eso podía ser visto por el pueblo como un subterfugio que permitiría pecar. En todo caso, si los cristianos caían, todos los pecados podían ser perdonados, incluso la apostasía y el adulterio. En el *Pastor*, Hermas declaró que al cristiano que ha caído en un pecado mortal se debía dar sólo una posibilidad de arrepentimiento; el hecho que él se opusiera a la opción de numerosas posibilidades parece implicar que la práctica romana de la época concedía más de una posibilidad.[8] La reacción de Hermas, que concedía sólo una posibilidad de arrepentimiento después del bautismo, también estaba ligada a su convicción que Cristo volvería dentro de poco. S. Ireneo describió la confesión para los pecados graves en la que el pecador iba donde el obispo o el sacerdote, que poseían un tipo de poder judicial. Ellos debían llevar al pecador a la conversión, infligiéndole una pena que en algunos casos llegaba hasta la excomunión. La confesión pública también comprendía una penitencia pública.

En el siglo tercero, en el oriente cristiano, la obra conocida como *Didascalia Apostolorum* afirma que todos los peca-

---

[7] S. IGNACIO DE ANTIOQUÍA, *Carta a los filadelfios*, 8, en *Sources Chrétiennes* 10, Cerf, Paris 1945, pp. 114-115. [Traducción castellana en *Padres Apostólicos*, Ciudad Nueva, Biblioteca de Patrística, Madrid 2000.]

[8] Cf. HERMAS, *El Pastor* 31, 1-7, en *Sources Chrétiennes* 53, Cerf, Paris 1958, pp. 158-163. [Traducción castellana en *Padres Apostólicos*, Ciudad Nueva, Biblioteca de Patrística, Madrid 2000.]

dos podían ser perdonados. Un período de penitencia (un ayuno de dos a siete semanas) venía impuesto después de la excomunión, seguida de la reconciliación obtenida mediante la imposición de las manos del obispo.[9] Clemente de Alejandría (que murió con anterioridad al 215) explicó que la diferencia entre el bautismo y la sucesiva reconciliación estaba en el hecho que en el bautismo Dios perdona los pecados mediante su pura misericordia divina, mientras que el bautizado que después peca debe expiar su culpa antes que la voluntad de Dios lo perdone. En resumen, la tendencia en oriente era la de seguir a Orígenes (de la escuela alejandrina), para el que la penitencia tenía un aspecto pastoral y educacional, como la curación de los pecados. Con todo, el período de la penitencia era más largo que el del catecumenado bautismal.[10]

En la Iglesia occidental del tercer siglo, Tertuliano (que murió después del 220) contribuyó con una serie de escritos, que deben ser divididos en dos períodos: el primero, católico; y el segundo, montanista. Durante su fase católica, Tertuliano dibujó una clara descripción de la vida penitencial de la Iglesia. Para él y para los otros Padres, el sacramento de la penitencia fue la «segunda tabla [de salvación] después del naufragio de la pérdida de la gracia».[11] En los escritos de Tertuliano no está claro si la confesión de los pecados fuese pública (es decir, de frente a la entera comunidad) o sólo de frente a los sacerdotes. En todo caso, la penitencia siempre era pública, de modo que resultara evidente quién la padecía. Tertuliano, en su período montanista

---

[9] Cf. *Didascalia Apostolorum* 6 en *SF* pp. 61-62.

[10] Cf. *SF* p. 59.

[11] TERTULIANO, *De paenitentia* 4, 2, en *CCL* 1, 326. Cf. también S. JERÓNIMO, *Epístola 84 ad Pammachium et Oceanum,* 6 en *PL* 22, 748.

(del 205 en adelante) llegó a ser muy severo, pensando que los pecados de homicidio, apostasía y adulterio no podían ser perdonados. Los obispos católicos, por su parte, admitieron que los pecados graves -como el homicidio y la apostasía- podían ser perdonados en el momento de la muerte, después de una penitencia de por vida.

Una gran crisis que llevó, entre otras cosas, a la clarificación de la disciplina penitencial se originó en el cisma novaciano. El sacerdote romano Novaciano se unió a las fuerzas de una minoría rigorista romana y se convirtió en el segundo antipapa, afirmando que la iglesia no podía perdonar determinados pecados, ni siquiera en el momento de la muerte; pero este error fue condenado en el primer Concilio general de Nicea del 325, que declaró, también, que la reconciliación se ofrecía a los novacianos. El Concilio insistió, además, en el hecho que la reconciliación no debía negarse al moribundo.[12] El cisma novaciano continuó atormentando a la cristianidad por al menos tres siglos. S. Cipriano († 258) fue uno de los numerosos obispos que se opusieron a la herejía de Novaciano. En una de sus cartas declaró que «La Iglesia florece, coronada, así, de tantas vírgenes, y la castidad y la modestia mantienen su tenor glorioso, ni la vitalidad de la continencia debe ser destruida porque la penitencia y el perdón son concedidos al adúltero.»[13] Más que los otros Padres de la Iglesia de este período, S. Cipriano enseñó la sacramentalidad de la penitencia, que preveía tres fases. La primera parte comenzaba con una confesión privada hecha al obispo. Luego, al pecador arrepentido le era impuesto un período de penitencia, que incluía la oración, el ayuno, actos de caridad y otras renuncias. Un segundo esta-

---

[12] Cf. NICEA I, cánones 8 y 13, en DS 127, 129.
[13] S. CIPRIANO, *Epístola* 55, 20, en *CSEL* 3, p. 638

dio era aquel en el que el pecador pedía al obispo, al clero y a la comunidad ser readmitido a la comunión con la Iglesia. La tercera y última fase consistía en la reconciliación, que se verificaba mediante la imposición de las manos por parte del obispo. Aquellos que estaban gravemente enfermos podían gozar de una disciplina penitencial menos rigurosa.[14] En occidente, siguiendo a S. Cipriano, existía la tendencia a ver la penitencia como expiación, satisfacción y reconciliación eclesiástica.

El donatismo, otra herejía rigorista, fue combatido por S. Agustín en el siglo quinto. La herejía donatista incluía la falsa noción según la cual la Iglesia era sólo para los perfectos, de modo que si un cristiano pecaba gravemente no podía volver al seno de la Iglesia. Por su parte, S. Agustín afirmó que el pecador grave no debe ser excomulgado siempre, sino sólo si su pecado favorece el escándalo. No obstante, todo pecado grave excluía al pecador de la Eucaristía. Contra la herejía donatista S. Agustín afirmó, también, que cualquier obispo puede perdonar los pecados y no sólo un santo, porque el obispo lo hace en virtud del poder del orden. Hay que considerar, por otro lado, que S. Agustín introduce la confesión privada o al menos preparó el camino para ella. Posteriores progresos contra las tendencias rigoristas se verificaron durante el mismo período, por ejemplo cuando el Papa Celestino I insistió en el hecho que todos aquellos que lo solicitaban, y estaban en el momento de la muerte, debían tener un fácil acceso al sacramento de la reconciliación.[15]

---

[14] Cf. S. CIPRIANO, *Sobre los apóstatas* en *PL* 4, 447-510.

[15] Cf. Papa CELESTINO I, *Carta a los obispos de Narbona y Viena*, en DS 236.

En el siglo quinto S. León Magno no introduce la confesión privada, sino más bien confirmó la práctica existente de la confesión privada de los pecados no públicos: «Dispongo que por todos los modos se destierre también aquella iniciativa contraria a la regla apostólica, y que poco ha he sabido es práctica ilícita de algunos. Nos referimos a la penitencia que los fieles piden, que no se recite públicamente una lista con el género de los pecados de cada uno, como quiera que basta indicar las culpas de las conciencias a solos los sacerdotes por confesión secreta.»[16] De esta declaración resulta evidente que la defensa de la reputación del penitente pertenece a la tradición apostólica. En todo caso, el Papa León no dice que la penitencia debía ser privada; él defiende la confesión privada con pena pública en los casos de pecados que no eran generalmente conocidos. Así, aunque si el pueblo sabía que alguien estaba expiando un pecado, no conocía, sin embargo, la naturaleza de éste. San León Magno insistió, también, sobre el rol necesario del sacerdote en la confesión, que debía actuar en el nombre de Cristo. Ya en el pensamiento de S. León se puede encontrar la idea según la cual la confesión, la contrición y la satisfacción son componentes necesarios del sacramento de la penitencia.[17]

También en oriente se afirma un desarrollo que se separa, por diversas razones y poco a poco, de la confesión pública. Hacia fines del siglo cuarto, la confesión pública de una dama de la clase alta, que había estado envuelta en una relación sexual con un diácono, dio lugar a un gran escándalo popular, de modo que el obispo Nectario de Constanti-

---

[16] Papa S. LEÓN I, Carta *Magna indignatione* a todos los obispos de Campania (459), en DS 323.

[17] Cf. Papa S. LEÓN I, *Carta a Teodoro, obispo de Frejus* (452), en DS 308.

nopla suprimió la función del sacerdote penitenciario (que precedentemente se había ocupado de vigilar el desenvolvimiento de la penitencia pública) y decretó que cada fiel debía decidir si era digno de comulgar o no. Otras iglesias locales siguieron esta indicación, de modo que el aparato penitencial de la Iglesia primitiva fue gradualmente desmantelado.

En conclusión, la práctica penitencial de los seis primeros siglos puede ser resumida en los siguientes términos. La primera fase generalmente incluía la confesión de los pecados, que podía ser pública o privada. La tendencia general, en occidente después de S. León Magno y en oriente después del obispo Nectario de Constantinopla, fue la de favorecer, cada vez más, una confesión privada. La segunda fase exigía un lapso de separación de la iglesia por un período de tiempo variable, según la gravedad del pecado, durante el cual al penitente le eran exigidos actos de mortificación. S. Basilio fijó veinte años de penitencia por el homicidio premeditado, quince años por el adulterio, siete años por la fornicación, dos años por el robo y la penitencia de por vida por la apostasía. El obispo gozaba de cierta discreción en la reducción de estas penas, especialmente en relación a la persona que mostraba un notable fervor.[18] Las prácticas especiales que tuvieron lugar durante el período penitencial podían incluir las oraciones (en especial de los salmos penitenciales), el ayuno de carne y de vino, el vestirse de hábitos rojos, el dar limosna al pobre y la abstinencia de las relaciones matrimoniales. La fase final comprendía la absolución de los penitentes, que habitualmente tenía lugar el Jueves Santo. Por lo general, además, la absolución tenía lugar después del período de penitencia (aunque a veces se

---

[18] Cf. S. BASILIO, *Epístola 217 a Amfilochio* en *PG* 32, 797s.

adelantaba). En todo caso, la penitencia debía cumplirse antes de recibir la Santa Comunión.

5.2.2. La Edad Media

Entre el período de el *Pastor* de Hermas, fechado alrededor del 180, y el tercer Concilio de Toledo, del 589, la práctica de la Iglesia a menudo no permitía una repetición de la penitencia eclesiástica para los pecados graves. En el siglo quinto, algunos autores propusieron que la vida monástica podía reemplazar la penitencia pública. Como monje, el penitente podía recibir la santa comunión incluso antes de completar su período de penitencia, pues se temía que bajo el pretexto de la excesiva humildad éste pudiese prolongar excesivamente su separación del Cuerpo y Sangre de Cristo, al que se había unido para formar un solo Cuerpo.[19] En los inicios del siglo sexto, S. Cesáreo de Arlés afirmó que los pecados menores y los crímenes ocultos podían ser expiados con la penitencia privada, si bien habló, de todos modos, a favor de la penitencia pública. Del mismo modo que un hombre «necesita la ayuda de sus vecinos cuando su viña, por el descuido, se ha convertido en un desierto», así también el penitente público, con la ayuda de toda la comunidad de los fieles, «puede extirpar las espinas y los cardos de sus pecados, a fin que con la ayuda de Dios pueda crecer una cosecha de buenas obras, y la vida de su corazón, que producía no uva sino espinas, pueda empezar a mostrar la dulzura del vino espiritual».[20]

A inicios del siglo sexto, desde Irlanda e Inglaterra llegó a Francia, y luego a España, una nueva disciplina penitencial. Esta nueva praxis permitía la reconciliación de los

---

[19] Cf. S. FAUSTO DE RIEZ, *Sermón 3* en *PL* 58, 875.
[20] S. CESARIO DE ARLÉS, *Sermón 261*, en *PL* 39, 2227.

penitentes toda vez que la solicitaran. El tercer Concilio de Toledo reaccionó severamente contra esta nueva perspectiva, aunque como se trataba sólo de un Concilio regional, el nuevo modo de ver las cosas predominó.[21] La nueva perspectiva resolvía el problema de numerosos cristianos que habían caído en algún pecado grave y que, a causa de la dura e incómoda penitencia pública, esperaban el momento de la muerte para la reconciliación. En efecto, en las Iglesias de Inglaterra e Irlanda, la práctica de la reconciliación y de la penitencia pública «sólo una vez» no se estableció nunca realmente. En el libro penitencial del obispo Teodoro de Tarso, que fue Arzobispo de Canterbury en el año 668, no existía ninguna ceremonia de reconciliación pública en la Iglesia inglesa, pues no existía penitencia pública. Teodoro llevó a Inglaterra las prácticas más indulgentes de su Iglesia griega de origen, o desarrolló sencillamente su sistema en acuerdo con la perspectiva celta que estaba ya en funcionamiento.[22] Por lo tanto, puesto que no existía exclusión pública ni la obligación de desarrollar humillantes penitencias públicas por un largo período, y, por otro lado, el sacramento podía repetirse a menudo, resultaba lógico que después se aplicara la misma idea en el caso de las culpas menores. Por lo tanto, desde los siglos séptimo y octavo, se desarrolló la práctica de confesar los pecados veniales. Los monjes llevaron este sistema desde las islas británicas al continente

---

[21] Cf. Tercer Concilio de Toledo, como se encuentra en Mansi, IX, 995 y en ND 1607.

[22] Cf. *SF* p. 147-148 para algunos extractos del Penitenciario de Teodoro. Gracias a éste podemos ver que el período de penitencia por fornicación era de un año, por adulterio cuatro años y por haber cometido actos homosexuales diez años. El robo y el homicidio involuntario eran castigados con siete años de penitencia.

europeo desde el siglo sexto en adelante, de modo que desde el siglo octavo las confesiones repetibles se difundieron por todo el continente europeo. Los libros de la penitencia (o penitenciales) fijaron también la suma de la satisfacción que los pecadores debían afrontar, quitando, así, este derecho al sacerdote o al obispo. Ellos contenían algunos elementos extravagantes, y si bien la penitencia era menos severa que la de la Iglesia primitiva, todavía era rigurosa en comparación a los actuales modelos.

Desde el siglo octavo se comenzó a subrayar, siempre de un modo más claro, el acto de la penitencia, evidenciándose el carácter privado del sacramento. Con el incremento del carácter privado de la confesión, además, surgió la distinción creciente entre el espacio externo de la Iglesia y el interior de la conciencia. Por lo tanto, la excomunión fue usada, cada vez más fuertemente, como un castigo infligido por la Iglesia, al margen de la penitencia, especialmente en relación a los crímenes públicos. El obispo delegaba al sacerdote, de un modo cada vez más frecuente, la labor de recibir las confesiones, mientras se reservaba la absolución de determinados pecados. Entre los siglos nueve y doce tuvo lugar la discusión acerca de la frecuencia de la confesión. En el 1215 el cuarto Concilio Lateranense decretó que los fieles debían confesarse una vez al año, tal como lo repitió más tarde el Concilio de Trento. La visión general es que este decreto sólo se aplica a aquellos que están en pecado mortal.[23]

5.2.3. *La Reforma*

Las ideas de Wyclif en Inglaterra († 1384), de Hus en Bohemia († 1415) y de sus seguidores prefiguraron los erro-

---

[23] Cf. CONCILIO LATERANENSE IV, en ND 1608. Cf. además CDC 989 y CIC 1457.

res de los reformadores. Estos precursores de la Reforma negaron que la confesión externa fuera necesaria, y afirmaron la necesidad de la sola contrición del corazón. Ellos sostuvieron, además, que la confesión con un sacerdote no era necesaria y que un laico podía recibir las confesiones con igual eficacia. Estas ideas evidenciaban el rechazo a la estructura jerárquica de la Iglesia asociada al sacramento de la penitencia.[24] Entre los reformadores, Lutero tuvo un actitud más bien fluctuante en relación al sacramento de la penitencia. Al principio y al final de su vida habló de él en términos muy elogiosos, y recibió el sacramento a menudo. El aspecto más importante puesto en evidencia por Lutero fue el de la fe franca y confiada, de modo que rechazó una penitencia obligatoria impuesta al penitente que, a sus ojos, estaba asociada a la importancia de las «obras». La idea luterana era que el sacramento indicaba el perdón de Dios; los pecados eran simplemente cubiertos o no imputados. Por su parte, la posición católica afirmaba que el sacramento de la penitencia traía un verdadero perdón interior. Lutero consideraba, por otro lado, que este sacramento no debía, necesariamente, ser administrado de modo exclusivo por los sacerdotes. Él mantenía como necesaria la perfecta contrición por los pecados, mientras que la posición católica aceptaba como suficiente la contrición imperfecta o atrición. Un discípulo de Lutero, Melanchton, también creía en la importancia de la confesión individual, pero para él como para Lutero, el factor importante se encontraba en las palabras de la absolución, que representaban la voz de Dios. Las respuestas humanas de penitencia y satisfacción fueron, en cambio,

---

[24] Cf. CONCILIO GENERAL DE CONSTANZA, que condenó el error de Wyclif, en DS 1157 y Papa MARTÍN V, Bula *Inter cunctas* en DS 1260, 1261, 1265.

subvaloradas en el sistema luterano.[25] Calvino rechazó el sacramento de la penitencia en general, pero lo recomendó a aquellos cristianos que sufren de ansiedad por sus pecados y que, por ello, necesitan de la ayuda de los otros. Él redujo la confesión a lo que podría ser definido, en términos modernos, una necesidad psicológica. Otro reformador, Zwinglio, rechazó totalmente la confesión individual. El Concilio de Trento reaccionó a los numerosos errores de los reformadores y reafirmó la institución y la necesidad del sacramento de la penitencia. El Concilio enseñó que las partes de la penitencia son la contrición, la confesión y la satisfacción, las cuales forman la *casi materia* de este sacramento. Declaró, además, que el ministro de este sacramento debía ser, necesariamente, un sacerdote.[26] Los anglicanos generalmente no admiten la existencia del sacramento de la penitencia, aunque algunos grupos anglo-católicos o del «High Church» proponen la confesión. En todo caso y a causa de la invalidez de las órdenes anglicanas, a los ojos de la Iglesia Católica la absolución no es válida.[27] Por otro lado, la sacramentalidad de la confesión es generalmente aceptada por todas las iglesias ortodoxas. La única excepción se verificó en el siglo diecisiete, cuando el Patriarca Cyrilo Lukaris cae bajo la influencia de Calvino y negó, por ello, la confesión sacramental.

---

[25] Cf. Papa LEÓN X, Bulla *Exsurge Domine* (1520), en DS 1455-1464.

[26] Cf. CONCILIO DE TRENTO, décimocuarta sesión, *Doctrina sobre el sacramento de la penitencia*, en DS 1668-1693, 1701-1715.

[27] Aunque si esta absolución es sacramentalmente inválida, aún debiera quedar abierta la vía al perdón de Dios a través de la verdadera contrición. A aquel que, con la ayuda de la gracia, hace lo que está en su poder, Dios no niega una gracia ulterior.

5.2.4. *La época reciente*

Los modernistas basaban su pensamiento en la idea de la subjetividad kantiana y en un concepto evolutivo de la verdad. Ellos tendían a negar los aspectos divinos y sobrenaturales de la Iglesia. Con su aproximación de corte liberal al método crítico bíblico, ellos buscaban superar la doctrina de la divina institución del sacramento de la penitencia. Puesto que uno de los principios fundamentales del modernismo era el del desarrollo histórico, ellos consideraban la evolución del sacramento de la penitencia como resultado de factores puramente humanos y sociales. Este error estaba entre aquellos condenados por el Papa S. Pío X en 1907.[28]

El nuevo rito de la penitencia, publicado después del Concilio Vaticano II, fue una ocasión para el redescubrimiento de la dimensión eclesial del sacramento de la penitencia, con las liturgias penitenciales para la preparación de las confesiones individuales. Sin embargo, la tradición constante de la Iglesia, en relación a la naturaleza individual del sacramento, ha sido recientemente subrayada por el Papa Juan Pablo II: «Aunque la comunidad fraterna de los fieles, que participan en la celebración penitencial, ayude mucho al acto de la conversión personal, sin embargo, en definitiva, es necesario que en este acto se pronuncie el individuo mismo, con toda la profundidad de su conciencia, con todo el sentido de su culpabilidad y de su confianza en Dios.»[29] El

---

[28] Cf. SANTO OFICIO, decreto *Lamentabili*, en DS 3446-3447.

[29] Papa JUAN PABLO II, Encíclica *Redemptor Hominis*, 1979, 20.6. Cf. IDEM, Motu Propio *Misericordia Dei*, sobre algunos aspectos de la celebración del Sacramento de la Penitencia (2002), 1, (a), donde el Papa ha reafirmado lo que le está en el *CDC* 960: «La confesión individual y íntegra y la absolución constituyen el único modo ordinario con el que un fiel consciente de que está en peca-

Papa ha indicado, además, que el sacramento de la penitencia tiene un doble carácter, judicial y terapéutico. Según una
analogía con el tribunal humano, el confesionario es una especie de tribunal de la misericordia divina. En todo caso, la
penitencia es, también, un sacramento de curación en el que
Cristo vierte el bálsamo de su medicina en el alma enferma
del pecador.[30] La tendencia jurídica ha sido más evidente en
occidente y el aspecto terapéutico ha sido más enfatizado en
oriente. Constituye una ayuda tener a la vista los diversos
aspectos del sacramento de la penitencia en términos de
conversión, penitencia, confesión, perdón y reconciliación
(sea con Dios, dimensión vertical, o con el hombre, dimensión horizontal). Estos aspectos resumen toda la historia del
sacramento.[31]

5.3. El signo sacramental

5.3.1. *La cuasi materia*

El discernimiento de lo que constituye la materia de
este sacramento no es una cosa simple, pues no existe un
elemento inmediatamente visible al que la palabra creativa
puede otorgar significado salvífico. Sin embargo, la tradición de la Iglesia siempre ha indicado dos factores en el sacramento: por una lado, la contrición y la penitencia del penitente; por otro, la absolución de la Iglesia. Durante el curso de la historia los teólogos han asumido una variedad de
posiciones al respecto: algunos han dado más importancia a

---

do grave se reconcilia con Dios y con la Iglesia; sólo la imposibilidad física o moral excusa de esa confesión en cuyo caso, la reconciliación se puede tener también por otros medios».

[30] Cf. Papa JUAN PABLO II, Exhortación Apostólica *Reconciliatio et Penitentia*, 31.

[31] Cf. CIC 1423-4.

la absolución de la Iglesia, otros a la contrición del pecador. Por lo tanto, aún es objeto de consideración la relación entre el elemento objetivo (la absolución de la Iglesia) y el elemento subjetivo (el arrepentimiento del pecador).

S. Tomás de Aquino consideró el acto penitencial del pecador -o bien las partes de la penitencia (o contrición, confesión y satisfacción)- como la materia del sacramento, y la absolución como la forma. Él manifestó que la materia y la forma operan juntos en orden a causar el perdón.[32] Ellos se combinan en el borrar la culpa, si el pecado ya ha sido perdonado, mediante el arrepentimiento que ha precedido la recepción del sacramento. Por lo tanto, en cierto sentido, la absolución de la Iglesia actúa con anticipación: el arrepentimiento del pecador está determinado por la absolución de la Iglesia, en tanto se ordena a ella, y esto tiene el efecto de perdonar el pecado. Esta noción explica porqué, cuando no hay ningún sacerdote que esté disponible para recibir la confesión, el penitente en pecado mortal puede, en este caso de necesidad, hacer un acto perfecto de contrición, que comprende el deseo de la confesión sacramental. En todo caso, puesto que para el penitente es difícil saber si su acto de contrición ha sido perfecto o no, la certeza de conseguir el perdón del pecado mortal sólo viene del confesionario.[33] El beato Juan Duns Scoto sostuvo que sólo la absolución de la Iglesia era el signo externo del sacramento y que los actos subjetivos del penitente no formaban parte esencial del sacramento, aunque sí son condición indispensables o condición de base de él. La visión de Scoto se sostiene en el hecho que los Concilios de Florencia y Trento hablan de los actos

---

[32] Cf. S. TOMÁS DE AQUINO, *Suma Theologiae* III, q.90 a.3.
[33] Cf. *CIC* 1452, 1457; *CDC* 916; *CCIO* 711.

del penitente como de *cuasi materia*.[34] La práctica de dar al menos la absolución condicional a las personas inconscientes implica, en algún sentido, un apoyo a la posición de Scoto.

A partir de la derivación latina de la palabra, la contrición significa el deseo de triturar el pecado. El Concilio de Trento definió la contrición en los términos siguientes: «Es un dolor del alma y detestación del pecado cometido, con propósito de no pecar en adelante.»[35] Este dolor debe extenderse al pasado por los pecados cometidos y también al futuro, con el firme propósito de enmienda. Por tanto, la contrición salvadora debe ser interior, pero puesta externamente de manifiesto con la auto-acusación. Debe, también, ser sobrenatural, o sea estar bajo el influjo de la gracia actual. Un dolor meramente natural no tiene valor salvífico; por ejemplo, un ladrón de banco que sólo se siente mal porque ha sido encarcelado expresa sólo un dolor natural. La contrición, también, debe ser general, o sea debe extenderse a todos los pecados graves cometidos desde la última confesión. La contrición se divide en dos tipos, perfecta e imperfecta (igualmente llamada atrición). Mientras la contrición perfecta procede del amor perfecto hacia Dios, la contrición imperfecta se basa en un amor imperfecto hacia Dios o en otra motivación sobrenatural que incluye el temor al infierno. El amor perfecto no excluye, en todo caso, un deseo por la propia beatitud de gozar de Dios. Por lo tanto, la trampa del amor desinteresado debe ser evitada. El deseo por la re-

---

[34] Cf. CONCILIO DE FLORENCIA, *Decreto para los Armenios*, en DS 1323; CONCILIO DE TRENTO, *Doctrina sobre el sacramento de la penitencia*, en DS 1673.

[35] CONCILIO DE TRENTO, *Doctrina sobre el sacramento de la penitencia*, en DS 1676.

compensa celeste no hace imperfecta la contrición.[36] La contrición perfecta concede la gracia de la justificación del pecador mortal incluso antes de la recepción actual del sacramento de la penitencia, porque «*el amor cubre multitud de pecados*» (*1 P* 4,8). Esta contrición perfecta debe, en todo caso, incluir el deseo del sacramento.[37]

El Concilio de Trento enseñó que la contrición imperfecta es suficiente para la confesión sacramental.[38] Antes de este Concilio, en cambio, algunos teólogos como Pedro Lombardo, Alejandro de Hales y San Buenaventura pensaban que era necesaria la contrición perfecta. Para el Doctor Angélico, la atrición indicaba una etapa hacia la contrición perfecta y, por lo tanto, disponía al penitente al sacramento de la penitencia.[39] El beato Duns Scoto fue más allá y pensó que la atrición era suficiente para recibir fructuosamente el sacramento de la penitencia. De Trento en adelante, la enseñanza común de la Iglesia ha sido que la contrición imperfecta es suficiente. Sin embargo, la dura controversia entre los contricionistas y los atricionistas continuó por algún tiempo y sólo en el 1667 Roma pidió que fuera suspendida.[40] Entre los errores de los jansenistas condenados por la Iglesia

---

[36] Cf. Papa INOCENCIO XII, Breve *Cum alias et apostolatus*, que condenó algunos errores semiquietistas del arzobispo Fénelon, en particular DS 2356 y 2369.

[37] Cf. CONCILIO DE TRENTO, *Doctrina sobre el sacramento de la penitencia* en DS 1677.

[38] Cf. CONCILIO DE TRENTO, *Doctrina sobre el sacramento de la penitencia*, en DS 1678, 1705.

[39] Cf. S. TOMÁS DE AQUINO, *Suma Theologiae* III, suplemento, q.1 a.2

[40] Cf. SANTO OFICIO, Decreto del 5 de mayo de 1667, en DS 2070.

estaba, también, la exigencia de la contrición perfecta.[41] La contrición, como la puerta del sacramento, tiene como fin la enmienda y comprende la resolución de no pecar más. Eso debe asociarse al deseo de evitar las ocasiones próximas de pecado. La contrición y la conversión están, por lo tanto, íntimamente conectadas como «un acercamiento a la santidad de Dios, un nuevo encuentro de la propia verdad interior, turbada y trastornada por el pecado, una liberación en lo más profundo de sí mismo y, con ello, una recuperación de la alegría perdida, la alegría de ser salvados, que la mayoría de los hombres de nuestro tiempo ha dejado de gustar».[42]

Según las Escrituras, es una ley dada por Dios el que el pecador confiese sus culpas (*Gn* 3,9-13; *Jc* 5,16). Esto es más que la realización de una necesidad meramente psicológica de librarse del peso de la culpa (aunque esto constituya, por otro lado, la consolación que trae consigo el sacramento). Significa, antes bien, que el pecador puede conocerse a sí mismo delante de Dios, puede ver y experimentar el juicio de Dios, su misericordia saludable, «porque si el enfermo se avergonzase de mostrarle al médico la propia herida, la medicina, por su parte, no podría curar aquello de lo que no ha tomado conocimiento».[43] Por lo tanto, todos los pecados mortales cometidos después del bautismo deben ser confesados según la especie y el número. Además, las circunstancias que alteran la gravedad de un pecado deben ser confesadas. No existe la obligación de confesar los pecados veniales, si bien «recta y provechosamente y lejos de

---

[41] Cf. SANTO OFICIO, los errores jansenistas condenados en DS 2315; Papa PÍO VI, Constitución *Auctorem fidei*, en DS 2625.

[42] Papa JUAN PABLO II, Exhortación Apostólica *Reconciliatio et Penitentia*, 31 / III.

[43] S. JERÓNIMO, *Commentarius in Ecclesiasten*, 10, 11, en *PL* 23, 1152.

toda presunción puedan decirse en la confesión».[44] La confesión frecuente y regular de los pecados veniales «ayuda a formar la conciencia, a luchar contra las malas inclinaciones, a dejarse curar por Cristo, a progresar en la vida del Espíritu».[45]

La satisfacción tiene en cuenta los tres efectos negativos que el pecado causa en relación a Dios, a los otros y al pecador. La satisfacción sacramental implica obras de penitencia asignadas al penitente en expiación por la pena temporal, debida a los pecados, que permanece después que la culpa del pecado y su castigo eterno han sido perdonados. La absolución perdona los pecados y el castigo eterno debido al pecado mortal, pero no remedia todos los desórdenes que el pecado ha causado.[46] La satisfacción puede incluir la restitución de los bienes o el resarcimiento de daños en caso de pecados graves. Por ejemplo, si un penitente ha perjudicado a un individuo o a un grupo de individuos robando una gran cantidad de dinero, se le puede pedir que restituya

---

[44] CONCILIO DE TRENTO, *Doctrina sobre el sacramento de la penitencia*, en DS 1680.

[45] *CIC* 1458. Cf. también *Introducción al ritual de la confesión*, 7(b), en *EV* 4 (1971-1973), n. 2687, que declara: «Además el uso frecuente y cuidadoso de este sacramento es también muy útil en relación con los pecados veniales. En efecto, no se trata de una mera repetición ritual ni de un cierto ejercicio psicológico, sino de un constante empeño en perfeccionar la gracia del Bautismo, que hace que de tal forma nos vayamos conformando continuamente a la muerte de Cristo, que llegue a manifestarse también en nosotros la vida de Jesús. En estas confesiones los fieles deben esforzarse principalmente para que, al acusar sus propias culpas veniales, se vayan conformando más y más a Cristo y sean cada vez más dóciles a la voz del Espíritu.»

[46] Cf. CONCILIO DE TRENTO, *Doctrina sobre el sacramento de la penitencia*, en DS 1689-1692, 1712-1714.

una parte de un modo que su identidad no sea revelada. Las obras penitenciales extra-sacramentales, como el desarrollo de prácticas penitenciales voluntarias, y la paciente aceptación de las pruebas puestas por Dios, poseen valor expiatorio.

5.3.2. La forma

La forma del sacramento de la penitencia consiste en las palabras de la absolución. En la Iglesia latina la fórmula de absolución es la siguiente: «Dios, Padre misericordioso, que reconcilió consigo al mundo por la muerte y la resurrección de su Hijo y derramó el Espíritu Santo para la remisión de los pecados, te conceda, por el ministerio de la Iglesia, el perdón y la paz. *Y yo te absuelvo de tus pecados en el Nombre del Padre, y del Hijo, y del Espíritu Santo.*» En caso de emergencia, es suficiente la forma breve en cursiva. En algunas Iglesias bizantinas se usa esta fórmula:

> Que nuestro Señor Jesucristo, que dio a sus santos discípulos y apóstoles el poder de perdonar los pecados de los hombres, te perdone todos tus pecados y todas tus faltas, y yo su indigno ministro, que he recibido de los mismos apóstoles la autoridad de hacer lo mismo, te desligo de toda excomunión, si está dentro de mis facultades y tu tienes necesidad de ello. Luego te absuelvo de todos los pecados que has confesado, delante de mi indignidad, en el nombre del Padre, del Hijo y del Espíritu Santo.

Otra fórmula, usada entre los griegos, es ésta: «Que Dios, quien perdonó a David, por medio de Natán el Profeta, a Pedro que lloró amargamente por haberlo negado, a la pecadora al derramar lágrimas sobre sus pies, al publicano y al hijo pródigo, que Él te perdone, por medio de mí pecador, en esta vida y en la otra y te haga comparecer sin culpa ante su temible tribunal, pues es bendito por los siglos de los siglos.»[47]

Las palabras de absolución deben ser pronunciadas en voz alta e implican un encuentro entre el penitente y el sacerdote, que actúa en el nombre de Cristo. Esto significa que el penitente y el sacerdote deben estar presentes el uno para el otro (de modo que, por ejemplo, la confesión por carta no es valida).[48] La confesión a distancia, por teléfono, debe ser, por lo mismo, excluida, como también la confesión a través de los modernos medios de comunicación (como el correo electrónico).

5.4. El ministro

Sólo el obispo y el sacerdote son los ministros válidos del sacramento de la penitencia. En el pasado, sea en oriente que en occidente, hubo casos en los que los fieles se confesaban con los diáconos y clérigos de grado inferior e, incluso, con laicos. Esto debía comprenderse como una confesión no sacramental, en el espíritu de la exhortación del Apóstol Santiago: «Confesaos, pues, mutuamente vuestros pecados» (*St* 5,16). La idea era la de un tipo de auto-acusación saludable, que se había conservado en el capítulo de las culpas de algunas formas de vida religiosa. Aquí, el religioso se auto-acusaba, de frente a la comunidad, de las culpas que cometía en el transcurso del día.

El perdón de los pecados implica la reconciliación con Dios y, también, con la Iglesia. En la tradición eclesial, el Papa, como jefe visible de la Iglesia universal, y el obispo,

---

[47] Cf. *Byzantine Daily Worship*, Alleluia Press, Allendale, N.J 1969, p. 932.

[48] Cf. SANTO OFICIO, *Decreto del 20 de junio de 1602*, en DS 1994.

como jefe visible de una iglesia particular, gozan principalmente del poder y del ministerio de la reconciliación: ellos son los moderadores de la disciplina penitencial.[49] Por lo tanto, el Papa, los cardenales y los obispos pueden recibir la confesión en cualquier lugar. Para recibir la confesión válidamente, un sacerdote debe ser delegado con las necesarias facultades, ya sea de su obispo (o superior religioso) o del Papa.[50] Aquellos que tienen la facultad de recibir la confesión habitualmente en el lugar donde residen pueden hacer uso de esta facultad en todo lugar, a menos que, en un caso particular, el ordinario local se oponga. En caso de muerte, cualquier sacerdote -incluso uno que ha vuelto a la condición de laico- puede recibir la confesión y absolver válidamente.

De acuerdo con el rol especial del que el Papa y los obispos gozan en el ministerio de la reconciliación, algunos pecados muy graves están sujetos a las censuras reservadas al Papa o al obispo. Una de tales censuras es la excomunión, «la pena eclesiástica más severa, que impide la recepción de los sacramentos y el ejercicio de ciertos actos eclesiásticos, y cuya absolución, por consiguiente, sólo puede ser concedida, según el derecho de la Iglesia, por el Papa, por el obispo del lugar, o por sacerdotes autorizados por ellos».[51] La censura de excomunión, reservada especialmente a la Santa Sede, es, ante todo, aplicada al sacrilegio contra la hostia sagrada; en segundo lugar, a un acto de violencia física contra el Romano Pontífice; luego, al caso en el que un obispo consagre a otro sin el mandato apostólico, o a aquel que recibe

---

[49] Cf. *CIC* 1562. Cf. también Vaticano II, *Lumen Gentium*, 26.3.

[50] Cf. *CDC* 844; 967-969; 972. *CCIO* 772, §§ 3-4.

[51] *CIC* 1463. Cf. también *CDC* 1331, 1354-1357. *CCIO* 1431, 1434, 1420.

tal consagración episcopal. El cuarto caso es el de un sacerdote que absuelve a un cómplice en un pecado contra el sexto mandamiento. Tal absolución es inválida, excepto en el caso de peligro de muerte. El quinto caso en el que se aplica la excomunión es el de un confesor que viola directamente el secreto de la confesión. En el año 2001, han sido especificados los delitos que están reservados al Tribunal Apostólico de la Congregación para la Doctrina de la Fe. En primer lugar, los delitos contra la santidad del augustísimo sacrificio y sacramento de la Eucaristía, es decir: 1) llevar o retener con fines sacrílegos, o arrojar las especies consagradas; 2) atentado de la acción liturgica del Sacrificio eucarístico o su simulación; 3) la concelebración prohibida del sacrificio eucarístico con ministros de comunidades eclesiales que no tienen la sucesión apostólica, ni reconocen la dignidad sacramental de la ordenación sacerdotal; 4) la consagración con fin sacrílego de una materia sin la otra en la celebración eucarística, o de ambas fuera de la celebración eucarística. En segundo lugar, los delitos contra la santidad del sacramento de la penitencia, es decir: 1) la absolución del cómplice en un pecado contra el sexto precepto del Decálogo; 2) la solicitación en el acto, o con ocasión, o con el pretexto de la confesión, a un pecado contra el sexto precepto del Decálogo, si se dirige a pecar con el propio confesor; 3) la violación directa del sigilo sacramental. En tercer lugar, los delitos contra las costumbres, es decir: delitos contra el sexto precepto del Decálogo con un menor de dieciocho años cometidos por un clérigo.[52] Los pecados que incurren en las censu-

---

[52] CONGREGACIÓN PARA LA DOCTRINA DE LA FE, *Carta delos delitos más graves contra las costumbres y contra los sacramentos*, el 18 de mayo de 2001. Cf. Papa JUAN PABLO II, Carta Apostólica *Sacramentorum sanctitatis tutela*, en *AAS* 93 (2001), 737-739, 785-788.

ras reservadas al obispo de una diócesis varían de región en región; un ejemplo es el aborto. En las iglesias orientales el pecado del aborto procurado está reservado al obispo.[53] En algunas diócesis no existen censuras especiales reservadas. Cuando el penitente está en peligro de muerte, cualquier sacerdote, aunque si no goza de las facultades necesarias para recibir la confesión, puede absolver de todo pecado y de la excomunión.[54] La distinción entre la absolución del pecado y el levantamiento de la excomunión es importante, entre otras cosas porque significa la remoción de la censura (que es reservada). Por otro lado, las condiciones en las que un pecador puede incurrir en una censura a causa de un grave pecado son estrictamente limitadas.[55]

El ministro del sacramento de la penitencia está firmemente obligado al secreto confesional. Esto significa que no puede revelar, bajo ninguna circunstancia, directa o indirectamente, ninguna de las informaciones que ha recibido durante la confesión. El Cuarto Concilio Lateranense, en el 1215, instruyó a los confesores de tener gran cuidado de no «traicionar de alguna manera al pecador, de palabras, o por señas». Quienquiera cometía este delito debía ser «relegado a un estrecho monasterio para hacer perpetua penitencia».[56] El confesor no debe utilizar la información que se le ha confiado en el confesionario contra el penitente, aunque no existe peligro alguno en revelar su identidad. Del mismo modo, una persona con algún tipo de autoridad no puede usar las informaciones que ha recibido en el curso de la confesión. Por lo tanto, un superior de seminaristas que, por ejemplo,

---

[53] Cf. *CCIO* 728 § 2.

[54] Cf. *CDC* 976; *CCIO* 725.

[55] Cf. *CDC* 1323-1324.

[56] Cf. CONCILIO LATERANO IV, en DS 814.

ha recibido en confesión a uno de sus seminaristas que no era digno de la ordenación, no podría usar la información para impedir o diferir la ordenación misma. Incluso si la información ha llegado al superior a través de otro canal, el considerable riesgo de escándalo debería desechar el uso de esta información. Por esta razón, los directores de institutos religiosos y los rectores de seminarios no tienen generalmente el permiso de recibir la confesión de sus estudiantes. Si se solicita un intérprete para ayudar al penitente y a su confesor a desarrollar la confesión, también él está obligado al secreto confesional. Del mismo modo, están igualmente obligados aquellos que escuchan la confesión por error. Es un grave sacrilegio escuchar la confesión ajena deliberadamente, o el intentar registrar, de alguna manera, el sacramento de la penitencia.[57] En el caso de un penitente mudo, cuando se emplea el lenguaje de señas o, especialmente, una confesión escrita, esta última debe ser, con posterioridad, escrupulosamente destruida.

5.5. La reconciliación en la vida de la Iglesia

La Iglesia misma es el gran sacramento de la reconciliación: «Iglesia del cielo, Iglesia de la tierra e Iglesia del purgatorio están misteriosamente unidas en esta cooperación con Cristo en reconciliar el mundo con Dios.»[58] Sin embargo, esta misión de la Iglesia de llevar el perdón de Dios hoy se ha vuelto más difícil, porque existe un sentimiento difuso según el cual este perdón no es necesario. En otras palabras, el sentido del pecado y el del verdadero orden moral, prácticamente se han perdido. Este fenómeno está

---

[57] Cf. *CDC* 983-985.
[58] Papa JUAN PABLO II, Exhortación Apostólica *Reconciliatio et Penitentia*, 12.1.

claramente relacionado con el *secularismo*, que trae consigo un «humanismo que hace total abstracción de Dios, y que se concentra totalmente en el culto del hacer y del producir, a la vez que embriagado por el consumo y el placer, sin preocuparse por el peligro de 'perder la propia alma'».[59] A pesar de este problema, la Iglesia continúa proclamando y siendo el sacramento de Cristo, promoviendo su reconciliación -que se desarrolla de diversas formas y, de un modo especial, en el sacramento de la penitencia- a fin de despertar precisamente en el pueblo de Dios la necesidad de su perdón. Este sacramento no pretende ser ni terapia psicológica ni dirección espiritual ni catequesis.

Un primer modo de celebrar el sacramento es el de la reconciliación individual de los penitentes. Aquí el penitente es acogido por el confesor, que lee un pasaje de la Palabra de Dios. Luego sigue la confesión de los pecados y la aceptación de la satisfacción, luego un acto de contrición por parte del penitente y, por último, la absolución otorgada por el confesor. El segundo modo de celebrar este sacramento es el de la reconciliación de un mayor número de penitentes, con la confesión y la absolución individual; aquí los fieles se reúnen en una iglesia, donde están disponibles varios confesores. Esto también es conocido como una liturgia penitencial. La ceremonia empieza con los ritos introductorios, seguidos de las lecturas de la Palabra de Dios y de una breve homilía. Se ofrece, por último, un examen general de conciencia para estimular la reflexión del pueblo reunido en asamblea. Luego, cada penitente que desea ir individualmente donde un sacerdote y confesar los propios pecados, recibe una penitencia y es absuelto. El ritual se concluye con una oración y una bendición. Una tercera posibilidad es la

---

[59] *Ibid*, 18.5

reconciliación de un mayor número de penitentes, con absolución general. Esta opción consiste en una instrucción, en la que el celebrante explica la naturaleza y el significado de esta forma de celebración. Sigue la confesión general usando la fórmula «confiteor», por ejemplo. El celebrante invita a aquellos que deseen recibir la absolución a manifestarlo, inclinando la cabeza o arrodillándose, tras lo cual sigue la absolución general. Esta tercera opción debiera ser empleada sólo en caso de grave necesidad, configurada por el peligro inminente de muerte con tiempo insuficiente, para el sacerdote o para los sacerdotes, de escuchar las confesiones individuales de los penitentes. «La necesidad grave puede existir también cuando, teniendo en cuenta el número de penitentes, no hay bastantes confesores para oír debidamente las confesiones individuales en un tiempo razonable, de manera que los penitentes, sin culpa suya, se verían privados durante largo tiempo de la gracia sacramental o de la sagrada comunión.»[60] Las condiciones de grave necesidad no deberían darse por satisfechas toda vez que se produjera una multitudinaria reunión de personas, con motivo de una fiesta importante o una romería. La decisión sobre si se han satisfecho las condiciones exigidas para la absolución general está reservada al obispo diocesano.[61] Cuando tiene lugar la absolución general, su validez depende del hecho que los fieles deben tener la intención de confesar individualmente

---

[60] *CIC* 1483. Cf. Papa JUAN PABLO II, Motu Proprio *Misericordia Dei*, 2002, 4, (a), donde el Papa ha precisado, acerca del caso de grave necesidad, que «se trata de situaciones que, objetivamente, son excepcionales, como las que pueden producirse en territorios de misión o en comunidades de fieles aisladas, donde el sacerdote sólo puede pasar una o pocas veces al año, o cuando lo permitan las circunstancias bélicas, metereológicas u otras parecidas».

[61] Cf. *CDC* 961.

sus pecados lo antes posible, en cuanto tengan ocasión, antes de recibir otra absolución general.[62]

Ya que el sacramento de la penitencia es un acto sagrado y litúrgico, debiera desarrollarse en un lugar sagrado, como una iglesia o un oratorio.[63] Los fieles deben ser libres de poder elegir la reserva que procura una rejilla puesta entre el penitente y el confesor. Otros penitentes, en cambio, prefieren la confesión «cara a cara», de modo que hay que contemplar el ejercicio de esta posibilidad. El deber de proveer las condiciones para el ejercicio de cualquiera de estas opciones ha llevado al uso de salas de reconciliación en las iglesias, que deben ser prácticas y acogedoras.

5.5.1. *El destinatario*

La mínima frecuencia de base de la confesión es la indicada por el cuarto Concilio Lateranense del 1215, según la cual «todo fiel que haya llegado al uso de razón, está obligado a confesar fielmente sus pecados graves al menos una vez al año».[64] Esta previsión es prescrita de modo que el pueblo de Dios pueda recibir la comunión alrededor de Pascua.[65] Naturalmente, es preferible que la confesión sea más frecuente. Cuando es, además, regular y bien preparada, se vuelve más fácil.

En lo que se refiere a la hospitalidad ecuménica en el sacramento de la penitencia, la misma distinción se establece entre las iglesias que poseen los siete sacramentos válidos y las comunidades eclesiales que gozan sólo del bautismo válido y, también, del matrimonio válido entre sus miembros. Los cristianos orientales separados de la plena comu-

---

[62] Cf. *CDC* 962 5 2; 963.

[63] Cf. *CDC* 964.

[64] *CDC* 989.

[65] Cf. *CDC* 920; *CIC* 1457.

nión con la Santa Sede pueden, en caso de necesidad y en ausencia del confesor de la propia iglesia, buscar la confesión de un sacerdote católico. De modo parecido, un católico que no encuentra a un sacerdote católico, en caso de necesidad, puede pedir un sacerdote ortodoxo. En todo caso, tal reciprocidad no es posible donde los ministros no católicos tengan órdenes inválidas, como en el caso de las comunidades nacidas de la Reforma. En el caso en que no se esté seguro si un hermano separado tenga la fe en el sacramento de la confesión y, sin embargo, pida el sacramento en caso de urgencia, un sacerdote puede dar la absolución condicional.[66]

5.5.2. *Los efectos*

El efecto del sacramento de la penitencia es la restauración del pecador en la amistad con Dios, en una especie de resurrección espiritual; además de llevar a la reconciliación con la Iglesia y de reforzar la comunión en su seno. La reconciliación con Dios conduce, además, a la reparación de otras fracturas causadas por el pecado. «El penitente perdonado se reconcilia consigo mismo en el fondo más íntimo de su propio ser, en el que recupera la propia verdad interior; se reconcilia con los hermanos, agredidos y lesionados por él de algún modo; se reconcilia con la Iglesia; se reconcilia con toda la creación.»[67] El sacramento de la penitencia anticipa el juicio al que será sometido el penitente al final de su vida terrenal. «Convirtiéndose a Cristo por la penitencia y la fe, el pecador pasa de la muerte a la vida 'y no incurre en juicio'.»[68]

---

[66] Cf. *DE* 122-123, 129-132.

[67] *CIC* 1469. Cf. Papa JUAN PABLO II, *Reconciliatio et penitentia*, 31.

[68] *CIC* 1470. Cf. *Jn* 5,24.

Mientras el sacramento de la penitencia hace posible el perdón de todos los pecados mortales confesados, como también el de los pecados veniales, algunas veces ello mismo infunde, además, una paz de alma y un profundo sentido de consuelo espiritual. La confesión lleva, también, al restablecimiento de la gracia en el caso de un sacramento recibido indignamente, tal como se ha mencionado en el primer capítulo.[69] Este restablecimiento se verifica en todos los sacramentos, excepto la Eucaristía y la penitencia. Además, los méritos debidos a las buenas acciones desarrolladas en estado de gracia, que se han perdido a causa de los pecados mortales, también reviven en el sacramento de la penitencia. Mientras la confesión perdona el castigo eterno debido al pecado, la pena temporal no resulta siempre perdonada en su totalidad, pues depende del fervor con el cual el penitente se empeña en el sacramento.

5.5.3. *Las indulgencias*

Las consecuencias del pecado son dobles. El pecado mortal destruye la comunión con Dios y, por tanto, vuelve al pecador incapaz de la vida eterna; así, el pecado mortal conduce a la «pena eterna» del pecado. Por otro lado, todo pecado, incluso venial, implica una falta de amor hacia Dios en el contexto de un excesivo apego a las criaturas, o bien crea un desorden entre sus criaturas que debe ser purificado y reparado aquí sobre la tierra o, después de la muerte, en el estado llamado purgatorio. La pena temporal debida al pecado está precisamente vinculada al indebido apego a las criaturas o con el desorden generado entre las criaturas de Dios. «Estas dos penas no deben ser concebidas como una especie de venganza, infligida por Dios desde el exterior,

---

[69] Cf. Cap. 1, sec. 1.9.

sino como algo que brota de la naturaleza misma del peca-do.»[70] El hecho que el pecador debe sufrir el castigo incluso después del perdón de la culpa es algo que se puede apreciar en el caso del pecado de David, en el Antiguo Testamento (2 S 12,13s). Del mismo modo, el apóstol anuncia la llegada de «tribulación y angustia sobre toda alma humana que obre el mal» (*Rm* 2,9).

Las indulgencias pueden ser vistas en este contexto. La indulgencia significa la remisión extrasacramental de la pena temporal debida al pecado, pena que permanece después que la culpa del pecado ha sido eliminada. La misericordia divina perdona la culpa del pecado. La justicia divina exige un ulterior acto para la remisión de la pena temporal debida al pecado. Una indulgencia es un sacramental antes que un sacramento e implica, por lo tanto, un mayor esfuerzo de disposición por parte del destinatario. La contrición y la confesión son los presupuestos para recibir una indulgencia, que es la eliminación de los últimos efectos del pecado. La indulgencia puede ser aplicada a los vivos o a los difuntos. Sólo el Papa tiene el poder universal de indulgencia. Hoy las indulgencias están simplemente divididas en parciales y plenarias.[71]

Una vez analizada la curación que el sacramento de la penitencia trae al pecador, pasemos ahora al efecto curativo de la unción de los enfermos.

---

[70] *CIC* 1472.

[71] Cf. Papa CLEMENTE VI, Bulla *Unigenitus Dei Filius* en DS 1026. CONCILIO DE TRENTO, vigésimo quinta sesión, *Decreto sobre las indulgencias* en DS 1835. Véase especialmente Papa PABLO VI, *Indulgentiarum Doctrina* (1967), en *EV* 2 (1963-1967), nn. 921-955.

6

La Unción de los enfermos

[...] el olivo resplandeciente maduró el fruto; en el olivo está el signo del sacramento de la vida, en el que los cristianos son perfeccionados como sacerdotes, reyes y profetas; el aceite ilumina la oscuridad, unge al enfermo y, mediante su sacramento oculto, convierte al penitente.

AFRATE EL SIRIO, *Demostraciones*

La enfermedad es una de las consecuencias negativas de la caducidad de la condición humana, que deriva -como resultado- del pecado original. A pesar de los grandes progresos de la ciencia médica, la razón humana se encuentra notoriamente indefensa de frente al misterio de la enfermedad, a la muerte y a los males que parecen incurables, como el cáncer o el SIDA. La enfermedad representa un gran desafío y le recuerda al hombre su fragilidad. La reacción humana al sufrimiento puede ser egocéntrica y puede, también, implicar la desesperación y la tentación de alejarse de Dios. Con todo, «puede también hacer a la persona más madura, ayudarla a discernir en su vida lo que no es esencial para volverse hacia lo que lo es. Con mucha frecuencia, la enfermedad empuja a una búsqueda de Dios, un retorno a Él.»[1] La redención y la revelación realizadas por Cristo traen consigo la posibilidad de la curación física en casos determinados, o al menos, una nueva luz sobre la enfermedad y la muerte, dando un nuevo significado a estos dos enemigos

---

[1] *CIC* 1501.

de la humanidad. Todos los sacramentos aplican a los sufrimientos humanos y a la muerte el poder del misterio pascual de Cristo, así como un sacramento en particular, el de la unción de los enfermos, orienta hacia el enfermo el poder de la redención de Cristo. En este sacramento, como en toda la economía cristiana, es puesta de manifiesto la relación entre la curación física y la espiritual.

6.1. Datos bíblicos

6.1.1. El Antiguo Testamento

En la antigua alianza, la enfermedad venía a menudo concebida como directa consecuencia del pecado. Al pecado original, así, se lo señala como el origen del sufrimiento y, por lo tanto, de la enfermedad (*Gn* 3,16-19). Algunas veces, la enfermedad es concebida como un castigo por el pecado: «El que peca delante de su Hacedor ¡caiga en manos del médico!» (*Si* 38,15). Sin embargo, también la curación viene de Dios: «Hijo, en tu enfermedad, no seas negligente, sino ruega al Señor, que él te curará» (*Si* 38,9). Otras veces, como en el libro de Job, la enfermedad tiene un origen misterioso causado por el espíritu del mal, que si bien no es querida por Dios, es permitida por Él en vistas de un bien mayor, el de la manifestación de la victoria de Dios sobre los sufrimientos. Las palabras de Tobías parecen implicar que tanto la enfermedad como la curación vienen de Dios: «... Porque me había azotado, pero me tiene piedad» (*Tb* 11,15). Este tema es abordado en numerosos pasajes del Antiguo Testamento: «Yo doy la muerte y doy la vida, hiero yo, y sano yo mismo...» (*Dt* 32,39). El hombre implora la curación que viene de Dios (*Sal* 6,1-3) y este proceso está, a menudo, ligado a la conversión, porque el perdón de los pecados ofrecido por Dios da inicio a la curación física (*Sal* 37,1-3). La iniciativa de la curación viene de Dios, especialmente cuando el origen de la enfermedad es misterioso: «Ni los curó hierba ni emplasto alguno, sino tu palabra, Señor, que todo lo sana» (*Sb* 16,12). En algunos casos, una cura milagrosa -como la de Ezequías- se acompañaba de otros signos externos admirables, que prefiguran una visión sacramental de la curación (*Is* 38). En la literatura profética del Antiguo Testamento el sentido redentor del sufrimiento era evidente, un sentido que se habría realizado plenamente con la venida de Cristo: «Por las fatigas de su alma...justificará mi Siervo a muchos y las culpas de ellos él soportará» (*Is* 53,11). La visión profética también esperaba una era mesiánica, cuando el pecado habría sido vencido y la enfermedad sometida (*Is* 57,18; 58, 11).

6.1.2. *El Nuevo Testamento*

También en el Nuevo Testamento la enfermedad es vista como estructuralmente ligada al estado pecaminoso del hombre, aunque la revelación cristiana no cumple una apresurada identificación entre la enfermedad y el castigo por el pecado. En relación al hombre ciego de nacimiento, Jesús afirmó: «Ni él pecó ni sus padres; es para que se manifiesten en él las obras de Dios» (*Jn* 9,3). Cristo viene a curar y a redimir a la persona en su totalidad, cuerpo y alma. De modo muy habitual, durante el desarrollo de su ministerio, Él tuvo compasión por los enfermos y los sanó. Estos signos comprenden la saliva y la imposición de las manos (*Mc* 7,32-36), el barro y el lavado (*Jn* 9,6-7). El contacto físico con Jesús era un factor importante en la curación de los enfermos, porque «...salía de él una fuerza que sanaba a todos» (*Lc* 6,19). Por lo tanto, la imposición de las manos, signo sacramental privilegiado, toma su sentido del ministerio de Cristo. La curación de la enfermedad, a la luz de la resurrección de Cristo, es una ocasión para mostrar la gloria de Dios; es un momento especial y teofánico (véase *Jn* 11,4).

Por su parte, Cristo, el Médico Divino, mandó a sus apóstoles a curar a los enfermos: los doce «ungían con aceite a muchos enfermos y los curaban» (*Mc* 6,13; cf. *Mt* 10,1-8; *Lc* 9,2). Esto puede ser visto como la institución pre-pascual del sacramento de la unción de los enfermos. La redención obrada por Cristo es una victoria completa sobre el mal, el pecado y la muerte, de los que la enfermedad es sólo un aspecto. Porque los sacramentos derivan su poder del misterio pascual, la actualización postpascual es hecha explícita por Cristo antes de su Ascensión: «...impondrán las manos sobre los enfermos y se pondrán bien» (*Mc* 16,18).

La unción de los enfermos se hizo aún más explícita en el período de la vida apostólica de la Iglesia, tal como es descrito por Santiago: «¿Está enfermo alguno entre vosotros? Llame a los presbíteros de la Iglesia, que oren sobre él y le unjan con óleo en el nombre del Señor. Y la oración de la fe salvará al enfermo, y el Señor hará que se levante, y si hubiera cometido pecados, le serán perdonados» (*St* 5,14-15). Este pasaje indica que los elementos típicos de un sacramento están presentes, es decir, un signo externo de gracia -consistente en la unción con el óleo (la materia)- y la oración del sacerdote sobre la persona enferma (la forma). El signo externo está acompañado por una operación interior de gracia, que consiste en salvar y en elevar al hombre enfermo. Esto pone de manifiesto un proceso curativo que no es exclusivamente relativo al cuerpo sino, sobre todo, a la salvación y la elevación del alma a través de la gracia divina y, por lo mismo, su protección respecto del desaliento y la desesperación. La institución del sacramento por parte de Cristo no está explícita sino implícita en las palabras «en el nombre de Dios», es decir, de acuerdo al mandato y a la au-

toridad de nuestro Señor Jesucristo, que mandó a los apóstoles. Muchas Iglesias orientales se concentran particularmente en la unción del moribundo, como prefiguró el Evangelio de S. Juan, cuando María ungió a Cristo seis días antes
de su Pasión (*Jn* 12,3-8). Aunque este episodio claramente
no implica una muerte inminente a causa de la enfermedad,
puede ser visto, sin embargo, en los términos de la enfermedad del pecado, que Jesús cura a través de su muerte. La
relación entre la unción de los enfermos y la extremaunción
está presente a menudo en la historia de este sacramento,
como examinaremos dentro de poco.

6.2. El desarrollo histórico y teológico

En los primeros siglos no hubo muchos escritos relativos a la unción de los enfermos. Una razón de este hecho
puede ser que mientras el sacramento de la penitencia se
desarrollaba públicamente, la unción, en cambio, era administrada en privado. De ahí que este rito atrajera menos
atención y, por lo mismo, exigiera menos explicaciones en
comparación a los sacramentos de la iniciación cristiana y la
penitencia. Con todo, ya desde los primerísimos siglos se
encuentra la evidencia que confirma que el sacramento de la
unción de los enfermos fue administrado.

En la *Tradición Apostólica*, fechada alrededor del 215 y
atribuida a S. Hipólito, al final de la oración eucarística se
indicaba un rito para la bendición del óleo de los enfermos
por parte del obispo.[2] Tertuliano, durante su período montanista, al inicio del siglo tercero, refirió, en un pasaje obscu-

---

[2] Cf. S. HIPÓLITO, *Tradición Apostólica* 5, 2, en *Sources Chrétiennes*, 11 bis, Cerf, Paris 1968[2], pp. 54-55.

ro, que un cristiano llamado Próculo había sanado a Severo «con el óleo».[3]

Una carta escrita en el 416 por el Papa Inocencio I al obispo de Gubbio ponía de manifiesto, ya por aquella época, la comprensión de la unción de los enfermos. El Papa afirmaba la continuidad de este sacramento con el rito mencionado por el apóstol Santiago, y declaraba que el óleo debía ser bendecido por el obispo; en todo caso, también los sacerdotes podían impartir la unción. Además, Inocencio habló de la unción administrada por laicos, aunque esto debe ser considerado un sacramental más que un sacramento, incluso si la distinción no estaba clara en aquel período. Con todo, la unción de los enfermos era considerada como «de la naturaleza de un sacramento», ya que no podía ser administrada a alguien sometido a la penitencia y que estaba, por lo mismo, excluido de la Eucaristía.[4] También en el siglo quinto, en oriente, S. Cirilo de Alejandría insistía, siguiendo la carta de Santiago, en «llamar a los presbiterios» en caso de enfermedad.[5]

Víctor de Antioquía describió el significado del óleo en el sacramento de la unción con estas palabras: «Ahora el óleo es tanto un remedio contra la fatiga como una fuente de luz y alegría. Y, así, la unción con el óleo significa la misericordia de Dios, un remedio para la enfermedad y una iluminación del corazón.[6]

---

[3] TERTULIANO, *Ad Scapulam* 4, 5, en *CCL* 2, 1130.

[4] Cf. Papa INOCENCIO I, *Carta a Decencio, obispo de Gubbio* (416), en DS 216.

[5] S. CIRILO DE ALEJANDRÍA, *Sobre la adoración en Espíritu y en Verdad*, 6, en *PG* 68, 472.

[6] VÍCTOR DE ANTIOQUÍA, *Comentario a Marco 6,13*, en *SF* p. 282.

En el siglo sexto, San Cesáreo de Arlés exhortó a los fieles que estuvieran enfermos a entregarse confiadamente a la Eucaristía y a la unción de los enfermos, antes que verse tentados a invocar ritos paganos: «Cuánto más correcto y saludable debiera ser el apresurarse por ir a la iglesia para recibir el Cuerpo y la Sangre de Cristo, y ungirse y ungir los propios seres queridos con el óleo bendito; porque, según lo que dijo el apóstol Santiago, no sólo se recibirá la salud del cuerpo sino, también, la remisión de los pecados.»[7] Obsérvase que Cesario estimuló la unción impartida por un laico, subrayando, además, que la unción no estaba restringida sólo a aquellos que estuvieran en peligro de muerte. En el siglo octavo Beda el Venerable escribió el primer comentario, todavía existente, a la carta de Santiago. Las referencias de San Beda a la unción de los enfermos indican que ésta era impartida por los presbíteros y, también, por laicos, que podían usar el óleo bendecido por el obispo. Parece, también, que él considera el perdón de los pecados como causado, exclusivamente, por el sacramento de la penitencia.[8] En los primeros siglos el óleo bendecido por el obispo también era usado por los laicos para ungir a los enfermos, y éstos podían, a su vez, incluso ungirse a sí mismos con el óleo. Sin embargo, con el pasar del tiempo la distinción entre esta aplicación del óleo santo como sacramental y su empleo como sacramento llegó a ser cada vez más clara. Desde el medioevo en adelante el óleo se reserva, exclusivamente, al sacerdote o al obispo en el contexto del sacramento de la unción de los enfermos.

---

[7] S. CESÁREO DE ARLÉS, *Homilía 279, 5*, en *PL* 39, 2273.

[8] Cf. S. BEDA EL VENERABLE, *Sobre la Carta de Santiago, 5*, en *PL* 93, 39s.

Durante la época carolingia la disciplina declinó en el continente europeo y los sacerdotes descuidaron su obligación de ungir a los enfermos. La reforma de Carlo Magno insistió en la obligación del clero de suministrar los últimos ritos de la Iglesia, es decir la penitencia, la extremaunción y el viático. Estos deberes se inspiraban en la práctica celta, llevada por monjes irlandeses y estudiosos misioneros ingleses. Carlo Magno decretó en Aquisgrán en el 801 «que todos los sacerdotes concedan misericordiosamente a todos los enfermos, antes de concluir su vida, el viático y la comunión del Cuerpo de Cristo. Es decir, de acuerdo con las decisiones de los Santos Padres, si alguno estuviera enfermo, que sea cuidadosamente ungido con el óleo por los sacerdotes, acompañado de una oración.»[9] De este modo, el sacramento de la unción de los enfermos gradualmente comenzó a ser visto como el sacramento del moribundo. Actualmente existen textos, fechados en época carolingia, que indican el modo en el que se desarrolló el rito de la extremaunción. El rito aparece desarrollado, según fuentes romanas, galicanas y mozárabicas, en la primera parte del siglo noveno. Después de las oraciones introductorias, el enfermo era ungido con el óleo santo y se le hacía el signo de la cruz detrás del cuello, sobre la garganta, entre los hombros y sobre el pecho. También se le ungía la parte más aquejada por los dolores. La oración que acompañaba la unción era la siguiente:

> Te unjo con el óleo santo en el nombre del Padre, del Hijo y del Espíritu Santo, a fin que el espíritu inmundo no pueda permanecer oculto en ti, ni en tus miembros, ni en tus órganos, ni en alguna articulación de tus miembros; antes bien, mediante la obra de

---

[9] CARLO MAGNO, *Capitular de Aquisgrán* (801), 21, en *PL* 97, 220.

este misterio, se pueda poner de manifiesto en ti el poder de Cristo el Omnipotente, y del Espíritu Santo. Y por medio de esta unción con el óleo consagrado y de nuestra oración, tú, curado y reanimado por el Espíritu Santo, estés en condiciones de recuperar, con mayor vigor, la salud de la que gozabas antes. Por Cristo nuestro Señor.[10]

Se sabe que esta oración implicaba una triple invocación del Espíritu Santo, dador tanto de la salud corporal como de la espiritual. Además, el sacramento era, a menudo, administrado por más de un sacerdote. Una sección final en este rito menciona, por último, la unción adicional sobre los cinco sentidos, que ejerció su influjo en la práctica medieval.

En el medioevo se desarrolló la idea según la cual el sacramento de la unción era no tanto para la curación del cuerpo cuanto, sobre todo, para la preparación del cuerpo y el alma a la visión beatífica. En todo caso, se pueden discernir dos escuelas de pensamiento entre los teólogos del siglo doce e inicios del trece. La primera escuela veía la unción esencialmente como el sacramento de los enfermos, si bien admitía que no siempre tenía lugar la curación corporal. Un exponente de esta primera escuela era Hugo de San Víctor († 1141) que declaró: «Este sacramento fue instituido por una doble razón, a saber, tanto para la remisión de los pecados como para aliviar la enfermedad corporal; sin embargo, si tal vez no es oportuno para él recobrar las buenas condiciones de salud, está fuera de discusión el hecho que con la recepción de esta unción se adquieren la salud y el consuelo del alma».[11]

---

[10] *El rito carolingio de la unción del enfermo* en PL 78, 231-236.
[11] HUGO DE SAN VÍCTOR, *Sobre los Sacramentos* 2, 15, 3, en *PL* 176, 577.

La otra escuela de pensamiento, en cambio, consideraba la unción de los enfermos como el sacramento de los moribundos, como puede verse en los escritos de Guillermo de Auvergne, obispo de París, que murió en el 1248 y preparó el camino a los grandes médicos escolásticos del siglo trece:

> Ahora bien, puesto que aquellos que están a punto de dejar este mundo serán, muy pronto, presentados a Dios, es indudable que deben ser santificados de aquellas culpas que se habían adherido a ellos en este mundo, tal como el polvo se adhiere a los pies del viajero, y de aquellos pequeños defectos cotidianos que habitualmente llamamos pecados veniales; porque una esposa no se presenta jamás ante su esposo sin alguna ablución preparatoria y un vestido decoroso.[12]

Los grandes doctores de la Iglesia que siguieron, es decir S. Alberto Magno, S. Tomás de Aquino, S. Buenaventura y el beato Juan Duns Scoto, estaban todos de acuerdo que el objetivo fundamental de este sacramento era la preparación del alma para la gloria, e indicaron que la unción podía ser conferida cuando el destinatario estaba cerca de la muerte; en consecuencia, fue acuñada la expresión «extrema unción». A pesar de esto, existían diferencias entre estos grandes escolásticos en relación al efecto principal del sacramento. Para Buenaventura y Duns Scoto, el efecto principal era la remisión final de los pecados veniales:

> Pero si hablamos del pecado venial en el alma de una persona que está a punto de morir, entonces puede ser curada sin el peligro de repetición; y así, ya que el alma puede llevar consigo tales pecados que deben

---

[12] GUILLERMO DE AUVERGNE, *Opera Omnia* 1, 2, 3.

ser purificados con el fuego, y que estorbarían respecto de la gloria, la misericordia de Dios ha instituido
un remedio por medio del cual el alma puede ser cu-
rada respecto a la remisión de la culpa, como también
respecto a la remisión de parte de la pena; y ésto es el
sacramento de la extremaunción.[13]

El beato Scoto expresaba, a su vez, la visión común de la
tardía escolástica, según la cual la unción era el sacramento
de los moribundos, de modo que estaba mejor administrada
en el momento en que una persona ya no podía pecar más.
De la otra parte, para S. Alberto Magno y S. Tomás de
Aquino el efecto principal era visto en términos de la eliminación de los vestigios del pecado. Con la expresión «reliquias de los pecados», (*reliquiae peccati*), se indicaban las
consecuencias que pesaban sobre las almas como resultado
del pecado original y actual, y comprendía la pena temporal
debida al pecado. S. Tomás admitía que el sacramento perdona el pecado mortal y venial, siempre y cuando el destinatario no oponga ningún obstáculo a este perdón. En todo
caso, el Doctor Angélico no estaba de acuerdo con la visión
según la cual este sacramento fue instituido, principalmente,
como un remedio al pecado venial que no podía ser curado
en esta vida, concluyendo que «el efecto principal de este
sacramento es borrar las reliquias de los pecados, y, en consecuencia, también la culpa si existe en el alma».[14] Más adelante, en todo caso, en la visión medieval se desarrolló la
teoría según la cual así como existen tres sacramentos de la
iniciación (bautismo, confirmación y Eucaristía) que abren el
camino a la Iglesia sobre la tierra, existen, también, tres sa-

---

[13] S. BUENAVENTURA, *Sobre las sentencias*, 4, dist. 23, a.1, q.1.
[14] S. TOMÁS DE AQUINO, *Suma Theologiae*, Suplemento, q.30, a.1.

cramentos del moribundo (penitencia, unción y Eucaristía) que preparan el camino de la Iglesia celeste.[15] Por lo tanto, la penitencia, la unción y la Eucaristía forman el conjunto de los tres sacramentos de la perfección cristiana. La penitencia es administrada para la remisión de los pecados, la unción para la remisión del pecado y sus reliquias y la Eucaristía para la comunión de paz con Dios.

En 1439 el Concilio de Florencia desarrolló aún más la reflexión teológica previa, y declaró que la extremaunción debía ser administrada a una persona enferma «cuya muerte se teme». El Concilio también explicó que el destinatario debe ser ungido «en los ojos, a causa de la vista; en las orejas, por el oído; en las narices, por el olfato; en la boca, por el gusto o la locución; en las manos, por el tacto; en los pies, por el paso; en los riñones, por la delectación que allí reside.»[16] Esta secuencia ritual fue adoptada hasta después del Concilio Vaticano II. El Concilio de Trento enseñó que el sacramento de los enfermos se había verificado ya en la práctica de los discípulos de sanar enfermos, en tanto aquéllos ungieron con óleo a numerosas personas que, después, recobraron la salud. Trento expuso, contra los errores de los reformados, la doctrina según la cual el sacramento era «real y propiamente» un sacramento instituido por Cristo y promulgado por Santiago.[17] El Concilio también rechazó el error de Calvino, según el cual el texto de la carta de Santiago se refiere sólo al 'carisma de la curación' que ya no existe

---

[15] Cf. *CIC* 1525.

[16] CONCILIO DE FLORENCIA, *Decreto para los Armenios*, en DS 1324.

[17] Cf. CONCILIO DE TRENTO, décimocuarta sesión, *Doctrina sobre la extremaunción*, en DS 1695, 1716.

más.[18] Trento indicó, también, que el sacramento perdona todos los pecados que todavía se deben expiar y remueve los restos del pecado; al emplear esta formulación, sin embargo, no decidió entre la posición tomista y la escotista sobre la precedencia que habría que dar al perdón de los pecados o a la de la remisión de las reliquias del pecado. El Concilio de Trento también enseñó que la unción «alivia y fortalece» al enfermo en esa hora de necesidad, y además restaura la salud física cuando ésta «conviniere a la salvación del alma».[19] Es significativo, por otro lado, que Trento no usara sólo el término *extremaunción* sino, también, la más antigua expresión de «unción de los enfermos». Enseñó, por último, que el sacramento podía ser administrado a los enfermos graves y no exclusivamente a aquellos que estaban próximos a morir.[20]

Algunos desarrollos posteriores en la enseñanza de la Iglesia acerca de la unción de los enfermos han tenido lugar en el siglo veinte. En 1907 el Santo Oficio condenó algunos de los errores del modernismo, por ejemplo el que negaba que Santiago pensase de estar promulgando el sacramento de Cristo. La idea modernista propuso que el rito era, sencillamente, una simple práctica piadosa.[21] Más tarde, en el 1921, el Papa Benedicto XV dio una indicación más clara en

---

[18] Cf. CONCILIO DE TRENTO, décimocuarta sesión, *Doctrina sobre la extremaunción*, canon 2, en DS 1717.

[19] CONCILIO DE TRENTO, décimocuarta sesión, *Doctrina sobre la extremaunción*, en DS 1696.

[20] Cf. CONCILIO DE TRENTO, décimocuarta sesión, *Doctrina sobre la extremaunción*, en DS 1698: «Esta unción debe administrarse a los enfermos, pero señaladamente a aquéllos que yacen en tan peligroso estado que parezcan están puestos en el término de la vida».

[21] Cf. SANTO OFICIO, Decreto *Lamentabili* en DS 3448.

relación a cuándo el sacramento debe ser administrado, y estimuló una interpretación más amplia de aquello que debía entenderse por peligro de muerte. Él instruyó que aquellos que se encontraban en la última fase de la enfermedad no deberían postergar la recepción de la unción y del viático para el momento en el que hubieran perdido la consciencia sino, más bien, «según la enseñanza y los preceptos de la Iglesia, ellos deben ser reforzados por tales sacramentos apenas sus condiciones se agraven, y se pueda, con la debida prudencia, creer que se encuentran en peligro de muerte».[22]

Con el Concilio Vaticano II llegó el impulso para renovar el rito de la unción, en la dirección de un sacramento de curación antes que de una sola preparación a la muerte. Esta renovación se puso de manifiesto en el hecho de retornar al nombre más antiguo que distinguía al sacramento: «La 'extremaunción', que también, y mejor, puede llamarse 'unción de enfermos', no es sólo el Sacramento de quienes se encuentran en los últimos momentos de su vida. Por tanto, el tiempo oportuno para recibirlo comienza cuando el cristiano ya empieza a estar en peligro de muerte por enfermedad o vejez.»[23] En 1972, el Papa Pablo VI, invocando su autoridad apostólica, modificó el rito de la unción de modo de expresar más claramente los efectos del sacramento.[24] Y fue, además, redescubierto el aspecto comunitario de la unción de los enfermos: «La Iglesia entera encomienda al Señor, paciente y glorificado, a los que sufren, con la sagrada unción de los enfermos y con la oración de los presbíteros, pa-

---

[22] Papa BENEDICTO XV, Carta Apostólica *Sodalitatem Nostrae Dominae*, en *AAS* 13 (1921), p. 345.

[23] CONCILIO VATICANO II, *Sacrosanctum Concilium*, 73.

[24] Cf. Papa PABLO VI, Constitución Apostólica *Sacram Unctionem Infirmorum*, 1972.

ra que los alivie y los salve (cf. *St*, 5,14-16); más aún, los exhorta a que uniéndose libremente a la pasión y a la muerte de Cristo contribuyan al bien del Pueblo de Dios.»[25] La actitud de la teología reciente es clara al afirmar, por una parte, que la enfermedad es un mal al que se debiera resistir infatigablemente; y, por otra, al afirmar que la enfermedad tiene un sentido positivo en tanto es una oportunidad para completar aquello que falta en los sufrimientos de Cristo para la salvación del mundo, esperando al mismo tiempo la liberación de toda la creación para gozar la gloria de los hijos de Dios.[26]

6.3. La señal externa

6.3.1. La materia

La materia remota de la unción es el óleo, que generalmente es bendecido por el obispo el Jueves Santo durante la Misa crismal con la siguiente fórmula:

> Oh Dios, Padre de todo consuelo, que, por medio de tu Hijo has querido sanar las dolencias de los enfermos, escucha con amor la oración hecha con fe y desde el cielo, derrama sobre este aceite tu Espíritu Santo Paráclito. Tú, Señor, que quisiste que el leño verde del olivo produjera el aceite que restaura nuestros cuerpos, enriquece también con tu bendición, este óleo, para que quienes sean ungidos con él experimenten tu protección en el cuerpo y en el alma y se vean aliviados en sus dolores, enfermedades y dolen-

---

[25] CONCILIO VATICANO II, *Lumen Gentium*, 11.3. Véase también SAGRADA CONGREGACIÓN PARA EL CULTO DIVINO, *Hominum dolores*, 1972, 33.

[26] Cf. SAGRADA CONGREGACIÓN PARA EL CULTO DIVINO, *Hominum dolores*, 1972, 3. Véase, también, *Co* 1,24; *Rm* 8,19-21.

cias. Que por tu acción, Señor, este aceite sea para nosotros un óleo Santo, en nombre de Jesucristo, nuestro Señor, que vive y reina contigo por los siglos de los siglos.

El óleo debe haber sido extraído del olivo, aunque puede ser sustituido, según las circunstancias, por «otro tipo de aceite con tal de que sea obtenido de plantas, por parecerse más al aceite de oliva».[27] Por lo tanto, el óleo mineral o animal no puede ser usado. En circunstancias especiales, cuando existe la necesidad de ungir a una persona enferma y no se dispone de óleo consagrado por el obispo, un sacerdote puede bendecir el óleo. En este caso, el óleo remanente debe ser destruido después del uso.[28] La materia próxima del sacramento es la unción de las partes individuales del cuerpo del enfermo. En el actual rito de la unción, renovado por el Papa Pablo VI en 1972, el enfermo es ungido en la frente y sobre la palma de las manos. Dependiendo de las costumbres, el sacerdote viene ungido sobre la espalda antes que sobre la palma de las manos, a causa de la precedente unción recibida en la ordenación. En caso de necesidad es suficiente una sola unción, si es posible sobre la frente o, en caso que no sea posible, en otro lugar. El ministro debe ungir al enfermo con sus manos, a menos que por una razón grave sea indicado el uso de un instrumento.[29] Circunstancias que justifican el uso de un instrumento incluyen, por ejemplo, el riesgo de infectar o ser infectados por el enfermo.

---

[27] Papa PABLO VI, Constitución Apostólica *Sacram Unctionem Infirmorum*, 1972, en *EV* 4 (1971-1973), n.1844.

[28] Cf. *CDC* 999 y también SAGRADA CONGREGACIÓN PARA EL CULTO DIVINO, *Hominum dolores* 1972, 22.

[29] Cf. *CDC* 1000, § 1.

6.3.2. La forma

La forma habitual del rito latino se basa en el texto de la carta de Santiago, y consiste en una oración compuesta de dos partes: «Por esta santa unción y por su bondadosa misericordia, te ayude el Señor con la gracia del Espíritu Santo, para que libre de tus pecados, te conceda la salvación y te conforte en tu enfermedad.» En la Iglesia griega el sacerdote unge a la persona enferma, trazando la señal de la Cruz, en la frente, en la nariz, en los pómulos (bajo los ojos), en la boca, en el pecho, en las manos, diciendo la siguiente oración:

> Padre Santo, médico de las almas y de los cuerpos, que enviaste a tu Hijo Único, nuestro Señor Jesucristo, a curar toda enfermedad y a librarnos de la muerte, alivia a tu siervo N. de la enfermedad física y espiritual, que lo tiene postrado, por la gracia de Tu Cristo, por la intercesión de nuestra santísima Señora, la Madre de Dios y siempre Virgen María; por la virtud de la preciosa Cruz vivificadora; por las oraciones del santo, glorioso profeta y precursor San Juan Bautista, de los santos, gloriosos y célebres apóstoles; de los santos mártires gloriosos y triunfadores de nuestros justos y teóforos padres; de los santos médicos desprendidos del dinero, San Cosme y San Damián, Ciro y Juan, Pantalón y Ermolao, Sansón y Diómedes, Moisés y Aniceto, Talaleo y Trifón; de los santos y justos ancestros de Dios, San Joaquín y Santa Ana y de todos los santos. Porque Tú eres la fuente de la salud, y Te glorificamos, oh Padre, Hijo y Espíritu Santo, ahora y siempre y por los siglos de los siglos. Amen

Siempre en la Iglesia griega, al finalizar las unciones, el sacerdote se acerca al enfermo y, tomando el Santo Evangelio, lo abre, con lo escrito vuelto hacia el enfermo, y lo impone sobre la cabeza del enfermo, mientras dice esta oración:

> Rey Santo, lleno de misericordia y ternura, Señor Jesucristo, Hijo y Verbo del Dios vivo, que no quieres la muerte del pecador, sino que se convierta y viva: No es mi mano pecadora la que impongo sobre tu siervo que se acerca ahora a pedirte perdón por sus pecados, sino tu mano fuerte y poderosa que está en este Evangelio, que yo tengo impuesto sobre la cabeza de tu siervo; y ruego a tu clemencia y amor a la humanidad: Oh Dios Salvador, así como concediste a David, por medio del profeta Natán, el perdón de sus pecados y aceptaste la oración de Manasés arrepentido, acepta también, según tu amor a la humanidad, a tu siervo N., arrepentido de sus pecados, y aparta tu rostro de sus culpas, pues Tú eres nuestro Dios y has dicho que tenemos que perdonar a los caídos hasta setenta veces siete, y tu misericordia es tan inmensa como tu majestad, y Te es debida toda gloria, honor y adoración, oh Padre, Hijo y Espíritu Santo, ahora y siempre y por los siglos de los siglos. Amen.

El rito de la unción del enfermo puede ser individual o grupal, y puede desarrollarse al margen o durante la celebración de una Misa.

6.4. El ministro

El obispo y el sacerdote son los únicos ministros ordinarios del sacramento de los enfermos.[30] La unción de los enfermos es un derecho y un deber para todos los pastores en relación al cuidado pastoral de los fieles. En primer lugar, el derecho y el deber le pertenecen al obispo, lo que se refle-

---

[30] Cf. CONCILIO DE TRENTO, décimocuarta sesión, *Doctrina sobre la extremaunción*, en DS 1697, 1719.

ja en el hecho que normalmente es él quien bendice el óleo de los enfermos. El cuidado sacramental del enfermo es confiado, también, al párroco y sus vicarios, a los capellanes de los hospitales, de los hogares de ancianos y a los superiores de institutos religiosos mayores. En la Iglesia latina la unción es, generalmente, celebrada sólo por un sacerdote; sin embargo, la puede celebrar más de uno. En tal caso, un sacerdote debiera administrar la materia y la forma de la unción, mientras que los demás pueden desarrollar las otras partes del rito. Todos los sacerdotes pueden imponer las manos, que es una parte del rito, aunque no sea parte esencial de la materia del sacramento. En el oriente cristiano, por otra parte, la tradición ha interpretado literalmente la prescripción de la carta de Santiago, cuando declara: «Llame a los presbíteros» (*St* 5,14). El pasaje puede ser interpretado, también, en un sentido más amplio como «uno de los presbíteros», de acuerdo con la práctica occidental. En este sentido, hasta hoy en oriente se recomienda que, cuando ése sea el caso, el rito sea administrado, si es posible, por varios sacerdotes.[31] En algunas iglesias orientales el ideal sería la concelebración con el número místico de siete sacerdotes. Por razones prácticas, especialmente en las zonas rurales, ello presenta algunas dificultades concretas, especialmente en las emergencias.

En la historia de la Iglesia, como hemos mencionado más arriba, ha habido casos en los que la unción la ha realizado un laico, pero aquí no se trataba de un sacramento. Actualmente esto aún se verifica en ambientes carismáticos y debería ser considerado, igualmente, como un sacramental. En todo caso, debería ser explicada con cuidado la diferen-

---

[31] Cf. *CCIO* 737 § 2.

cia entre la unción en tanto sacramento y una unción dada como bendición.

6.5. El destinatario

6.5.1. Las enfermedades graves

La condición general de la unción es que cada fiel, cuya salud esté seriamente comprometida a causa de la enfermedad o de la edad avanzada, pueda recibir este sacramento. En numerosas Iglesias ortodoxas este sacramento no es usado en forma exclusiva en relación al enfermo, y a veces la expresión *Euchelaion* (unción con una oración) es empleada en lugar de la «unción de los enfermos». En este caso, la condición para la unción ya no es que el destinatario deba estar próximo a la muerte; por ejemplo, un enfermo puede ser ungido antes de una operación, siempre y cuando ésta tenga como causa una enfermedad grave. Claro que la valoración de lo que constituya una enfermedad grave ha experimentado una evolución considerable en tiempos recientes. Una enfermedad que era grave hace cincuenta años hoy podría ya no serlo, tomando en consideración los desarrollos de la ciencia médica. Por ejemplo, la pulmonía a menudo era fatal antes que fueran descubiertos los antibióticos. Sin embargo, el juicio debiera ser generalmente favorable a la administración del sacramento cuando exista la duda en relación a la gravedad de la enfermedad. Los ancianos podrían ser ungidos cuando se hayan debilitado notablemente, incluso cuando no se esté delante de una enfermedad grave; el cuidado de los ancianos debiera tomar el sitio de honor en la vida de la Iglesia. Ya que para la administración legítima de este sacramento el peligro de muerte debe estar intrínsecamente vinculado a la enfermedad, causas como un naufragio, la pena de muerte o la amenaza de una guerra no justificarían la administración de la unción de los enfermos; pues en estos casos lo que se tiene que ofrecer es el sacramento de la penitencia. Los niños enfermos pueden ser ungidos si gozan del suficiente uso de razón como para que sean reforzados por el sacramento. La fundamentación teológica de esta condición es que, ya que la unción se orienta hacia el perdón de los pecados, el destinatario debe tener la capacidad de cometerlos. Según una común valoración, la edad de la discreción está alrededor de los siete años. Por debajo de esta edad, el niño enfermo tiene que ser confirmado, si no ha recibido todavía este sacramento. En caso de duda acerca de si el enfermo ha alcanzado o no la edad de la discreción, como puede suceder en el caso de jóvenes anormales, puede ser administrado el sacramento de la unción.[32] El enfermo inconsciente puede ser ungido; en efecto, parece más oportuno que, en este caso, sea administrada la unción de los enfermos antes que el sacramento de la penitencia. En otros casos de inconsciencia sería indicada la absolución. El derecho canónico desanima la administración de la unción a aquellos que «persisten obstinadamente en un pecado grave manifiesto».[33] El muerto no puede ser ungido, pero si existe alguna duda puede ser usada la unción condicional. La cuestión depende, entre otras cosas, de las teorías acerca del tiempo que el alma demora en abandonar el cuerpo después de la muerte: algunos autores aceptan que la unción sea impartida legítimamente hasta tres horas después que la muerte aparentemente haya tenido lugar, pero no después de que se haya verificado el *rigor mortis.*

---

[32] Cf. *CDC* 1005.
[33] *CDC* 1007.

6.5.2. *El cuidado de los moribundos*

El cuidado del moribundo comprende un rito continuo en el que, en primer lugar, es administrado el sacramento de la penitencia, luego la unción y, por último, el viático. La razón de este orden radica en que el destinatario debe estar en un estado de gracia para recibir la unción, si es consciente. La indulgencia apostólica al momento de la muerte es otorgada después de la absolución, con el empleo de la fórmula: «Yo, en virtud del poder que me ha concedido la Sede Apostólica, te concedo la indulgencia plenaria y la remisión de todos los pecados. En el nombre del Padre, del Hijo y del Espíritu Santo». Esta realiza la remisión de toda la pena temporal debida al pecado. El viático, antes que la unción, es el sacramento del moribundo, una de cuyas características distintiva es, si el destinatario está todavía en condiciones de hacerlo, la renovación de las promesas bautismales.

En el caso de la conversión al momento de la muerte, en el cuidado pastoral del moribundo puede ser aplicada una secuencia diversa de los sacramentos. Para un no cristiano, esta secuencia debiera consistir en la iniciación cristiana, comprendidos el bautismo, la confirmación y el viático. Para la recepción a la plena comunión con la Iglesia católica de un miembro de la comunidad eclesial producto de la Reforma, la secuencia requerida comprendería la penitencia, la recepción a la plena comunión con la Iglesia católica, la confirmación y el viático. Para un miembro de las iglesias orientales separadas, el proceso contemplaría la penitencia, la recepción a la plena comunión con la Iglesia católica y el viático.

6.5.3. La frecuencia de la unción

Durante la edad media, cuando el sacramento de los enfermos fue visto en occidente como el sacramento del moribundo, algunos teólogos como Ivo de Chartres pensaron que el enfermo podía recibir la unción sólo una vez. Esta visión ha sido generalmente rechazada. El sacramento de la unción puede y debe ser repetido si un enfermo padece una recaída o la misma enfermedad se ha agravado. Si el enfermo que recibe el sacramento de la unción recobra la salud, aún puede recibir este sacramento en el caso que padezca otra grave enfermedad. Una persona anciana, cuyas «fuerzas se debilitan», también puede recibir la unción de los enfermos en diversas ocasiones.[34]

6.5.4. Cuestiones ecuménicas

Los cristianos orientales separados de la plena comunión con la Iglesia católica (o bien las Iglesias antiguo-orientales y las Iglesias ortodoxas) pueden solicitar el sacramento de los enfermos a un sacerdote católico, cuando no tienen la posibilidad de recibir este sacramento de parte de un propio sacerdote. Estos destinatarios deben solicitar el sacramento voluntariamente y tener, además, la apropiada disposición.[35] Del mismo modo, los católicos pueden solicitar la unción a ministros no católicos que gozan de órdenes válidas, por ejemplo de sacerdotes de las Iglesias ortodoxas, de las Iglesias antiguo-orientales y de la Iglesia veterocatólica.[36]

La posibilidad de otorgar la unción a miembros de aquellas denominaciones cristianas que no han mantenido

---

[34] *CIC* 1515.
[35] Cf. *DE* 124.
[36] Cf. *DE* 132.

la sucesión apostólica es más limitada, ya que su nivel de comunión con la Iglesia católica es más bajo. Es sólo en términos de excepción que el sacramento de la unción puede ser otorgado a un miembro de una comunidad eclesial. Un presupuesto que debe darse en este caso es el peligro de muerte u otra necesidad grave y apremiante, de lo que el ordinario local es juez, como también el hecho que la persona sea incapaz de recurrir a su propio ministro. Además, el cristiano de otra denominación debe solicitar libremente la unción y tener la disposición apropiada.[37] En el caso de cristianos separados que no tienen fe en este sacramento, no está permitido impartirlo. Los católicos no pueden, además, recibir la unción de los enfermos de aquellos ministros que pertenecen a confesiones cristianas cuyas órdenes no están reconocidos como válidos por la Iglesia católica.

6.6. Los efectos

El efecto eclesial de la unción es «la unión del enfermo a la Pasión de Cristo, para su bien y el de toda la Iglesia».[38] El sacramento de la unción favorece la curación espiritual, incluyendo el perdón de los pecados en el caso que éstos no hayan sido ya removidos con el sacramento de la penitencia. En relación a esta remisión de los pecados, una persona consciente debiera obtenerla mediante la confesión. En todo caso, si la persona está inconsciente la unción remite los pecados mortales. Una condición necesaria para el perdón de los pecados es que el pecador se aparte del pecado, al menos por medio de una contrición que sea, aunque imperfecta, habitualmente continua. Por medio de la unción de los enfermos los pecados veniales, y también las penas temporales

---

[37] Cf. *DE* 130-131.
[38] *CIC* 1532.

debidas al pecado, son perdonados. Por lo tanto, el destinatario, con las debidas disposiciones, se irá directamente al cielo después de la muerte, según la teología de S. Tomás de Aquino y del beato Duns Scoto. Un posterior efecto es que, si Dios lo quiere, puede advenir la curación física, sea parcial o total. Si la curación física adviene o no constituye un misterio, pero está ciertamente vinculado al modo en que, en la providencia de Dios, este don conduciría a la salvación de la persona sanada y, también, al bien espiritual de aquellos que la rodean. Un último efecto de la unción es la asignación de la ayuda espiritual para afrontar la enfermedad y, eventualmente, prepararse al tránsito hacia la patria eterna. El sacramento otorga al enfermo una animada confianza en la misericordia de Dios e le infunde la fuerza para soportar el peso de la enfermedad y la agonía, además de la fuerza para resistir a las tentaciones del diablo.

7

Las Sagradas Órdenes

Cristo es al mismo tiempo sacerdote y sacrificio, Dios y templo: sacerdote por medio del cual somos reconciliados, sacrificio que nos reconcilia, templo en el que somos reconciliados, Dios al que somos reconciliados.

S. FULGENCIO DE RUSPE, *Sobre la fe en Pedro*

En casi todas las religiones existe una persona que preside, oficia y, más especialmente, ofrece las alabanzas de parte del pueblo; una persona que se distingue por ser mediador entre Dios y el pueblo. Estas figuras cultuales prefiguran, si bien de un modo primitivo, el sacerdocio del sacerdote eterno Jesucristo. El Señor deseó que su sacerdocio, por medio del cual ofreció el sacrificio para la redención del género humano, continuase después que Él resucitara y subiera al Padre. Él compartía este sacerdocio con sus más estrechos seguidores, sus apóstoles, a los que dio la orden de transmitir esta dignidad sacerdotal en la Iglesia.

7.1. La Institución

7.1.1. La prefiguración y la preparación en el Antiguo Testamento

En el Antiguo Testamento, que describe la vida de la estirpe elegida por Dios, Israel fue llamado por Dios a ser «...un reino de sacerdotes y una nación santa» (*Ex* 19,6; cf. *Is* 61,6). El pueblo sacerdotal de Israel fue elegido y llamado por Dios entre las naciones, y entró en comunión con el Señor por medio de la Alianza. De entre el pueblo de Israel,

Dios eligió una de las doce tribus, la de Leví, para el servicio litúrgico; el Señor mismo fue su herencia (*Nm* 1,48-53). La Iglesia ve en el ministerio de los levitas una prefiguración del diaconado, que se refleja en la oración consacratoria de su ordenación:

> Dios Omnipotente.... A tu Iglesia, cuerpo de Cristo, enriquecida con dones celestes variados, articulada con miembros distintos y unificada en admirable estructura por la acción del Espíritu Santo, la haces crecer y dilatarse como templo nuevo y grandioso. Como un día elegiste a los levitas para servir en el primitivo tabernáculo, así ahora has establecido tres órdenes de ministros encargados de tu servicio.[1]

De entre el pueblo electo de Dios, algunos hombres escogidos fueron llamados para ejercer el sacerdocio de un modo especial, prefigurando así a Cristo, el Sumo Sacerdote Eterno. Melquisedec, por ejemplo, fue una figura sacerdotal que prefiguraba a Cristo, el Sumo Sacerdote: «Entonces Melquisedec, rey de Salem, presentó pan y vino, pues era sacerdote del Dios Altísimo» (*Gn* 14,18; cf. *Hb* 7,1-10). El oficio sacerdotal comprendía la oferta de los sacrificios y el gobierno del pueblo de Dios. Los sumos sacerdotes de la antigua alianza prefiguran a los obispos de la nueva Ley, como se expresa en la oración consagratoria de la ordenación episcopal: «Dios y Padre de nuestro Señor Jesucristo... Tú estableciste normas en tu Iglesia con tu palabra bienhechora. Desde el principio tú predestinaste un linaje justo de Abra-

---

[1] PONTIFICAL ROMANO, *Ordenaciones del obispo, de los presbíteros y de los diáconos*, Versión castellana aprobada por la LXII Asamblea Plenaria de la Conferencia Episcopal Española (18-23 de noviembre de 1991), p.206.

hán; nombraste príncipes y sacerdotes y no dejaste sin ministros tu santuario.»[2]

Moisés consagró a Aarón y a sus hijos como sacerdotes de la antigua Alianza, con un rito especial (cf. *Ex* 29,1-30; *Lv* 8,10); y elegió, además, setenta ancianos con los que compartió el espíritu de la sabiduría, que le ayudaron a gobernar el pueblo (*Nm* 11,24-25). La Iglesia entiende que estos asistentes prefiguran el orden presbiteral del sacerdocio, tal como se pone de manifiesto en la oración consagratoria del rito de la ordenación:

> Señor, Padre Santo... Ya en la primera Alianza aumentaron los oficios, instituidos con signos sagrados. Cuando pusiste a Moisés y Aarón al frente de tu pueblo, para gobernarlo y santificarlo, les elegiste colaboradores, subordinados en orden y dignidad, que les acompañaran y secundaran. Así, en el desierto, diste parte del espíritu de Moisés, comunicándolo a los setenta varones prudentes con los cuales gobernó más fácilmente a tu pueblo. Así también hiciste partícipes a los hijos de Aarón de la abundante plenitud otorgada a su padre, para que un número suficiente de sacerdotes ofreciera, según la ley, los sacrificios, sombra de los bienes futuros.[3]

El salmo mesiánico puede ser aplicado al aspecto regio del sacerdocio de Cristo:

> El cetro de tu poder
> Lo extenderá Yahveh desde Sión:
> «¡domina en medio de tus enemigos!».
> Para ti el principado
> el día de tu nacimiento,
> en esplendor sagrado desde el seno,

---

[2] *Ibid.*, p. 50
[3] *Ibid.*, p. 106-107.

desde la aurora de tu juventud;
Lo ha jurado Yahveh
Y no ha de retractarse:
«Tú eres por siempre sacerdote
según el orden de Melquisedec» (Sal 109, 2-4).

El salmo es un recuerdo profético de la divinidad de
Cristo, que se expresa en su coeternidad con el Padre: «...el
día de tu nacimiento... desde la aurora de tu juventud». Es
esta divinidad, unida a su naturaleza humana, la que hace
posible el sacerdocio de Cristo. Al mismo tiempo, el aspecto
regio del sacerdocio se basa en el elemento regio propio de
la naturaleza humana, que le fue dado en la creación: «A
imagen tuya creaste al hombre y le encomendaste el universo entero, para que, sirviéndote sólo a ti, su Creador, domi-
nara todo lo creado.»[4]

Algunos sacerdotes fueron profetas de la antigua Ley.
Parece que Isaías recibió su visión del Señor dentro del Templo (Is 6,1-9). También Ezequiel fue sacerdote (Ez 1,3). Jere-
mías era miembro de una familia sacerdotal (Jr 1,1) y en
cuanto tal esperaba una mayor interiorización de la Alianza
de Dios en su pueblo, que se cumplió en la nueva y eterna
Alianza que Dios estableció en Cristo (Jr 31,33). En el Antiguo Testamento las glorias del sacerdocio fueron prefigura-
das en las ofertas de Melquisedec y en el sacrificio de Abra-
ham, «nuestro padre en la fe». Estas glorias están descritas,
entre otras partes, en el Libro del Sirácida:

¡Qué glorioso era, rodeado de su pueblo,
cuando salía de la casa del velo!
Como el lucero del alba en medio de las nubes,
como la luna llena,
como el sol que brilla sobre el Templo del Altísimo,

---

[4] Oración Eucarística IV.

como el arco iris que ilumina las nubes de la gloria,
como flor del rosal en primavera,
como lirio junto a un manantial,
como brote del Líbano en verano,
como fuego e incienso en el incensario,
como vaso de oro macizo
adornado de toda clase de piedras preciosas,
como olivo floreciente de frutos,
como ciprés que se eleva hasta las nubes.
Cuando se ponía la vestidura de gala
y se vestía sus elegantes ornamentos,
al subir al santo altar,
llenaba de gloria el recinto del santuario (*Si* 50,5-11).

La permanencia del sacerdocio, que deriva de la eternidad de la unión entre Cristo y su Esposa mística, la Iglesia, está prefigurada ya en el Cantar de los Cantares del Antiguo Testamento: «Ponme cual sello sobre tu corazón» (*Ct* 8,6). Claro que, en términos más precisos, el Antiguo Testamento es como una sombra: «et antiquum documentum novo cedat ritui».[5] El sacerdocio de la antigua Ley, si bien fue «instituido para anunciar la Palabra de Dios y para restablecer la comunión con Dios mediante los sacrificios y la oración», permanece, con todo, «incapaz de realizar la salvación, por lo cual tenía necesidad de repetir sin cesar los sacrificios, y no podía alcanzar una santificación definitiva, que sólo podría ser lograda por el sacrificio de Cristo».[6]

---

[5] S. TOMÁS DE AQUINO, *Pange lingua, gloriosi*, 5. Vid., también, *Lauda Sion Salvatorem*, 8: «Cede al nuevo el rito antiguo, la realidad dispersa la sombra: luz, no más tinieblas».

[6] *CIC* 1540. Cf. *Hb* 5,3; 7,27; 10,1-4.

7.1.2. La institución de las Sagradas Órdenes por parte de Cristo

El sacerdocio de Cristo se basa en el misterio de la Encarnación. En su misma Persona, Cristo une a Dios y al hombre, esencia del oficio sacerdotal. Cristo es un Sumo Sacerdote trascendente y, al mismo tiempo, compasivo (v. *Hb* 4,15-16; 5,1-10; 7,20-28; 8; 9). El poder de salvar pertenece sólo a Dios y viene de Él; «pues no tenemos un Sumo Sacerdote que no pueda compadecerse de nuestras flaquezas, sino probado en todo igual que nosotros, excepto en el pecado» (*Hb* 4,15). Por lo tanto, en Cristo el poder de salvar viene de su esencia divina, así como la posibilidad de salvar al género humano en particular deriva de su naturaleza humana. En estas palabras del Papa S. León Magno esta verdad se expresa de modo claro: «si no hubiera sido verdadero Dios, no hubiera podido proveernos ninguna ayuda; si no hubiera sido un verdadero hombre, no hubiera podido darnos ningún ejemplo».[7] Cristo es el mediador de la nueva alianza (*Hb* 8,6), «porque hay un solo Dios, y también un solo mediador entre Dios y los hombres, Cristo Jesús, hombre también» (*1 Tm* 2,5). La acción sacerdotal central de Cristo se verificó por medio de su único sacrificio sobre el altar de la cruz, donde Él «...ha llevado a la perfección para siempre a los santificados» (*Hb* 10,14).

El entero ministerio de Cristo sobre esta tierra fue profético. Cristo es «el camino, la verdad y la vida» y nadie puede acceder al Padre sino por medio de él (*Jn* 14,6). Cristo es la Verdad que ha venido para revelar a la humanidad toda la verdad, la verdad sobre la relación entre Dios y el hombre. Cristo participa la verdadera vida de la Santísima Trinidad mediante el poder del Espíritu Santo, que continúa

---

[7] Papa S. LEÓN MAGNO, *Homilía 22 sobre la Natividad*, Cap. 2, en *PL* 54, 192.

la acción profética de Cristo en su Iglesia: «...el Espíritu Santo, que el Padre enviará en mi nombre, os lo enseñará todo y os recordará todo lo que yo os he dicho» (*Jn* 14,26).

La dimensión regia del sacerdocio de Cristo consiste en varios aspectos. Ante todo Él es Dios, el Señor de la creación que «...sostiene todo con su palabra poderosa» (*Hb* 1,3) y todas las cosas han sido creadas a través de Él (v. *Jn* 1,3). En segundo lugar, su naturaleza humana está regiamente ungida por el Espíritu Santo: «...Dios, tu Dios te ha ungido con óleo de alegría más que a tus compañeros» (*Sal* 44,8). Tercero, en su victoria sobre el pecado y sobre la muerte, Cristo es Rey. Con todo, en su batalla contra los poderes de la muerte, la cabeza regia de Cristo fue coronada de espinas:

Lucharon vida y muerte en singular batalla
Y, muerto el que es la Vida, triunfante se levanta.[8]

El objetivo de la acción sacerdotal de Cristo, Sacerdote, Profeta y Rey, consiste en la realización del proyecto del Padre en vista de la plenitud de los tiempos, a fin de «...hacer que todo tenga a Cristo por Cabeza, lo que está en los cielos y lo que está en la tierra» (*Ef* 1,10).

Por otro lado, entre la perpetuación del sacrificio redentivo y la del sacerdocio de Cristo existe una estrecha analogía. Los dos son únicos e irrepetibles. Claro que, como hemos visto, el sacrificio eucarístico de la Iglesia hace presente el sacrificio de Cristo en el Calvario. «Lo mismo acontece con el único sacerdocio de Cristo: se hace presente por el sacerdocio ministerial sin que con ello se quebrante la unicidad del sacerdocio de Cristo.»[9] Diversos pasajes del Nuevo Testamento indican la fundación por parte de Cristo

---

[8] Secuencia del Domingo de Pascua, *Victimae Paschali*.
[9] *CIC* 1545. Cf., también, *1 Tm* 2,5-6 y CONCILIO VATICANO II, *Lumen Gentium*, 62.2.

de un sacramento permanente del orden, permitiendo a los hombres elegidos compartir su sacerdocio en su Iglesia. Estos pasos forman parte de la fundación misma de la Iglesia y están, en consecuencia, íntimamente ligados a ella. Antes de la Pascua viene prometida la institución del oficio petrino y se realiza después de la resurrección de Cristo (*Mt* 16,13-19; *Jn* 21,15-17). El Papa, en calidad de sucesor de San Pedro, goza de un poder especial sobre los sacramentos y sobre sus ministros, según le fue conferido en el ministerio de «atar y desatar».

Durante su ministerio terrenal, Jesucristo eligió a los doce apóstoles, que estaban prefigurados en las doce tribus del pueblo de la antigua Alianza (*Mc* 3,13-19; *Lc* 6,12-16). Cristo les confió su propia misión, de modo que el oficio apostólico continuara, de modo permanente, en la Iglesia (*Mt* 10,1-16). Después de su resurrección, Cristo instruyó a los apóstoles para predicar la buena nueva de salvación a todo el mundo (*Mt* 28,16-20; *Mc* 16,14-18). El oficio apostólico forma parte de la verdadera naturaleza de la Iglesia, como viene indicado en el libro del Apocalipsis, donde en los nuevos cielos y en la nueva tierra, en la nueva Jerusalén, «La muralla de la ciudad se asienta sobre doce piedras, que llevan los nombre de los doce Apóstoles del Cordero» (*Ap* 21,14). El oficio apostólico, por lo tanto, no puede ser considerado como un mero rol o función, sino más bien una realidad eternamente inscrita en la verdadera naturaleza de la Iglesia. Todo hace pensar que los apóstoles recibieron su consagración como sumos sacerdotes de la nueva ley de parte del propio Cristo, durante la última cena. En su oración sacerdotal, Cristo ordenó a sus apóstoles con estas palabras: «Santifícalos en la verdad: tu Palabra es verdad. Como tú me has enviado al mundo, yo también los he enviado al mundo. Y por ellos me santifico a mí mismo, para que ellos también sean santificados en la verdad. No ruego sólo por éstos, sino también por aquellos que, por medio de su palabra, creerán en mí» (*Jn* 17,17-20). Esta oración implica una sucesión apostólica, en la que el poder del sacerdocio habría sido transmitido de modo que los pueblos de todos los tiempos escuchasen la palabra de Dios y celebrasen los sacramentos de Cristo. Cuando Cristo instituyó la santa Eucaristía, Él ofreció un verdadero sacrificio e instruyó a sus apóstoles en los siguientes términos: «Haced esto en recuerdo mío» (*Lc* 22,19). Para hacer que el sacrificio eucarístico viniera renovado continuamente, Cristo les dio a sus apóstoles -al conferirles la plenitud de su sacerdocio- el poder de realizar justamente ese sacrificio. Después de su resurrección, Cristo impartió a sus apóstoles consagrados el poder de perdonar los pecados, un poder que derivaba de su misterio pascual apenas realizado (cf. *Jn* 20,22-23).

Junto a los apóstoles, Cristo eligió setenta y dos colaboradores, que habrían trabajado con sus apóstoles en un nivel inferior (*Lc* 10,1-20). La Iglesia ve en estos colaboradores los orígenes del orden presbiteral, que representa a los ministros que ayudan a los obispos. A pesar del hecho que Cristo no menciona explícitamente a los diáconos, ellos forman parte implícita de su economía en el sacramento del orden, y Él ha querido su institución. El entero ejercicio del ministerio sacerdotal de Cristo fue diaconal, porque él «...no ha venido a ser servido, sino a servir y dar su vida como rescate por muchos» (*Mt* 20,28). Este pasaje ilustra tanto el aspecto diaconal del servicio de Cristo como el aspecto sacerdotal del ofrecimiento de su vida como rescate. Veremos que en el desarrollo del sacramento del orden están presente tanto el aspecto sacerdotal como el diaconal, ya sea en el ser como en el actuar.

El sacramento del orden es de institución divina, lo que significa que Cristo deseó instituir este sacramento y lo hizo efectivamente. La institución divina debiera distinguirse de la institución eclesiástica, aunque sin contraponerse a ella. La institución eclesiástica se refiere a las estructuras y los oficios que la Iglesia ha establecido en el curso del tiempo y que, en cuanto tales, no están contenidas en el depósito de la Revelación. Por lo tanto, pensamos que el papado, el episcopado, el presbiterado y el diaconado son de institución divina, mientras los cardenales, los monseñores, los canónigos y las órdenes menores son de institución eclesiástica. Si un oficio es de institución eclesiástica, esto significa que puede ser cambiado pero no que no sea necesario o que se trate de una invención meramente humana. En efecto, a menudo, determinadas estructuras de institución eclesiástica están íntimamente vinculadas con otras configuraciones que son de institución divina. Por ejemplo, el cardenalato es una estructura estrechamente vinculada a la elección del Papa, cuyo oficio ha sido divinamente querido e instituido. Un ulterior ejemplo es que, en general, la vida religiosa es de institución divina (*Mt* 19,20-22; cf. 13,44-46) pero una orden religiosa viene, bajo la divina inspiración, erigida por la Iglesia. En consecuencia, la vida religiosa no se extinguirá nunca en la Iglesia, pese a que la continuación de cada concreta orden religiosa no está garantizada para siempre.

7.2. El desarrollo histórico y teológico

7.2.1. Las Sagradas Órdenes en la Iglesia primitiva

El título de apóstol se fue extendiendo gradualmente más allá de aquellos que constituyeron el grupo de los doce. Matías fue elegido para ocupar el puesto dejado por Judas Iscariote, y se lo asoció a los once apóstoles (*Hch* 1,15-26).

Santiago, mencionado en la carta a los Gálatas, no viene más considerado como Santiago hijo de Alfeo sino, antes bien, como uno que había conocido a Jesús, que tuvo cierta preeminencia en la Iglesia primitiva y que parece gozar del poder apostólico (*Ga* 1,19; 2,9). El título de apóstol fue asignado, también, a Pablo y a Bernabé (*Hch* 14,4;14). La extensión del uso de este título se ve en la descripción que San Pablo nos da de las apariciones del Cristo resucitado: «...se apareció a Cefas y luego a los Doce; después se apareció a más de quinientos hermanos a la vez, de los cuales todavía la mayor parte viven y otros murieron. Luego se apareció a Santiago; más tarde, a todos los apóstoles. Y en último término se me apareció también a mí...» (*1 Co* 15,5-8). El oficio apostólico implicaba una investidura que consistía en la imposición de las manos y en una oración, como se puede ver en el caso de Pablo y Barnabé (*Hch* 13,3). Aquellos que fueron apóstoles, pero que no eran uno de los doce, compartían con estos últimos un poder episcopal y, también, el privilegio de haber visto el Cristo resucitado; fueron, en consecuencia, partícipes de la condición fundacional de la experiencia de la primera Iglesia. En todo caso, el formar parte de los doce implicaba algo más: la presencia durante todo el período en el que el Señor Jesús ejerció su ministerio, además de la participación en el Misterio Pascual (*Hch* 1,22). S. Pablo, en particular, fue consciente del rol sacerdotal que había recibido y que debía transmitir: «...ser para los gentiles ministro de Cristo Jesús, ejerciendo el sagrado oficio del Evangelio de Dios, para que la oblación de los gentiles sea agradable, santificada por el Espíritu Santo» (*Rm* 15,16).

Es evidente que los apóstoles compartieron con los otros el sacramento del orden, que poseían en su plenitud. Lo que es menos claro es el modo concreto en que transmitieron su poder del orden en la Iglesia primitiva. No todos los estudiosos están de acuerdo respecto del hecho que aquellos que eran designados con el título de *episcopos*, durante la era apostólica, estaban en realidad dotados de la plenitud del sacerdocio.[10] Sin embargo, se cree comúnmente que al menos Timoteo y Tito, que S. Pablo destinó a las iglesias de Éfeso y a Creta, gozaron de las órdenes episcopales. A Tito le fue dado el poder de organizar la iglesia de Creta y de nombrar a los ancianos (*presbyteroi*) en las diversas ciudades (*Tt* 1,5). A Timoteo, a su vez, le fue recordado el don que había recibido con la ordenación episcopal: «No descuides el carisma que hay en ti, que se te comunicó por intervención profética mediante la imposición de las manos del colegio de presbíteros» (*1 Tm* 4,14). Este texto puede ser tomado como indicación de la imposición de las manos como rito central de la ordenación, de su calidad colegial y, también, del carácter sacramental impartido a causa de esto.

Por cuanto atañe a la caracterización de un segundo nivel, propio del sacramento de las órdenes, existe un problema relativo a las expresiones griegas del Nuevo Testamento -concretamente, «anciano» (*presbyteros*) y «responsable» o «anciano que preside» (*episcopos*)- que en los primeros tiempos no correspondían a los términos más recientes de sacerdote y obispo.[11] En algunos pasajes, los «responsables» parecen identificarse realmente con los «ancianos» (*Tt* 1,5-7; *Hch* 20,17,28). Lo que resulta claro, en todo caso, es que — sea en las comunidades judeocristianas como entre los gentiles— las comunidades cristianas primitivas estaban gobernadas por un cuerpo de ancianos. Es probable que estos an-

---

[10] Cf. A. PIOLANTI, *I Sacramenti*, Libreria Editrice Vaticana, Città del Vaticano 1990, pp.480-481.

[11] Cf. M. SCHMAUS, *I Sacramenti*, Marietti, Casale 1966, p. 665.

cianos estuviesen dotados de la plenitud del sacerdocio, de modo que eran capaces de otorgar el poder de las órdenes a los otros ancianos. Por otro lado, en este período primitivo seguramente hizo falta un gran número de hombres pertenecientes al orden episcopal a fin de asegurar la rápida expansión de la Iglesia. Así, el difundirse de la Iglesia habría exigido un número conveniente de ordenaciones para celebrar la Eucaristía. Esta rapidez en la expansión, a la que corresponderían numerosas ordenaciones, viene confirmada por la prudente exhortación de S. Pablo a Timoteo: «No te precipites en imponer a nadie las manos...» *(1 Tm 5,22)*. Los responsables y los ancianos eran ordenados por los apóstoles *(Hch 14,23)*, o por sus representantes *(Tt 1,5)*, por medio de la imposición de las manos *(1 Tm 5, 22)* y sus poderes eran de institución divina *(Hch 20,28)*. Gradualmente, el cuerpo de los ancianos se desarrolló en las comunidades gobernadas por un obispo y un colegio de sacerdotes; el sistema, que implicaba el episcopado monárquico, se habría desarrollado alrededor del 100 d.C. Por otro lado, podrían haber existido algunos desarrollos intermedios, que aún hoy no conocemos y que son todavía objeto de estudio. En otras palabras, dentro de un período relativamente breve, aquellos que tenían poder episcopal de modo regular ordenaban hombres para funciones de segundo grado, quienes gozaban de las órdenes sacramentales correspondientes al actual sacerdocio.

Una ulterior cuestión concierne al diaconado. La ordenación de los siete, descrita en los Hechos de los Apóstoles *(Hch 6,1-6)* -el primer relato de una ordenación- es aceptado por muchos teólogos, ya desde S. Ireneo, como referencia a la ordenación de los diáconos.[12] Existe, sin embargo, otra escuela de pensamiento, que se remonta a S. Juan Crisóstomo, que no adhiere a esta rápida identificación.[13] Más recientemente, algunos estudiosos consideran que los siete fueron ordenados presbíteros.[14] En todo caso, la presencia de un oficio diaconal en otro lugar del Nuevo Testamento (*1 Tm* 3,8-13) indica que existía un grado más bajo de órdenes, que estaban asociadas con el servicio («los que ejercen bien el diaconado...») y la predicación («guarden el Misterio de la fe con una conciencia pura»). Es posible, también, que el *diáconos* mencionado en el Nuevo Testamento no sea aún el diácono conocido posteriormente en la Iglesia, sino una figura dotada de un poder mayor que el de las órdenes; en todo caso, le era confiado un específico rol de servicio.

En conclusión, se puede decir que los apóstoles tuvieron el sumo poder de las órdenes, que compartían de diversos modos con aquellos que fueron ordenados sucesivamente. También se admite que en la generación siguiente a la de los apóstoles una jerarquía de obispos, sacerdotes y diáconos se estableció en todas partes, en el seno de la Iglesia de Cristo que se expandía rápidamente.

7.2.2. *La época patrística*

A inicios del segundo siglo, alrededor del año 100 después de Cristo, S. Ignacio de Antioquía escribió sobre el triple sacramento del orden: «Recíprocamente, reverencien todos a los diáconos como a Jesucristo así como al obispo

---

[12] Cf. S. IRENEO, *Contra las herejías*, Lib. 3, cap. 12, 10. Lib. 4, cap. 15, 1 en *PG* 7, 904-905, 1013.

[13] Cf. S. JUAN CRISÓSTOMO, *Homilía 14 en Acta Apostolorum* 3, en *PG* 60, 116.

[14] Cf. J. GALOT, *Teologia del sacerdozio*, Libreria Editrice Fiorentina, Firenze 1981, pp.168-174.

que es figura del Padre y a los presbíteros como al senado de Dios y como a la asamblea de los Apóstoles. Sin aquéllos no existe la Iglesia.»[15] S. Ignacio nos ofrece, en su Carta a los Efesios, su testimonio sobre el episcopado monárquico en Antioquía: «Por tanto, os conviene correr a una con la voluntad del obispo, lo que ciertamente hacéis. Vuestro presbiterio, digno de fama, digno de Dios, está en armonía con el obispo como las cuerdas con la cítara. Por ello, Jesucristo entona un canto en vuestra concordia y en vuestra armoniosa caridad.»[16] En torno a la mitad del segundo siglo, S. Ireneo redactó una lista de los obispos de Roma, documentando la sucesión monárquica de los obispos de Esmirna y de todas las demás iglesias locales del mundo de aquel tiempo.[17]

San Gregorio de Nisa bosquejó una analogía entre los otros sacramentos, en particular la santa Eucaristía y el sacerdocio:

> El pan es al principio pan común, pero cuando es consagrado por el misterio, se llama y se convierte en el Cuerpo de Cristo.... La propia virtud de la palabra hace, también, venerable y respetable al sacerdote, inmediatamente separado, por la consagración, de la gran masa. De pronto se vuelve dirigente, jefe, maestro de piedad, iniciador en los misterios ocultos. Y es-

---

[15] S. IGNACIO DE ANTIOQUIA, Carta a los Tralianos, 3, en *Sources Chrétiennes* 10, Cerf, Paris 1945, pp.84-85. [Traducción castellana en Padres Apostólicos, Ciudad Nueva, Biblioteca de Patrística, Madrid 2000.]

[16] S. IGNACIO DE ANTIOQUIA, Carta a los Efesios, 4, en *Sources Chrétiennes* 10, pp. 50-51. [Traducción castellana en Padres Apostólicos, Ciudad Nueva, Biblioteca de Patrística, Madrid 2000.]

[17] Cf. S. IRENEO, *Contra las herejías*, Lib. 3, cap. 3, 1-4, en *PG 7*, 848-855.

to sin cambiar cuerpo ni figura. En lo aparente permanece siendo el mismo que era antes, pero su alma invisible ha sido transformada en mejor por una invisible fuerza y gracia.[18]

En el Evangelio de Juan y en la Carta a los Hebreos, se muestra claramente la unidad esencial entre el sacerdocio de Cristo y el sacrificio de la Misa, idéntico al sacrificio del Calvario. Los Padres de la Iglesia elaboraron ulteriormente esta doctrina. Por ejemplo, S. Juan Crisóstomo, en una de las primeras y más grandes monografías sobre el sacerdocio, declaró:

> Porque ninguno puede entrar en el Reino de los Cielos si no ha sido regenerado por las aguas del Espíritu Santo, y porque quienquiera que no come de la carne del Señor carece de la vida eterna; además, puesto que estas cosas pueden ser desarrolladas sólo por medio de las manos de los sacerdotes, ¿quién sin su ayuda puede huir de las llamas del infierno u obtener la corona reservada al electo?[19]

Los testimonios de la existencia del diaconado son antiguos. S. Hipólito describe la ceremonia de la ordenación de los diáconos, que comprende la imposición de las manos y una oración.[20] S. Ignacio de Antioquía consideró a los diáconos como ministros «de los misterios de Jesucristo»; es decir, no

---

[18] S. Gregorio de Nisa, *In Baptismum Christi*, en *PG* 46, 581.

[19] S. Juan Crisóstomo, *Sobre el sacerdocio* 3, 5, en *PG* 48, 643.

[20] Cf. S. Hipólito, *Tradición Apostólica*, 8, en *Sources Chrétiennes*, 11 bis, Cerf, París 1968², pp. 58-63.

«diáconos de comidas y bebidas, sino servidores de la Iglesia de Dios».[21] Desde el siglo tercero, junto al diaconado, al presbiterado y al episcopado divinamente instituidos, nacieron en occidente, con la institución de la Iglesia, otras cinco órdenes de segundo grado: la figura del subdiácono, el acólito, el exorcista, el lector, el portero. Una carta del Papa Cornelio al obispo Fabio, fechada alrededor del 250 d.c., enumera siete grados propios de la Iglesia de Roma: sacerdote, diácono, subdiácono, acólito, exorcista, lector y portero.[22] El subdiaconado y las cuatro órdenes menores se desarrollaron a causa de la necesidad que había de ministros litúrgicos auxiliares para el culto divino. Los cuatro niveles que preceden el subdiaconado fueron conocidos como órdenes menores, y el sacerdocio, el diaconado y el subdiaconado como órdenes mayores. Esta estructura permaneció vigente en occidente hasta las reformas que tuvieron lugar con el Concilio Vaticano II. En el cristianismo oriental, por otro lado, la jerarquía estaba estructurada en los siguientes términos: obispo, sacerdote, diácono, subdiácono y lector.

La cuestión de la relación entre el presbiterado y el episcopado se volvió objeto de discusión en occidente bajo el influjo del Ambrosiaster y S. Jerónimo. Este último sostuvo que la diferencia entre los obispos y los sacerdotes era un mero factor de jurisdicción y no una cuestión de gracia sacramental o de poder. El beato Rábano Mauro dividió el episcopado en una triple jerarquía, enumerando la dignidad

---

[21] S. IGNACIO DE ANTIOQUIA, *Carta a los tralianos*, 2, en *PG* 5, 675-676. [Traducción castellana en Padres Apostólicos, Ciudad Nueva, Biblioteca de Patrística, Madrid 2000.]

[22] Cf. EUSEBIO, *Historia de la Iglesia*, Lib. 6, cap. 43, en *PG* 20, 622.

El Misterio Sacramental

del patriarca, del arzobispo y del obispo.[23] La discusión sobre la naturaleza del oficio episcopal se desarrolló ulteriormente en el medioevo.

7.2.3. El desarrollo posterior

Entre los teólogos escolásticos occidentales, la estructura septenaria del sacramento del orden fue enseñada en la edad media. Muchos teólogos de aquella época pensaban que las siete órdenes tenían valor sacramental e imprimían un carácter. La orden más alta era el sacerdocio, que era vista por Hugo de San Victor y Pedro Lombardo como dividida en dos dignidades, la presbiteral y la episcopal. En todo caso, el episcopado no estaba concebido como una orden, pues no confiere ningún poder ulterior en relación a la Eucaristía. S. Alberto Magno pensaba que el oficio episcopal implicaba simplemente un superior poder de jurisdicción.

S. Tomás de Aquino y S. Buenaventura asumieron una posición más matizada. Buenaventura, por ejemplo, pensaba que, puesto que el episcopado no era una orden separada del presbiterado, existía una dignidad que no terminaba cuando la jurisdicción venía modificada. S. Tomás, por su parte, señaló que el episcopado, en cierto sentido, era una orden, pues el obispo tiene un poder mayor sobre el Cuerpo Místico de Cristo que el del sacerdote. En todo caso, respecto al Cuerpo Eucarístico de Cristo, el obispo no tiene más poder del que tiene el sacerdote.[24] Por otro lado, hubo otras posiciones en el medioevo. Guillermo de Auxerre seguía el Decreto de Graciano y proponía nueve grados en el sacra-

---

[23] Cf. Beato RÁBANO MAURO, *De clericorum institutione*, Lib. 1, 5, en *PL* 107, 300-301.
[24] Cf. S. TOMÁS DE AQUINO, *Sobre la perfección de la vida espiritual*, 28.

232

mento del orden: portero, lector, exorcista, acólito, subdiácono, diácono, sacerdote, obispo y arzobispo.[25] Pedro Olivi era de la opinión que sólo el presbiterado y el episcopado confería un carácter sacramental. El beato Juan Duns Scoto enseñaba claramente que el episcopado era una orden que se distinguía de las demás: el obispo tenía el poder de conferir a todos las órdenes y, por lo tanto, poseía valor supremo.[26]

La Reforma ofrecía la ocasión para reafirmar la existencia y la naturaleza del sacerdocio de Cristo, tal como es comunicado por medio de sus ministerios en la Iglesia. Los reformados insistían en una interpretación unilateral y exclusiva de la unicidad de Cristo como Mediador. Por lo tanto, rechazaron la existencia de un sacerdocio ministerial en el ámbito de la Iglesia, a fin de aceptar sólo el sacerdocio universal de todos los fieles. La negación de la existencia del sacramento del orden iba a la par con el rechazo, por parte de los reformados, de la naturaleza sacrificial de la Misa. En respuesta a estos errores, el Concilio de Trento afirmó: «El sacrificio y el sacerdocio están tan unidos por ordenación de Dios que en toda ley han existido ambos. Habiendo, pues, en el Nuevo Testamento, recibido la Iglesia católica por institución del Señor el santo sacrificio visible de la Eucaristía, hay también que confesar que hay en ella nuevo sacerdocio, visible y externo.»[27] El Concilio también enseñó que los obispos eran superiores a los sacerdotes, aunque no afrontó el problema de si la naturaleza de tal superioridad era jurídica o sacramental. A pesar de esta indeterminación, el Con-

---

[25] Cf. GUILLERMO DE AUXERRE, *Summa aurea*, Lib. IV, tr. 8, q.1.

[26] Cf. Beato JUAN DUNS SCOTO, *Reportata Parisiensia*, IV, 9.

[27] CONCILIO DE TRENTO, vigésima tercera sesión, *Doctrina y cánones sobre el sacramento del orden*, en DS 1764.

cilio dio un paso adelante en la dirección de la superioridad sacramental del episcopado, cuando declaró que «los obispos que han sucedido en el lugar de los apóstoles... son superiores a los presbíteros y confieren el sacramento de la confirmación, ordenan a los ministros de la Iglesia y pueden hacer muchas otras más cosas, en cuyo desempeño ninguna potestad tienen los otros de orden inferior».[28] A continuación, la mayoría de los teólogos posttridentinos afirmaron la sacramentalidad del episcopado. De modo parecido, el Concilio no decidió sobre la cuestión de si la superioridad del obispo respecto del sacerdote, en relación al poder de jurisdicción y al de consagración, era de institución divina o simplemente eclesiástica.

La tendencia modernista hacia un subjetivismo y un concepto evolutivo de la verdad, junto a una aproximación liberal en relación al método crítico bíblico, condujo a una tentativa de debilitamiento de la doctrina de la institución divina del sacramento del orden. Siendo el desarrollo histórico uno de los principios fundamentales del modernismo, este sistema propuso que el orden de los obispos y los sacerdotes se desarrollara de acuerdo a factores puramente humanos y sociales. Por lo tanto, los modernistas afirmaban que aquellos que presiden la Eucaristía adquieren gradualmente el poder en base a la acción litúrgica. Ellos negaban, también, que los obispos perpetuasen el oficio y la misión de los apóstoles. Estos errores estaban entre los condenados por el Papa S. Pío X en 1907.[29]

Pío XII reforzó, en su enseñanza sobre la materia del sacramento del orden, el desarrollo teológico hacia una de-

---

[28] CONCILIO DE TRENTO, vigésima tercera sesión, *Doctrina y cánones sobre el sacramento del orden*, en DS 1768, 1777.

[29] Cf. SANTO OFICIO, *Decreto Lamentabili*, en DS 3449-3450.

finición según la cual sólo el episcopado, el presbiterado y el diaconado son de institución divina, mientras que las órdenes inferiores son de institución eclesiástica. Él consideró, bajo el título de sacramento del orden, sólo el diaconado, el presbiterado y el episcopado.[30] El Concilio Vaticano II desarrolló aún más esta perspectiva, al especificar que el episcopado es un peldaño sacramental más alto respecto del presbiterado:

> Este Santo Sínodo enseña que con la consagración episcopal se confiere la plenitud del sacramento del Orden, que por esto se llama en la liturgia de la Iglesia y en el testimonio de los Santos Padres 'supremo sacerdocio' o 'cumbre del ministerio sagrado'. Ahora bien, la consagración episcopal, junto con el oficio de santificar, confiere también el oficio de enseñar y regir, los cuales, sin embargo, por su naturaleza, no pueden ejercitarse sino en comunión jerárquica con la Cabeza y miembros del Colegio. En efecto, según la tradición, que aparece sobre todo en los ritos litúrgicos y en la práctica de la Iglesia, tanto de Oriente como de Occidente es cosa clara que con la imposición de las manos se confiere la gracia del Espíritu Santo y se imprime el sagrado carácter.[31]

El Catecismo de la Iglesia Católica cristaliza ulteriormente la enseñanza doctrinal sobre la naturaleza del sacramento del orden, en particular sobre la relación que existe entre el orden sacerdotal, en los niveles episcopales y presbiterales, y el orden diaconal:

> La doctrina católica, expresada en la liturgia, el magisterio y la práctica constante de la Iglesia, recono-

---

[30] Cf. Papa Pío XII, Constitución Apostólica *Sacramentum Ordinis* 4, en DS 3859.

[31] CONCILIO VATICANO II, *Lumen Gentium*, 21.2.

cen que existen dos grados de participación ministerial al sacerdocio de Cristo: el episcopado y el presbiterado. El diaconado está destinado a ayudarles y a servirles. Por eso, el término *sacerdos* designa, en el uso actual, a los obispos y a los presbíteros, pero no a los diáconos. Sin embargo, la doctrina católica enseña que los grados de participación sacerdotal (episcopado y presbiterado) y el grado de servicio (diaconado) son los tres conferidos por un acto sacramental llamado «ordenación», es decir del sacramento del Orden.[32]

Por otro lado, cuando el Concilio de Trento se refería a la institución divina de una jerarquía de obispos, sacerdotes y ministros, no especificó si el diaconado formaba parte del sacramento del orden.[33] A su vez, el Concilio Vaticano II, favoreciendo la idea que el diaconado forma parte del sacramento del orden, no declaró explícitamente, sin embargo, que en la ordenación diaconal venía impartido un carácter sacramental: «En el grado inferior de la jerarquía están los diáconos, que reciben la imposición de manos no en orden al sacerdocio, sino en orden al ministerio. Así confortados con la gracia sacramental en comunión con el Obispo y su presbiterio, sirven al Pueblo de Dios en el ministerio de la liturgia, de la palabra y de la caridad.»[34] El catecismo ha ido más allá, afirmando claramente que el diaconado forma parte, de modo pleno, del sacramento del orden: «Los diáconos participan de una manera especial en la misión y la gracia de Cristo. El sacramento del Orden los marcó con un *sello* («carácter») que nadie puede hacer desaparecer y que los

---

[32] *CIC* 1554.

[33] Cf. CONCILIO DE TRENTO, vigésima tercera sesión, *Doctrina sobre el sacramento del orden*, en DS 1776.

[34] CONCILIO VATICANO II, *Lumen Gentium*, 29.1.

configura con Cristo que se hizo «diácono», es decir, el servidor de todos.»[35] En occidente el ingreso en el estado clerical, la incardinación en una diócesis o en un instituto religioso y la promesa del celibato están asociados al diaconado. El diaconado permanente ha sido restaurado por el Concilio Vaticano II, que permite a los hombres casados ser ordenados diáconos.

El Concilio Vaticano II ha reiterado la doctrina acerca de la relación entre el sacerdocio ministerial y jerárquico y el del fiel: «El sacerdocio común de los fieles y el sacerdocio ministerial o jerárquico se ordena el uno para el otro, aunque cada cual participa de forma peculiar del sacerdocio de Cristo. Su diferencia es esencial no sólo gradual. Porque el sacerdocio ministerial, en virtud de la sagrada potestad que posee, modela y dirige al pueblo sacerdotal, efectúa el sacrificio eucarístico ofreciéndolo a Dios en nombre de todo el pueblo.»[36] La Iglesia también ha reafirmado que el ministerio sacerdotal se origina en la sucesión apostólica. Además, a fin de oponerse a determinados errores actuales, ha sido necesario reiterar la doctrina según la cual sólo un sacerdote puede consagrar la santa Eucaristía, y que el sacerdocio viene conferido por la sagrada ordenación. Una reafirmación de esta doctrina ha sido necesaria a causa de la noción errada según la cual el sacerdocio se desarrolla o nace, de algún modo, de la comunidad cristiana.[37]

---

[35] *CIC* 1570.

[36] CONCILIO VATICANO II, *Lumen Gentium*, 10.2.

[37] Cf. CONGREGACIÓN PARA LA DOCTRINA DE LA FE, Declaración *Mysterium Ecclesiae*, 1973, 6. Cf., IDEM, Carta *Sacerdotium ministerial a los obispos de la Iglesia Católica acerca de algunas cuestiones relativas al ministro de la Eucaristía*, 1983, 2 y 3, en *EV* 9 (1983-1985), nn.383-391.

La Iglesia piensa que mientras el episcopado, el presbiterado y el diaconado forman parte del sacramento del orden, aquellos elementos conocidos como órdenes menores son sacramentales. Estas órdenes inferiores han sido revistas en 1972 por el Papa Pablo VI. En otra época, la tonsura recibida antes de las órdenes menores señalaba el inicio del estado clerical; ahora, en occidente, el diaconado es el ingreso en el estado clerical. En el cristianismo oriental, el subdiaconado es el punto de ingreso en el estado clerical. En la actual disciplina occidental, el primer peldaño hacia la ordenación es la admisión como candidato, luego siguen los ministerios de lector y acólito, que son conferidos en una ceremonia de institución, no por la ordenación. Los ministerios de lector y de acólito pueden ser conferidos a los laicos: ellos son permanentes y, con el permiso del pastor local, pueden ser ejercidos dondequiera en el mundo. Esto los distingue del lector comisionado o ministro extraordinario de comunión, que ejercitan su oficio por un período de tiempo y necesitan la renovación. Otros ministerios laicos, como el del catequista, pueden ser introducidos y la conferencia episcopal debe solicitar a la Santa Sede el permiso para introducir estas funciones.

La relación entre los grados del sacramento del orden puede ser resumida como sigue. La parte sacerdotal del orden, que consiste en el presbiterado y en el episcopado, es esencialmente una participación en el sacerdocio de Cristo como mediador entre Dios y el hombre. Esta mediación procede de Dios hacia el hombre, y retorna, también, del hombre a Dios, como se ilustra de modo especial en la santa Eucaristía. El nivel diaconal del orden implica una naturaleza distinta y diferente respecto de la mediación y, sobre todo, implica el servicio como aspecto específico. En todo caso, puesto que el presbiterado y el episcopado «contienen» el diaconado, también ellos son ministerios de servicio como, también, de mediación. Esta verdad se expresa litúrgicamente en el hecho que el obispo tiene por costumbre vestir una dalmática ligera bajo la casulla. De este modo, Cristo sacerdote y siervo participa, en grados diferentes con órdenes diversas, su poder sacerdotal y diaconal. En otra formulación, el diácono media la palabra de Dios, el sacerdote la palabra y la Eucaristía; el obispo media la palabra, la Eucaristía y la Iglesia.

7.3. El signo sacramental

7.3.1. La materia

Ya en el Antiguo Testamento la imposición de las manos era un gesto significativo cuando se trataba de conferir la bendición y el poder en la Ley antigua. Dios ordenó a Moisés distinguir con un signo especial a Josué del siguiente modo: «Toma a Josué, hijo de Nun, hombre en quien está el espíritu, imponle tu mano y colócalo delante del sacerdote Eleazar y delante de toda la comunidad para darle órdenes en presencia de ellos» (*Nm* 27,18-19). En el Nuevo Testamento una participación en el poder apostólico venía otorgada mediante la imposición de las manos, que era impartida por el apóstol mismo o por parte del colegio de los presbíteros (*2 Tm* 1,6; *1 Tm* 4,14). Prescindiendo de la discusión relativa al significado del orden de diácono en la época del Nuevo Testamento, ella fue conferida mediante la imposición de las manos: «los presentaron a los apóstoles y, habiendo hecho oración, les impusieron las manos» (*Hch* 6,6). En la antigüedad cristiana, la *Tradición Apostólica* de S. Hipólito, fechada a inicios del siglo tercero, indicaba que la imposición de las manos era el signo externo para la ordenación de los sacerdotes, acompañada de una oración consagratoria. S. Agustín

El Misterio Sacramental

escribió que la praxis de la imposición de las manos para la ordenación era una costumbre transmitida por los apóstoles.[38] En el oriente cristiano S. Juan Crisóstomo atestigua el mismo signo externo como causa de un efecto divino: «Esto es, en efecto, la ordenación: la mano de un hombre viene impuesta, aunque es Dios quien ejecuta cada cosa y es su mano la que toca la cabeza del ordenando.»[39]

Aproximadamente hasta el siglo diez todas las liturgias, del oriente y el occidente, usaron la imposición de las manos como el principal (y a menudo el único) signo externo de la ordenación. Gradualmente, en el rito romano, se desarrolló la tendencia a precisar más claramente el poder específico del sacerdocio. Usando la práctica de la sociedad contemporánea, donde cada grado era investido con los instrumentos de su actividad -el soldado con su espada o el rey o la reina con su cetro-, la Iglesia adoptó la consigna del cáliz y de la patena como un modo significativo de expresar el poder sacerdotal de consagrar el Cuerpo y la Sangre del Señor. Esta ceremonia de entrega de los instrumentos fue vista por el Concilio de Florencia como la materia de la ordenación: «El sexto sacramento es el del orden, cuya materia es aquello por cuya entrega se confiere el orden: así el presbiterado se da por la entrega del cáliz con vino y de la patena con pan; el diaconado por la entrega del libro de los Evangelios.»[40] Esta declaración no se considerada irrevocable, ni excluye la tradición constante -oriental y occidental- para la cual la imposición de las manos tiene lugar en cada ordena-

---

[38] Cf. S. AGUSTÍN, *De Trinitate*, Lib. 15, cap. 26, en *PL* 42, 1093.

[39] S. JUAN CRISÓSTOMO, *Homilía 14 in Acta Apostolorum*, 3, en *PG* 60, 116.

[40] CONCILIO DE FLORENCIA, *Decreto para los Armenios*, en DS 1326.

ción. Una renovada conciencia relativa a la práctica antigua
y tradicional de la Iglesia la expresó el Papa Pío XII en 1947,
que deseó sistematizar la cuestión de la materia de la ordenación de modo definitivo:

> Con nuestra suprema potestad apostólica y a ciencia
> cierta, declaramos y, en cuanto preciso sea, decreta-
> mos y disponemos: Que la materia única de las sa-
> gradas órdenes del diaconado, del presbiterado y del
> episcopado es la imposición de las manos, y la forma,
> igualmente única, son las palabras que determinan la
> aplicación de esta materia, por las que unívocamente
> se significan los efectos sacramentales -es decir, la po-
> testad de orden y la gracia del Espíritu Santo-, y que
> por la Iglesia son recibidas y usadas como tales.[41]

El Papa Pío XII no se pronunció sobre el *status* pasado
y actual de la consigna de los instrumentos, sino que se pronunció sencillamente sobre el futuro.

7.3.2. *La forma*

La forma del sacramento del orden es la oración consagratoria, que sigue a la imposición de las manos y da el
significado a esta materia. En la oración de consagración, la
parte central es esencial para la validez del sacramento.[42] En
el caso del episcopado, este núcleo esencial es:

> Infunde ahora sobre este tu elegido la fuerza que de ti
> procede: el espíritu de gobierno que diste a tu amado
> Hijo Jesucristo, y él, a su vez, comunicó a los santos

---

[41] Papa PÍO XII, Constitución Apostólica *Sacramentum Ordinis*, 1947, 4, en DS 3859.

[42] Los textos citados a continuación han sido tomados de
CONGREGACIÓN PARA EL CULTO DIVINO Y LA DISCIPLINA DE LOS
SACRAMENTOS, *Rito de ordenación del obispo, de los presbíteros, de los
diáconos*, 29 junio 1989.

Apóstoles, quienes establecieron la iglesia como santuario tuyo en cada lugar, para gloria y alabanza incesante de tu nombre.

En la ordenación del sacerdote, la parte esencial de la forma es la que sigue:

Te pedimos, Padre Todopoderoso, que confieras a este siervo tuyo la dignidad del presbiterado, renueva en su corazón el Espíritu de santidad, reciba de ti el segundo grado del Ministerio Sacerdotal y sea, con su conducta, ejemplo de vida.

La fórmula para la ordenación diaconal contiene las siguientes palabras, que son esenciales para su validez:

Envía sobre él, Señor, el Espíritu Santo, para que fortalecido con tu gracia de los siete dones, desempeñes con fidelidad su ministerio.

En todo caso, el rol del Espíritu Santo en el cambio del ordenando se evidencia claramente.

En una forma del rito griego, en el caso del episcopado, el Obispo principal dice, con su diestra impuesta sobre la cabeza del electo:

Soberano Señor y Dios nuestro, que instituiste, por medio de tu célebre Apóstol Pablo, una serie de grados y órdenes, para el servicio de tus santos y purísimos Misterios y para realizarlos en tu santo Altar: Me refiero en primer lugar a los Apóstoles, luego a los Profetas y después a los Maestros. Tú, Señor del Universo, da tu apoyo a este hombre, que elegimos y consideramos merecedor de ser cargado con el yugo del Evangelio y de confiarle el servicio episcopal, por la imposición de mis manos pecadoras y la de mis concelebrantes y hermanos en el episcopado, aquí presentes; y fortifícalo con la venida, la fuerza y la gracia del Espíritu Santo, como fortificaste a los

Apóstoles, a los Profetas y a los Santos, como ungiste a los reyes, como santificaste a los Sumos Sacerdotes; haz que su episcopado sea intachable y que sea santo, lleno de todas las virtudes, para que sea digno de ofrecerte plegarias por la salvación del pueblo y merezca ser oído por Ti. Pues Tu nombre es santificado y tu reino glorificado, oh Padre, Hijo y Espíritu Santo, ahora y siempre y por los siglos de los siglos.

Siempre en una forma del rito griego, para la ordenación del sacerdote, la parte esencial de la forma es la que sigue:

¡Oh Dios, cuyo poder es inmenso, a quien nadie puede comprender y que eres admirable en tus designios sobre los hijos de los hombres! Señor, llena de los dones de tu Espíritu Santo a tu siervo, aquí presente, que te has dignado ordenar presbítero, para que merezca estar siempre puro ante tu altar, que te ofrezca dones y sacrificios espirituales, que renueve a tu pueblo con el baño de un nuevo nacimiento, de modo que encuentre así a tu Hijo Único, nuestro Gran Dios y Salvador Jesucristo, en el día de su segunda venida, y reciba de tu inmensa bondad la recompensa por haber cumplido bien con su ministerio. Porque tu nombre honorable y magnífico es bendito y glorificado, oh Padre, Hijo y Espíritu Santo, ahora y siempre y por los siglos de los siglos.

La fórmula griega para la ordenación diaconal contiene las siguientes palabras, que son esenciales para su validez:

Oh Dios, Salvador nuestro, que, por medio de tu voz imperecedera, diste a conocer a tus Apóstoles la ley del servicio; que designaste como primer Diácono al protomártir Esteban y lo proclamaste el primero por haber cumplido bien con el servicio, de acuerdo a lo escrito en tu Santo Evangelio: «Si alguno de vosotros quiere ser el primero, sea vuestro servidor.» Tú, Soberano Señor del Universo, por la venida de tu Santo Espíritu, que da vida, (porque, no por la imposición de mis manos, sino por la visita de tus ricas misericordias, la gracia es conferida a los que son dignos de Ti) llena a tu servidor, aquí presente, de fe profunda, de caridad, de fuerza y de santidad, pues Tú lo juzgaste merecedor de entrar en el servicio del Diaconado, para que, manteniéndose libre de todo pecado, se presente sin temor ante Ti en el día del Juicio y reciba la recompensa, según tus promesas. Porque Tu eres nuestro Dios, y Te glorificamos, oh Padre, Hijo y Espíritu Santo, ahora y siempre y por los siglos de los siglos.

La forma debe, junto con los otros ritos de la ordenación, expresar el contenido y el significado ínsito en el orden. Ésta constituye la razón por la que entre las comunidades eclesiales reformadas se perdieron la sucesión apostólica y el sacerdocio. Los reformados eran claramente contrarios a la doctrina de un sacerdocio que consagra el santo sacrificio de la Misa. Por lo tanto, los libros de la ordenación fueron reescritos para eliminar de ellos toda referencia al sacerdocio en sentido católico. En particular, el ordinal Eduardiano (anglicano) del 1552 era defectuoso en su forma. En todo caso, también la intención era defectuosa, porque no manifestaba el deseo de hacer lo que la Iglesia hace, sino antes bien de constituir ministros de la Palabra y de la cena del Señor, y no de ordenar sacerdotes para el sacrificio. A causa de esta doble falta, de forma y de intención, la Iglesia católica considera inválidas las ordenaciones anglicanas. Así, pese a que el rito de la ordenación se ha desarrollado entre los anglicanos, el defecto de intención aún permanece. Incluso si, como a veces sucede, un obispo ortodoxo o vetero-

católico está presente en la ordenación de un obispo anglicano, ello no la vuelve necesariamente válida, pues la intención todavía es la de ordenar para la comunión anglicana y
no para las órdenes en el sentido en que las entiende la Iglesia católica.[43] En todo caso, el ministerio que viene confiado
con la ordenación de los anglicanos tiene valor en la comunidad en la que sirven. El reconocimiento de este ministerio
ha sido evidente en los años recientes, cuando, después que
los ministros anglicanos han sido recibidos en la plena comunión con la Iglesia católica y han sido aceptados como
candidatos al sacerdocio católico, el trabajo pastoral desarrollado por ellos ha sido visto como una componente de preparación al sacerdocio.

7.4. El ministro

En los tiempos del Nuevo Testamento sólo los apóstoles conferían el poder de las órdenes a aquellos que fueron
llamados diáconos (*Hch* 6,6), presbíteros (*Hch* 14,22; 13,3; *1
Tm* 5,22; *Tt* 1,5) y obispos (*1 Tm* 4,14; *2 Tm* 1,6). A principios
del siglo tercero, S. Hipólito afirmó que un simple sacerdote
no podía constituir a otros como pertenecientes al estado
clerical.[44] Durante el mismo período, un documento litúrgico procedente del oriente declaraba que «un obispo debe ser

---

[43] Cf. Papa LEÓN XIII, Bula *Apostolicae curae*, en DS 3316-
3319. Cf, también, CONGREGACIÓN PARA LA DOCTRINA DE LA FE,
*Nota ilustrativa doctrinal sobre la fórmula conclusiva para la profesión
de la fe*, 29 junio 1998, 11. 7, que señala la naturaleza definitiva de
la declaración *Apostolicae curae* sobre la invalidez de las órdenes
anglicanas.

[44] Cf. S. HIPÓLITO, *Tradición Apostólica*, 8, 2, en *Sources Chrétiennes*, 11 bis, p. 61, donde se declara: «...porque el prebítero tiene
autoridad sólo para recibir, pero no para dar las órdenes sagradas».

ordenado por tres obispos, el presbítero y el diácono por un obispo con la asistencia del clero; sin embargo, ni el presbítero ni el diácono pueden elevar al estado clerical a un laico».[45] En el cuarto siglo, S. Epifanio refutó el error de Ario de Sebaste, que sugería que el sacerdote goza de la misma dignidad que el obispo. El argumento de Epifanio para afirmar la superioridad del episcopado aludía al hecho que sólo el obispo posee el poder de otorgar las órdenes.[46] En la edad media S. Tomás de Aquino enseñó que sólo un obispo podía otorgar el sacramento del orden. Al mismo tiempo, el Doctor Angélico abría para el sacerdote la posibilidad de otorgar al menos las órdenes menores: «El Papa, que goza de la plenitud del poder pontifical, puede encomendar a uno que no sea obispo aquellas funciones que pertenecen a la dignidad episcopal ... luego por su concesión puede el simple sacerdote conferir las órdenes menores y confirmar.»[47] Mientras el obispo es el ministro ordinario del sacramento del orden, en el pasado hubo algunos casos de ordenaciones válidas y legítimas conferidas por sacerdotes. En el 1400, el Papa Bonifacio IX concedió al abad de S. Osith, en Essex, que no era obispo, el privilegio de conferir tanto las órdenes menores como las mayores, incluido el sacerdocio, a los miembros de su comunidad monástica. Esta concesión, de poder ser ministro extraordinario de la ordenación, fue revocada tres años más tarde por el mismo Papa, porque el obispo de Londres pensó que la concesión había infringido los propios derechos. No había dudas, en todo caso, sobre el hecho que el Papa tuviese el derecho a conferir el privilegio

---

[45] *Didascalia Siríaca* III, 20.
[46] Cf. S. EPIFANIO, *Haeresis 75*, 4, en *PG* 42, 507-508.
[47] S. TOMÁS DE AQUINO, *Summa Theologiae*, suplemento, q.38, a.1.

válidamente y de modo lícito.[48] En 1427 el Papa Martin V extendió un privilegio similar al abad del monasterio cisterciense de Altzelle, en Sajonia, por un período de cinco años. Esta concesión le permitió al abad conferir todas las órdenes sagradas a aquellos sujetos a él.[49] Luego, en 1489, el Papa Inocencio VIII les dio a los abades cistercienses del monasterio de Citeaux, en Francia, y a sus cuatro fundaciones hijas de La Ferté, Pontigny, Clairvaux y Morimond, el poder de conferir el subdiaconado y el diaconado a los que estaban bajo su jurisdicción. Tal privilegio se extendió a los sucesores del mencionado abad.[50] Estos poderes fueron usados hasta el final del siglo dieciocho. La cuestión es cómo este fenómeno histórico se encuadra en la doctrina del Concilio de Trento, según la cual «los obispos... son superiores a los presbíteros» y «pueden hacer muchas otras más cosas, en cuyo desempeño ninguna potestad tienen los otros de orden inferior».[51]

Una solución puede desprenderse del concepto de sucesión apostólica indicada en el Concilio Vaticano II: «Cristo, a quien el Padre santificó y envió al mundo (*Jn* 10,36), ha hecho partícipes de su consagración y de su misión a los Obispos por medio de los apóstoles y de sus sucesores. Ellos han encomendado legítimamente el oficio de su ministerio en diverso grado a diversos sujetos en la Iglesia.»[52] Por lo tanto, en los inicios de la Iglesia los apóstoles ordenaban a

---

[48] Cf. Papa BONIFACIO IX, Bula *Sacrae religionis*, en DS 1145; vid., también, Bula *Apostolicae Sedis*, en DS 1146.

[49] Cf. Papa MARTIN V, Bula *Gerentes ad vos*, en DS 1290.

[50] Cf. Papa INOCENCIO VIII, *Exposcit tuae devotionis*, en DS 1435.

[51] CONCILIO DE TRENTO, vigésima tercera sesión, *Doctrina sobre el sacramento del orden*, en DS 1768.

[52] CONCILIO VATICANO II, *Lumen Gentium*, 28. 1.

los obispos que, a su vez, compartían su poder a nivel inferior con los sacerdotes, restringiendo el uso del poder que los sacerdotes mismos poseen intrínsecamente. El poder de confirmar -como hemos dicho anteriormente- está presente en el sacerdote y bajo determinadas circunstancias los sacerdotes confirman. Ahora bien, ¿no se podría aplicar esta noción también al poder de ordenar? Este poder tiene necesidad de ser «desatado». Por lo tanto, el *status* de los indultos papales del pasado estaban orientados a «desatar» en el sacerdote el poder de ordenar, que de otro modo habría obtenido sólo con la consagración episcopal.

Claramente, para ser un válido ministro del sacramento de las sagradas órdenes, un obispo debe haber sido ordenado válidamente. En vista de la licitud, un obispo, al celebrar la ordenación de un clérigo católico, debe estar en comunión con la Sede de Pedro. Para las órdenes de sacerdote y diácono, el prelado ordenante debe estar en posesión de las cartas dimisorias, si el diácono o el sacerdote en cuestión no están sujetos a él. Estas cartas dimisorias vienen del obispo del ordenando, si él pertenece al clero diocesano, o del superior mayor de un instituto clerical religioso de derecho pontificio, si se trata de un religioso. El obispo, además, debiera ser del mismo rito del ordenando.[53] En el caso de una ordenación episcopal, el prelado que es el consagrante principal debe estar en posesión del mandato apostólico de la Santa Sede. Al menos otros dos obispos debieran asistir a la consagración episcopal, a menos que la Santa Sede no haya dispuesto algo diverso.[54]

---

[53] Cf. *CDC* 1015-1023.
[54] Cf. *CDC* 1013-1014.

7.5. El destinatario

El ordenando debe ser un hombre que haya sido bautizado válidamente, además de ser confirmado. El requisito del bautismo es necesario para la validez de la ordenación, en tanto es la base para recibir todos los demás sacramentos. La confirmación como presupuesto, a su vez, es necesaria para la licitud del sacramento del orden. Además, para la recepción lícita del orden es necesaria la recepción de las órdenes precedentes. Mientras que en el pasado hubo casos de hombres, como S. Ambrosio, elevados a la dignidad episcopal sin ninguna orden intermedia, en la mayoría de los casos eso sería gravemente ilícito si no se cuenta con un permiso de la Santa Sede. De modo similar, siempre en vista de la licitud, el candidato a las sagradas órdenes debe estar eximido de todo impedimento legal. Por ejemplo, en el rito latino la ordenación al diaconado transitorio o al sacerdocio de un hombre casado, sin el permiso del Santa Sede, sería gravemente ilícito. La edad mínima del candidato al diaconado transitorio es de veintitrés años cumplidos, mientras que para el sacerdocio es de veinticinco años cumplidos. Por cuanto concierne al diaconado permanente, la edad mínima límite es de veinticinco años para un hombre célibe y de treinta y cinco para un hombre casado.[55] La edad mínima exigida para el episcopado es de treinta y cinco años.[56]

Una condición exigida al ordenando es que sea de sexo masculino. Donde el concepto de sacerdocio ha sido reducido simplemente a una función social, olvidando la elección trascendente divina y el cambio en el ser del destinatario, ha sido más fácil favorecer la idea de la admisión de las mujeres al sacerdocio ministerial. El pretexto es, en este

---

[55] Cf. *CDC* 1031.
[56] Cf. *CDC* 378 § 3.

caso, el de la igualdad de oportunidades para las mujeres. Mientras que en el Nuevo Testamento hay una clara referencia a una cierta Febe, diaconisa de la Iglesia de Cencreas (*Rm* 16,1), las mujeres diaconisas a las que S. Pablo se refiere en la primera carta a Timoteo (*1 Tm* 3,11) vienen a menudo identificadas con las viudas mencionadas en la misma carta (*1 Tm* 5,3-16). Es una evidencia que el oficio de la viuda y el de la diaconisa, que surgieron en la vida de la Iglesia del siglo tercero, era habitualmente uno y el mismo. En todo caso, a veces, también las vírgenes o las mujeres casadas que vivían una vida de continencia eran admitidas en el orden de las diaconisas. Durante el mismo período, el deber de la diaconisa llegó a ser más preciso, incluyendo el rito de la unción de las mujeres durante la administración del bautismo, el servicio en la puerta de la iglesia y la distribución de la santa comunión a las enfermas. En la celebración eucarística el puesto de la diaconisa era a la izquierda del obispo, mientras que el diácono tomaba la derecha. Hasta la mitad del siglo cuarto las diaconisas no fueron consideradas clérigos. Luego fueron consideradas un orden. Según la *Didascalia apostólica*, el obispo nombraba a los asistentes: los diáconos para ayudar con los hombres y las diaconisas para ayudar con las mujeres. Mientras el diácono era a imagen de Cristo, la diaconisa era a imagen del Espíritu Santo.[57] En los textos antiguos relativos a la ordenación de las diaconisas, el rito venía dispuesto después del de la ordenación de los diáconos, pero antes del de los subdiáconos. Esta secuencia ha favorecido la conclusión según la cual la orden de las diaconisas gozaba del *status* de un sacramental más que de un sacramento. Algunos estudiosos ven en las diaconisas de la antigüedad cristiana la primera expresión de vida religio-

---

[57] Cf. *Didascalia apostólica*, 16.

sa. En todo caso, cuando la Iglesia dejó de administrar el bautismo de los adultos, el oficio de las diaconisas cayó gradualmente en desuso para, finalmente, desaparecer en el siglo once. Era evidente, por otro lado, que las diaconisas no participaban del oficio sacerdotal. S. Epifanio se opuso a un extraño culto mariano desarrollado por la secta coliridiana, donde un rito litúrgico que presentaba algunas características del sacrificio eucarístico, venía ofrecido por mujeres. Epifanio escribió que en la Antigua Alianza «ninguna mujer, nunca, ha ejercido el sacerdocio». Y más tarde declaró que, en la época cristiana, «si las mujeres hubiesen recibido el mandato de ofrecer a Dios el culto sacerdotal o de ejecutar una función de dirección en la Iglesia, Maria misma habría merecido el poder desarrollar el ministerio sacerdotal en la Nueva Alianza».[58]

Más tarde, en el medioevo, algunas mujeres gozaron de la jurisdicción eclesiástica; en particular, algunas abadesas desarrollaron actos normalmente reservados a los obispos, como el nombramiento de sacerdotes parroquiales o de confesores. En todo caso, en aquel tiempo los señores feudales gozaban de los mismos derechos, aparte del hecho que una determinada separación entre la jurisdicción y el orden era considerada legítima. Mucho más recientemente, a la luz del hecho que muchas comunidades protestantes estaban comenzando a nombrar ministros femeninos, se hizo necesario para la Iglesia reafirmar la doctrina tradicional sobre este argumento. La primera reafirmación tuvo lugar en 1976, donde se ofrecieron seis argumentos a favor del hecho que el sujeto de la ordenación debe ser de sexo masculino. En primer lugar, la tradición constante de la Iglesia ha sido la de ordenar sólo hombres para el ministerio sacerdotal. En

---

[58] S. EPIFANIO, *Haeresis 79*, 2-3, en *PG 42*, 741-744.

segundo lugar, Jesús no invitó a ninguna mujer a ser miembro de los doce, a pesar de su actitud nueva y radical hacia la mujer. Tercero, los apóstoles no invitaron a ninguna mujer a formar parte del colegio apostólico. Cuarto, la práctica de Cristo y los apóstoles es permanentemente normativa. Quinto, el sacerdote debe tener una «semejanza natural» con Cristo, y el hombre posee esta semejanza. Sexto, el argumento de la igualdad de los derechos humanos en la Iglesia es un argumento diferente del relativo a la ordenación de las mujeres.[59]

La segunda reafirmación acerca del requisito de masculinidad para recibir la ordenación tuvo lugar en 1994, y en aquella ocasión Juan Pablo II declaró:

> Por tanto, con el fin de alejar toda duda sobre una cuestión de gran importancia, que atañe a la misma constitución divina de la Iglesia, en virtud de mi ministerio de confirmar en la fe a los hermanos (cf. *Lc* 22,32), declaro que la Iglesia no tiene en modo alguno la facultad de conferir la ordenación sacerdotal a las mujeres, y que este dictamen debe ser considerado como definitivo por todos los fieles de la Iglesia.[60]

Al año siguiente, la Congregación para la Doctrina de la Fe ha replicado afirmativamente a la cuestión de si esta enseñanza pertenece al depósito de la fe, y en la explicación sucesiva ha dejado en claro que la doctrina ha sido propuesta infaliblemente por el Magisterio ordinario y universal.[61]

---

[59] Cf. SAGRADA CONGREGACIÓN PARA LA DOCTRINA DE LA FE, Declaración *Inter Insigniores*, 1976.

[60] Papa JUAN PABLO II, Carta Apostólica *Ordinatio sacerdotalis*, 4.

[61] Cf. CONGREGACIÓN PARA LA DOCTRINA DE LA FE, Respuesta acerca de la doctrina de la Carta Apostólica *Ordinatio Sacerdota-*

Quizás uno de los puntos más ilustrativos relativos a la cuestión sea el de la imagen esponsal de la Iglesia. Si la Iglesia debe ser esposa de Cristo, entonces el sacerdote en la Iglesia representa a Cristo esposo, de modo que -para completar el simbolismo en este campo- el sacerdote debe ser hombre. Esta declaración no implica que la mujer sea inferior al hombre. La Madre de Dios no ejerció el sacerdocio ministerial y, sin embargo, su rol está al más alto nivel de participación respecto del acto salvador. Su mediación materna puede ser considerada como paralelo al sacerdocio y su complemento:

> Porque ninguna criatura puede compararse jamás con el Verbo Encarnado nuestro Redentor; pero así como el sacerdocio de Cristo es participado de varias maneras tanto por los ministros como por el pueblo fiel, y así como la única bondad de Dios se difunde realmente en formas distintas en las criaturas, así también la única mediación del Redentor no excluye, sino que suscita en sus criaturas una múltiple cooperación que participa de la fuente única.[62]

La imagen esponsal también es de ayuda cuando se trata de ilustrar el carisma del celibato: «Dicha opción es ante todo esponsal; es una identificación con el corazón de Cristo Esposo que da la vida por su Esposa.»[63] En occidente, todos los ministros sagrados son célibes, con la excepción de los diáconos permanentes y de los hombres casados que han sido recibidos, desde las comunidades reformadas, en la

---

lis (Responsum ad dubium circa doctrinam in Epist. Ap. Ordinatio Sacerdotalis traditam), 1995, en *AAS* 87 (1995), p.1114.

[62] CONCILIO VATICANO II, *Lumen Gentium*, 62.2.

[63] Papa BENEDICTO XVI, *Sacramentum Caritatis*, 24.

Iglesia y han sido ordenados con dispensa especial de la Santa Sede.

En las Iglesias Orientales, desde hace siglos está en vigor una disciplina distinta: mientras los obispos son elegidos únicamente entre los célibes, hombres casados pueden ser ordenados diáconos y presbíteros. Esta práctica es considerada como legítima desde tiempos remotos; estos presbíteros ejercen un ministerio fructuoso en el seno de sus comunidades. Por otra parte, el celibato de los presbíteros goza de gran honor en las Iglesias orientales, y son numerosos los presbíteros que lo escogen libremente por el Reino de Dios. En Oriente como en Occidente, quien recibe el sacramento del Orden no puede contraer matrimonio.[64]

La imagen nupcial del sacerdote célibe indica que él está casado con la Iglesia, tal como queda de manifiesto en el simbolismo del anillo episcopal.

La existencia del celibato sacerdotal es de institución divina, y tiene orígenes apostólicos.[65] Su aplicación se desarrolla de acuerdo con la disposición de la Iglesia. El valor del celibato sacerdotal se puede resumir en la dimensión cristológica, porque Cristo, el Sumo Sacerdote, era célibe. La dimensión eclesiológica de este misterio consiste en que el celibato hace capaz al hombre dotado de dignidad sacerdotal de simbolizar al esposo totalmente confiado a la Iglesia, que es la esposa eternamente dedicada a Cristo. El celibato sacerdotal refleja, además, una dimensión escatológica, que

---

[64] *CIC* 1580.

[65] Cf. C. COCHINI, *Apostolic Origins of Priestly Celibacy*, Ignatius Press, San Francisco 1990; S. L. JAKI, *Theology of Priestly Celibacy*, Christendom Press, Front Royal 1997; R. M. T. CHOLIJ, *Clerical Celibacy in East and West*, Fowler Wright, Leominster 1989.

prefigura el estado del Reino de los Cielos, donde al momento de la Resurrección «ni ellos tomarán mujer ni ellas marido» (*Mt* 22,30).[66]

7.6. Los efectos

7.6.1. *El ser del destinatario*

El destinatario del sacramento del orden está dotado de un carácter sacramental y le viene concedida la gracia. En lo que concierne al carácter, se trata de un poder espiritual permanente impreso en el alma del destinatario. Como S. Tomás de Aquino recuerda: «Tener el carácter sacramental es propio de los ministros de Dios», de modo que «el carácter sacramental es específicamente carácter de Cristo, a cuyo sacerdocio están configurados los fieles por estos caracteres sacramentales».[67] Este carácter es permanente y dura por toda la vida; es más, muchos teólogos, incluido el Doctor Angélico, afirman que dura por toda la eternidad.[68] El Concilio de Trento declaró solemnemente que en la ordenación viene impartido un carácter.[69] Esta enseñanza sobre el carácter permanente, impreso por las sagradas órdenes, ha sido reiterado en tiempos recientes, en contraste con algunas teorías modernas sobre el ministerio temporal que algunos teólogos quisieran que reemplazara al sacerdocio.[70] La Iglesia

---

[66] Cf. Papa PABLO VI, *Sacerdotalis Coelibatus* (1967), 19-34.

[67] S. TOMÁS DE AQUINO, *Summa Theologiae* III, q.63, aa.2-3.

[68] Cf. S. TOMÁS DE AQUINO, *Summa Theologiae* III, q.63, a.5.

[69] Cf. CONCILIO DE TRENTO, vigésima tercera sesión, *Doctrina sobre el sacramento del orden*, en DS 1767, 1774.

[70] Cf. Papa PÍO XII, Carta Encíclica *Mediator Dei*, 1947, en *AAS* 39 (1947) p. 550; SAGRADA CONGREGACIÓN PARA LA DOCTRINA DE LA FE, Declaración *Mysterium Ecclesiae*, 1973, en *AAS* 65 (1973) p. 407.

enseña que con cada orden, el episcopado, el presbiterado y el diaconado, viene impartido el carácter correspondiente.[71] La cuestión es si existen tres caracteres o simplemente uno. La aserción según la cual existen tres caracteres diferentes implicaría el peligro de incrementar el número de los siete sacramentos. A su vez, declarar que simplemente existe un sólo carácter no sería justo con la enseñanza según la cual cada orden posee una propia especificidad. Una solución sería la de proponer tres caracteres parcialmente diferentes, interdependientes y vinculados de modo armónico, vistos en conjunto como una unidad, y que separados semejarían tres anillos mutuamente vinculados. De este modo, el carácter del diaconado forma la base sobre la cual viene a agregarse el carácter presbiteral y, por lo tanto, a veces, el episcopal. Ahora generalmente se piensa que las órdenes menores y los ministerios, aunque permanentes, no imparten ningún carácter sacramental.

El carácter sacramental impartido en la ordenación pone de manifiesto, además, la tradición cristiana según la cual un ministro, aunque indigno, desarrolla válidamente sus funciones. Un sacerdote o un obispo que, en razón de un pecado grave, ya no está más en estado de gracia, aún mantiene su carácter sacramental y, por lo tanto, todavía sigue vigente su configuración a Cristo Sacerdote. Por lo tanto, todavía puede celebrar Misa de un modo válido, recibir la confesión y desarrollar otros ritos sagrados de la Iglesia, aún siendo él mismo indigno. Esta eficacia intrínseca de los sacramentos es una expresión de la misericordia de Dios, por-

---

[71] En relación al episcopado, véase CONCILIO VATICANO II, *Lumen Gentium* 21. 2, y *CIC* 1558; para los sacerdotes, véase CONCILIO VATICANO II, *Presbyterorum Ordinis*, 2 y *CIC* 1563; y para los diáconos, véase *CIC* 1570.

que de este modo los fieles de Cristo no están abandonados a la incertidumbre que se derivaría de la dignidad o falta de ella del ministro que dispensa el sacramento.

La gracia del Espíritu Santo específica del sacramento de la ordenación es la configuración con Cristo Sacerdote, Profeta y Rey. Este don divino es, también, específico en cada orden. Para el obispo, es principalmente una gracia de fortaleza, «la de guiar y defender con fuerza y prudencia a su Iglesia como padre y pastor, con amor gratuito para todos y con predilección por los pobres, los enfermos y los necesitados. Esta gracia le impulsa a anunciar el Evangelio a todos, a ser el modelo de su rebaño, a precederlo en el camino de la santificación identificándose en la Eucaristía con Cristo Sacerdote y Víctima, sin miedo a dar la vida por sus ovejas.»[72] La gracia específica del orden de los sacerdotes está especialmente vinculada con la digna celebración de la Eucaristía y otros ritos sagrados. La gracia propia del diaconado es el servicio de la liturgia, del Evangelio y de las obras de caridad, en unión con el obispo y los sacerdotes.[73]

7.6.2. La acción del destinatario

La función sacerdotal es, en el sentido más amplio de la palabra, esencialmente sacramental, porque el clérigo administra los sacramentos y, además, difunde la realidad sacramental de la Iglesia. Algunas aproximaciones recientes a la función sacerdotal, sin embargo, no se condicen con esta visión. Éstos conciben al sacerdote como un liberador político, como un trabajador social e, incluso, como un psicólogo. También el modelo del sacerdote o del obispo como «mana-

---

[72] *CIC* 1586.
[73] Cf. *CIC* 1588.

ger», en el falso modelo empresarial de la Iglesia, debe ser rechazado.

Las órdenes sagradas comprenden el deber de enseñar, gobernar, y santificar en el contexto de la comunión eclesial, y en relación a todo el pueblo de Dios. En este ámbito el obispo, el sacerdote y el diácono deben ejercer con prudencia toda participación en las actividades seculares y políticas. En el pasado, cuando la Iglesia y el Estado estaban más unidos, la participación sociopolítica del clero era más fácil, ya que el Estado respiraba, más o menos, un *ethos* cristiano. En todo caso, también en aquellos tiempos siempre estaba latente el peligro que un clérigo, al interesarse de un modo excesivo en cosas del mundo político, perdiera el contacto con la misión salvadora que le había sido confiada. A pesar de esto, la maravillosa e inmutada doctrina de la Iglesia, relativa a la verdadera naturaleza y misión de sus ministros sagrados, se hizo visible a lo largo de los siglos en la vida de numerosísimos clérigos, tanto conocidos como desconocidos, que han ejercido su influencia sobre los fieles de toda cultura y nación. Ronald Knox lo expresó con estas palabras: «Hay un momento en nuestra vida cristiana cotidiana en el que el sacerdote llega a ser algo más que el padre que nos conduce, que nos nutre y que nos cura: el de la actual celebración de la santa Misa, en la que el sacerdote llega a ser nuestro representante ante Dios y, en cierto sentido, el representante de Dios entre nosotros.»[74]

---

[74] R. A. KNOX, *The Hidden Stream*, Burns and Oates, London 1952, p. 191.

8

El Matrimonio

El sacramento del matrimonio puede verse de dos modos: primero, cuando viene otorgado y, después, en su estado permanente. Porque es un sacramento como el de la Eucaristía, que no sólo viene conferido sino que, además, es un sacramento cuando permanece; porque tanto cuanto vivan los esposos, así dura su unión como sacramento de Cristo y la Iglesia.

S. ROBERTO BELARMINO, *De controversiis: De matrimonio*

8.1. La institución del matrimonio

El matrimonio es una institución humana, que existe en determinados tipos y formas desde la época de las culturas más antiguas. La complementariedad natural entre el hombre y la mujer, evidente de diversas maneras, constituye la base de esta unión. En algunas culturas pasadas, como la de la Roma antigua, esta noble institución fue civilmente tutelada. Así, el derecho romano antiguo proclamó: «El matrimonio es una unión entre un hombre y una mujer, un consorcio para toda la vida, en el que ambos están bajo la misma ley, divina y humana.»[1]

---

[1] «Nuptiae sunt conjunctio maris et feminae et consortium omnis vitae, divini et humani juris communicatio». V. MODESTINO, *Libro 1 Regularum*, en el *Digesto*, Lib. 23, tír. 2, *De ritu nuptiarum*, framm 1.

8.1.1. El Antiguo Testamento

Del libro del Génesis, se puede obtener una visión del matrimonio en el orden de la creación (*Gn* 1,27-28; 2,18-24). Dios confió al hombre y a la mujer esta función de la naturaleza, que deriva de la mutua atracción y de la unión de los sexos (*Gn* 2,24). La unión del hombre y la mujer fue caracterizada por la unidad y la indisolubilidad (*Gn* 2,24) y por estar orientada a la procreación (*Gn* 1,28). Por otro lado, si bien la inclinación a esta unión fue inscrita en la profundidad de la naturaleza de los seres humanos, comprendía algo de sagrado, pues Dios bendijo a Adán y Eva (*Gn* 1,28). La santidad del matrimonio se ve también en otros textos del Antiguo Testamento, como en la oración de Tobías con ocasión de su matrimonio con Sara:

«¡Bendito seas tú, Dios de nuestros padres,
y bendito sea tu Nombre
por todos los siglos de los siglos!
Bendígante los cielos
Y tu creación entera,
por todos los siglos.
Tú creaste a Adán, y para él creaste
a Eva, su mujer, para sostén y ayuda,
y para que de ambos proviniera la raza
de los hombres.
Tú mismo dijiste:
'No es bueno que el hombre se halle solo;
hagámosle una ayuda semejante a él'.
Yo no tomo a esta mi hermana
con deseo impuro,
más con recta intención.
Ten piedad de mí y de ella
Y podamos juntos llegar
a nuestra ancianidad» (*Tb* 8,5-7).

El matrimonio reflejaba la Alianza que Dios selló con su pueblo elegido, cuando en Señor dijo: «Yo te desposaré conmigo para siempre; te desposaré conmigo en justicia y en derecho, en amor y en compasión, te desposaré conmigo en fidelidad, y tú conocerás a Yahveh» (Os 2,21-22). La infidelidad del pueblo electo hacia el Señor fue hecha manifiesta a través de la imagen de la infidelidad matrimonial, como, también, mediante la de la prostitución: «Tan sólo reconoce tu culpa, pues contra Yahveh tu Dios te rebelaste, frecuentaste a extranjeros bajo todo árbol frondoso y mi voz no oísteis» (Jr 3,13).

Asimismo, la institución del matrimonio continuó bajo el régimen del pecado. Como resultado de la caída, durante el período entre el viejo y el nuevo Adán, no fue siempre fácil observar la monogamia; así, también algunas grandes figuras del Antiguo Testamento, como Salomón, dieron testimonio de esta debilidad. Esta infidelidad y falta de sinceridad respecto a la mujer fue puesta en relación a la infidelidad de Salomón para con Dios: «El rey Salomón amó a muchas mujeres extranjeras, además de la hija de Faraón, moabitas, amonitas, edomitas, sidonias, hititas, de los pueblos de los que dijo Yahveh a los israelitas: 'No os uniréis a ellas y ellas no se unirán a vosotros, pues de seguro arrastrarán vuestro corazón tras sus dioses'... En la ancianidad de Salomón sus mujeres inclinaron su corazón tras otros dioses, y su corazón no fue por entero de Yahveh su Dios» (1 R 11,1-2,4; cf. Si 47,19). La Ley y los Profetas intentaron corregir la rebelión de los hombres en relación al matrimonio, así como en otros aspectos de la vida. La ley dada a Moisés favoreció a la mujer así como también al marido (Dt 24,5); pero permitió el divorcio, a causa de la dureza del corazón de los hombres (Dt 24,1-4). El hecho que el divorcio fuera permitido en el Antiguo Testamento, sin embargo, no quiere decir que formara parte del proyecto original de Dios: «Pues yo odio el repudio, dice Yahveh Dios de Israel, y al que encubre con su vestido la violencia, dice Yahveh Sebaot» (*Ml* 2,16).

El contrato matrimonial era considerado como sagrado en el Antiguo Testamento, como se enseña en el Decálogo (*Ex* 20,14-17). En los profetas que profundizaron en la unidad y la indisolubilidad del matrimonio, éste venía retratado como símbolo de la alianza (*Os* 1-3). El matrimonio mismo fue considerado un pacto: «...porque Yahveh es testigo entre tú y la esposa de tu juventud, a la que tú traicionaste, siendo así que ella era tu compañera y la mujer de tu alianza» (*Ml* 2,14). Así, los libros de Rut y Judit ofrecen una elevada visión de la fidelidad en el matrimonio. La presentación poética del Cantar de los Cantares subraya la permanencia del matrimonio: «Ponme cual sello sobre tu corazón» (*Ct* 8,6), porque «es fuerte el amor como la Muerte» (*Ct* 8,6). Este texto ha sido interpretado por muchos Padres, como Orígenes y Gregorio de Nisa, como también, con posterioridad, por escritores espirituales, como S. Bernardo de Claraval y S. Juan de la Cruz, que han visto en él una imagen de la unión de amor que existe eternamente entre Cristo y su Iglesia.

8.1.2. *El Nuevo Testamento*

Jesús hizo su primera señal en una fiesta nupcial (*Jn* 2,1-11), de modo que de ese momento en adelante el matrimonio fuese «un signo eficaz de la presencia de Cristo».[2] Fue elevado, por lo tanto, a la dignidad de sacramento, porque Cristo vino a perfeccionar el orden de la creación y la gracia perfecciona la naturaleza. Por lo tanto, Cristo volvió el matrimonio a su pureza original y concedió la gracia ne-

---

[2] Cf. *CIC* 1613.

cesaria para llevar adelante todo lo que esto implica: «¿No habéis leído que el Creador, desde el comienzo, *los hizo varón y hembra*, y que dijo: *Por eso dejará el hombre a su padre y a su madre y se unirá a su mujer, y los dos se harán una sola carne?* De manera que ya no son dos, sino una sola carne. Pues bien, lo que Dios unió no lo separe el hombre» (*Mt* 19,4-6; cf *Mc* 10,6-8; *Lc* 16,18). Cristo se mantuvo firme en la enseñanza según la cual el hombre que se divorcia de su mujer y se casa con otra «comete adulterio» (*Mt* 19,9; cf. *Lc* 16,8). La gran exigencia respecto del matrimonio, que Jesús propuso, exige el concurso de su gracia para poder ser cumplida: «No todos entienden este lenguaje, sino aquellos a quienes se les ha concedido» (*Mt* 19,11). Estas palabras implican una gracia especial asociada al matrimonio, la gracia impartida por el sacramento. Jesús emplea la imagen nupcial en sus parábolas (*Mt* 22,1-14), indicando una vez más la alta consideración que tiene por el matrimonio.

S. Pablo indicaba que el matrimonio fue elevado a sacramento (*Ef* 5,21-33). El pacto matrimonial va, claramente, a la par con la imagen de la relación entre Cristo Esposo y su esposa, la Iglesia: «Maridos, amad a vuestras mujeres como Cristó amó a la Iglesia y se entregó a sí mismo por ella, para santificarla, purificándola mediante el baño del agua, en virtud de la palabra, y presentársela resplandeciente a sí mismo; sin que tenga mancha ni arruga ni cosa parecida, sino que sea santa e inmaculada» (*Ef* 5,25-27). S. Pablo escribió que el matrimonio es un «gran misterio», lo que tiene muchas implicaciones, pero que se refiere, ante todo, «a Cristo y la Iglesia» (*Ef* 5,32). En algunas traducciones modernas la palabra griega *mysterion* es traducida como «misterio», pero en este contexto la palabra «sacramento» sería una traducción más apropiada. En este sentido, podemos decir que el matrimonio es el único sacramento que es llamado por su

propio nombre en la Biblia.³ Además, en este mismo sentido, si se afirma que la Iglesia es el sacramento de Cristo,⁴ y
si el matrimonio refleja la relación entre Cristo y su Iglesia,
entonces también el matrimonio es un sacramento. Las cartas paulinas contienen muchas instrucciones sobre la vida
familiar, que ponen de manifiesto el pensamiento del apos-
tol acerca de la santidad de este sacramento (*1 Co 7; Col* 3,18-
21; *Tt* 2,4-5). A su vez, S. Pedro hizo una importante declaración, afirmando que «...de igual manera vosotros, maridos, en la vida común sed comprensivos con la mujer que es
un ser más frágil, tributándoles honor como coherederas
que son también de la gracia de la Vida» (*1 P* 3,7). De este
modo, la visión cristiana de la dignidad de la mujer está en
fuerte contraste con la opresión que ella ha sufrido en los
ambientes precristianos y no cristianos.

8.2. El desarrollo teológico

Al inicio de la Iglesia no había ninguna forma específicamente cristiana de matrimonio, sino que los cristianos lo
celebraban como las demás personas, en una ceremonia pre-
sidida por el padre de la familia, empleando ritos y gestos
simples como la unión de las manos del hombre y la mujer.
El rito cristiano se desarrolló gradualmente. S. Ignacio de
Antioquía puso en evidencia que los fieles deberían obtener
el permiso del obispo, antes de contraer matrimonio,⁵ con el
objetivo de disuadir a los cristianos de contraer matrimonio
con los no cristianos. Tertuliano también confirma el hecho

---

³ Cf. R. A. KNOX, *The Hidden Stream*, Burns and Oates, London 1952, p. 194.

⁴ Cf. Cap. 1, sec. 1.2.

⁵ Cf. S. IGNACIO DE ANTIOQUIA, *Carta a Policarpo*, 5, en *Sources Chrétiennes* 10, Cerf, Paris 1945, pp.138-139.

que el matrimonio era contraído ante la Iglesia: «¿Cómo podré describir de forma satisfactoria la felicidad de esta unión que la Iglesia dispone, la oferta confirma, la bendición consagra, los ángeles anuncian y es el gozo del Padre?».[6] Desde el siglo cuarto existen testimonios de una oración sacerdotal y una bendición para el rito del matrimonio. En la Iglesia romana, los primeros ejemplos de Misa nupcial para la celebración de los matrimonios se ubican entre el cuarto y el quinto siglo. El rito de la *velatio* recibió, ya antes, un sentido litúrgico: «Como la virgen se compromete en matrimonio con Cristo, su único esposo, así una cristiana que se ha unido a un cristiano en matrimonio ha recibido un velo de la Iglesia, como signo de su nuevo estado.»[7]

En occidente la visión cristiana del matrimonio estaba ligada a las nociones que se desprendían del derecho romano. En esta perspectiva, surgió el problema acerca de cuál fuese el elemento esencial desde el punto de vista jurídico. Se estableció que el factor determinante fuera el consentimiento de la pareja. Por esta razón, hasta el Concilio de Trento, en occidente los así llamados matrimonios *clandestinos* eran considerados válidos. En el cristianismo oriental, por otra parte, desde los tiempos antiguos, los sacerdotes y los obispos participaban activamente en el matrimonio, junto a los padres de la pareja o, incluso, reemplazándolos. Este procedimiento tenía lugar a solicitud de las familias y con la aprobación de las autoridades del Estado. Gradualmente, algunos de los ritos que fueron usados originalmente en la esfera familiar fueron absorbidos por los ritos litúrgicos. Por

---

[6] TERTULLIANO, *Ad uxorem*, Lib. 2, 8, 6, en *CCL* 1, 393. [Versión española en A. G. Hamman, *Matrimonio y virginidad en la Iglesia Antigua*, Desclée de Brouwer, 2000, p. 80.]

[7] Cf. J. McAREAVEY, *The Canon Law of Marriage and the Family*, Four Courts Press, Dublin 1997, p.148.

lo tanto, en oriente se acepta que los ministros del misterio del matrimonio no son sólo la pareja sino, también, el sacerdote o el obispo.

La doctrina de la Iglesia relativa al matrimonio se desarrolló gradualmente, pero con certeza. Desde el tercero al quinto siglo, tres eran los conceptos que repetían regularmente los Padres. Uno de estos era que el matrimonio es un símbolo de Cristo y de su Iglesia; esta idea se encuentra, por ejemplo, en los escritos de S. Juan Crisóstomo y de S. Ambrosio. Un segundo tema, de notable importancia, es que el matrimonio confiere la gracia, como Tertuliano y Orígenes no dudan en poner de manifiesto. Tercero, esta vez según S. Cirilo de Alejandría y S. Máximo de Turín, la elevación del matrimonio al orden de la gracia se verifica en las bodas de Caná.

Además, S. Juan Crisóstomo declaró la naturaleza complementaria que se da entre el matrimonio y la virginidad: «Quien denigra el matrimonio disminuye, también, la gloria de la virginidad, tal como quien lo elogia aumenta la admiración debida a la virginidad... en efecto, aquello que resulta bello sólo en comparación con lo feo no puede ser muy bello; aquello, en cambio, que es la mejor de las cosas buenas es, en términos absolutos, la cosa más bella de todas.»[8] S. Agustín afirmó la bondad del matrimonio contra los maniqueos, que pensaban que la materia en general y el matrimonio en particular fuesen un mal; él afirmó con fuerza que los tres bienes del matrimonio eran la fidelidad, la prole y el sacramento.[9] Según Agustín, el contenido esencial (*res*) del matrimonio es la indisolubilidad, que refleja la

---

[8] S. JUAN CRISÓSTOMO, *De virginitate*, 10, en *PG* 48, 540.

[9] Cf. S. AGUSTIN, *De nuptiis et concupiscentia*, Lib. 1 cap. 11, 13, en *PL* 44, 421; IDEM, *De bono coniugali*, 24, 32, en *PL* 40, 394.

unión mística indisoluble entre Cristo y su Iglesia: «La *res* (virtud propia) del sacramento consiste en que el hombre y la mujer, unidos en matrimonio, perseveren unidos mientras vivan.»[10] Él vio en el matrimonio, también, el remedio a la concupiscencia, en continuidad con la idea paulina según la cual «...si no pueden contenerse, que se casen; mejor es casarse que abrasarse» (*1 Co 7,9*). La formulación agustiniana fue refinada y sintetizada por S. Isidoro de Sevilla,[11] y esta doctrina, que mira al matrimonio en una perspectiva sacramental, pasó a los teólogos medievales. Los escolásticos desarrollaron la teología sacramental, y la aplicaron al matrimonio, que llegó a ser visto como señal y causa de gracia. Entre los pensadores medievales hubo quien, como Abelardo, sostuvo que el matrimonio era un sacramento sólo de conveniencia y no implicaba ningún mérito para la salvación.[12] En todo caso, S. Buenaventura y S. Tomás de Aquino siguieron la tradición teológica clásica relativa a la sacralidad del matrimonio. En particular, la síntesis de S. Tomás fue más allá del pensamiento de S. Agustín y fue, también, más positiva. Así, el Doctor Angélico afirmó con claridad que el matrimonio es un sacramento que confiere la gracia.[13] Esta enseñanza fue adoptada por el Concilio de Florencia, en el 1439: «El sépti-

---

[10] S. AGUSTIN, *De nuptiis et concupiscentia*, Lib. 1 cap. 11, 10, en *PL* 44, 420. [*Obras completas*, vol. XXXV]

[11] Cf. S. ISIDORO DE SEVILLA, *De ecclesiasticis officiis*, Lib. 2 cap. 20, en *PL* 83, 809-814.

[12] Cf. PEDRO ABELARDO, *Epítome theologiae*, 31, en *PL* 178, 1745-1746.

[13] Cf. S. TOMÁS DE AQUINO, *Summa Theologiae* suplemento, q.42, aa.1, 3.

mo sacramento es el matrimonio, que es signo de la unión de Cristo y la Iglesia.»[14]

Desde los primeros tiempos, la Iglesia debió proscribir la herejía según la cual el matrimonio es un mal. S. Pablo condenó el error gnóstico de prohibir el matrimonio (cf. *1 Tm* 4,3). El sistema maniqueo sostenía que la materia era mala y, de este modo, también el matrimonio lo era. Diversos errores maniqueístas y priscilianos fueron condenados por el Primer Concilio de Toledo en el 400 y también por el Concilio de Braga del 561.[15] La bondad del matrimonio fue afirmada una vez más en el 1208 contra los valdenses que, con un toque maniqueo, prohibieron el matrimonio al perfecto.[16] Los *Fraticelli*, una rama heterodoxa de los franciscanos, se expresaron negativamente sobre el matrimonio, pero este error y otros fueron absolutamente condenados por el Papa Juan XXII, en el 1318, que afirmó la venerabilidad del sacramento del matrimonio.[17]

Mientras los reformadores sostuvieron que el matrimonio era sagrado en el orden de la naturaleza, negaron en cambio que fuese medio de gracia. Por lo tanto, si el matrimonio no era un sacramento, a los ojos de los reformadores se transformó en un asunto civil: todo lo cual formaba parte de la separación, propuesta por Lutero, entre Iglesia y Estado. Por lo tanto, los protestantes trasladaron la celebración

---

[14] CONCILIO DE FLORENCIA, *Decreto para los armenios*, en DS 1327.

[15] Cf. PRIMER CONCILIO DE TOLEDO, en DS 206 y CONCILIO DE BRAGA en DS 461-462.

[16] Cf. Papa INOCENCIO III, *Profesión de fe prescrita a los valdenses*, en DS 794.

[17] Cf. Papa JUAN XXII, Constitución *Gloriosam Ecclesiam*, en DS 916.

del matrimonio a las autoridades civiles.[18] Las comunidades eclesiales reformadas, además, permitieron el divorcio en caso de adulterio y en otros casos; en la tradición protestante la roca de la indisolubilidad vino, por lo tanto, gradualmente minada. El Concilio de Trento rechazó los errores protestantes y reafirmó la enseñanza católica sobre este sacramento, declarando que el matrimonio era un sacramento instituido por Jesucristo.[19] Además, enseñó que la Iglesia tiene poder sobre el sacramento, comprendida la autoridad de establecer impedimentos dirimentes para el matrimonio.[20] El Concilio declaró, además, de modo solemne, que el estado de la virginidad o del celibato es más alto que el del matrimonio.[21] Reiteró la enseñanza de la Iglesia primitiva, según la cual un matrimonio que ha sido celebrado pero no consumado puede ser disuelto con la profesión solemne de uno de los candidatos.[22]

En el período posttridentino, el matrimonio siguió siendo visto como un contrato, hasta que la enseñanza del Concilio Vaticano II adoptó la idea de alianza. S. Roberto Belarmino afirmó, contra Melchor Cano, que el contrato y el sacramento son inseparables. El peligro estaba en que una vez que se consuma la ruptura entre el sacramento y el contrato, el Estado habría podido ejercer el poder sobre el aspecto contractual de esta institución. En el 1880, el Papa León XIII se opuso a varias tendencias secularizantes que

---

[18] Cf. W. KASPER, *Theology of Christian Marriage*, Burns and Oates, London 1980, p. 40.

[19] Cf. CONCILIO DE TRENTO, vigésima cuarta sesión, *Doctrina sobre el sacramento del matrimonio*, en DS 1799, 1801.

[20] Cf. *Ibid*, en DS 1804.

[21] Cf. *Ibid*, en DS 1810.

[22] Cf. *Ibid*, en DS 1806. Véase Papa ALEJANDRO III, Carta *Verum post* al arzobispo de Salerno, en DS 755.

negaban la autoridad de la Iglesia sobre los sacramentos, afirmando, además, que el contrato matrimonial y el sacramento son inseparables: «Así, pues, es evidente que todo legítimo matrimonio entre cristianos es en sí y de por sí sacramento, y nada se aleja más de la verdad que hacer del sacramento una especie de ornamento añadido, y una propiedad extrínsecamente sobrevenida, que puede, al arbitrio de los hombres, separarse y ser extraña al contrato.»[23] Un posterior avance hacia la teología del matrimonio fue dado por el Papa Pío XI en su monumental encíclica *Casti Connubii*. El Papa reafirmó que todo matrimonio puede surgir sólo del libre consentimiento de las partes; como asimismo que los bienes del matrimonio son la prole, la fidelidad conyugal y el sacramento, que es «el complemento y el coronamiento de todo». El significado místico de la relación entre Cristo y la Iglesia fue propuesto una vez más por Pío XI, que también evidenció que aunque el matrimonio no confiere el carácter, su eficacia permanece firme.[24]

El Concilio Vaticano II se expresa sobre el matrimonio en términos de alianza antes que de contrato: «Fundada por el Creador y en posesión de sus propias leyes, la íntima comunidad conyugal de vida y amor se establece sobre la alianza de los cónyuges, es decir, sobre su consentimiento personal e irrevocable.»[25] El Código de Derecho Canónico para la Iglesia latina desarrolla ulteriormente este concepto de pacto, y lo relaciona con el sacramento: «La alianza matrimonial, por la que el varón y la mujer constituyen entre sí un consorcio de toda la vida, ordenado por su misma índole

---

[23] Papa LEÓN XIII, Carta Encíclica *Arcanum Divinae Sapientiae*, en DS 3146.

[24] Cf. Papa PÍO XI, Carta Encíclica *Casti Connubii*, en DS 3700-3714.

[25] CONCILIO VATICANO II, *Gaudium et Spes*, 48.1.

al bien de los cónyuges y a la generación y educación de la prole, fue elevada por Cristo Señor a la dignidad de sacramento entre bautizados.»[26] El Papa Juan Pablo II ha afirmado de nuevo la enseñanza cristiana según la cual la expresión sexual de la autodonación encuentra su verdadero sitio sólo en el matrimonio, «el pacto de amor conyugal o elección consciente y libre, con la que el hombre y la mujer aceptan la comunidad íntima de vida y amor, querida por Dios mismo».[27] El matrimonio cristiano es un eco o una extensión de la Encarnación y, aún más, el Espíritu Santo es el sello del pacto entre los esposos en el matrimonio.[28]

8.3. El signo sacramental

8.3.1. El consentimiento

La causa eficiente del matrimonio es el mutuo consentimiento de las partes.[29] El consentimiento interesa a las partes, sea como ministros (en el concepto occidental de matrimonio), sea como destinatarios del sacramento. El consentimiento mutuo es el elemento esencial del matrimonio, sin el cual el sacramento no tiene lugar.[30] «Por tanto, entre bautizados, no puede haber contrato matrimonial válido que no sea por eso mismo sacramento.»[31] El consentimiento matrimonial puede ser definido como un acto a través del cual un hombre y una mujer, mediante un pacto irrevocable, se dan y se aceptan mutuamente el uno al otro a fin de establecer

---

[26] *CDC* 1055 § 1.
[27] Papa JUAN PABLO II, *Familiaris consortio* 11. 7
[28] Cf. *CIC* 1624, y también KNOX, *The Hidden Stream*, p. 197.
[29] Cf. CONCILIO DE FLORENCIA, *Decreto para los armenios*, en DS 1327.
[30] Cf. *CIC* 1626; *CDC* 1057 § 1.
[31] *CDC* 1055 § 2.

un matrimonio. Para que este consenso se realice de modo válido es necesario que las partes contrayentes estén mutuamente presentes, sea de modo personal o por poder, para darse el consentimiento mutuo durante la ceremonia. La ley eclesiástica exige que las partes interesadas cumplan algunas condiciones de base para celebrar un válido matrimonio, que constituye la *capacidad* de dar el consentimiento. Estos requisitos comprenden un suficiente uso de la razón, un juicio suficientemente discrecional en relación a los derechos y deberes esenciales que los esposos se darán y aceptarán mutuamente en el pacto matrimonial, además de una determinada capacidad psicológica. Otro requisito en relación al consentimiento es el de un adecuado conocimiento. Las partes, al menos, no deben ignorar el hecho que el matrimonio es una relación permanente entre un hombre y una mujer, ordenada a la procreación. El *error* en una de las personas vuelve inválido el matrimonio. Si una de las partes, mediante un acto positivo de la voluntad, excluye el matrimonio mismo, o todos los derechos al acto conyugal, o alguna propiedad esencial del matrimonio, esa parte lo contrae inválidamente. Lo mismo ocurre en relación a una persona que contrae matrimonio mediante un fraude. Del mismo modo, el matrimonio bajo condición no puede ser contraído válidamente. El matrimonio condicionado por un acontecimiento pasado o presente es válido o inválido dependiendo de si el evento implicado por la condición está todavía vigente o no. El matrimonio, además, es inválido si es contraído en razón de una fuerza mayor o por un miedo externo, aunque no intencionalmente impuesto, de la que la persona no puede escapar. El consentimiento interior de la mente se supone en correspondencia a las palabras o a los signos usados en la celebración del matrimonio.[32]

8.3.2. *La materia y la forma*

Aunque la cuestión no haya sido decidida definitivamente por la Iglesia, comúnmente se cree que la materia y la forma son aquellas mismas realidades que constituyen el contrato. La materia es el recíproco darse (*traditio*) de los esposos. La forma es la mutua aceptación (*acceptatio*) que debe ser expresada con palabras o señales. «Así, del acto humano por el cual los esposos se dan y se reciben mutuamente, nace, aun ante la sociedad, una institución confirmada por la ley divina.»[33] El acto del darse recíprocamente implica dos aspectos, a saber, la transmisión de la vida y el amor recíproco. Por lo tanto, cualquier decisión tomada contra la transmisión de la vida al momento en que se contrae matrimonio constituye un defecto de materia del sacramento, que lo invalida.

En la Iglesia latina, el recíproco consentimiento expresado en palabras constituye la forma, ejemplificada en la fórmula:

Yo, Juan,
te recibo a ti, María, como esposa
y me entrego a ti,
y prometo serte fiel
en la prosperidad y en la adversidad,
en la salud y en la enfermedad,
todos los días de mi vida.

---

[32] Por cuanto concierne al consentimiento, cf. *CDC* 1095-1107.

[33] CONCILIO VATICANO II, *Gaudium et Spes*, 48.1.

Yo, María,
te recibo a ti, Juan, como esposo
y me entrego a ti,
y prometo serte fiel
en la prosperidad y en la adversidad,
en la salud y en la enfermedad,
todos los días de mi vida.

Las otras oraciones usadas ahora o en el pasado, como la oración que pronunciaba el esposo al momento de dar el anillo a su esposa, no constituyen la esencia del sacramento.[34] En numerosas Iglesias católicas orientales, y en las Iglesias ortodoxas y antiguas del oriente, la bendición impartida por el sacerdote durante la coronación de la esposa constituye la forma. En todo caso, el consentimiento recíproco de las partes constituye la base necesaria para que el sacerdote otorgue la bendición. Por cuanto concierne a esta coronación, S. Juan Crisóstomo comentó: «Las coronas son puestas en la cabeza de los esposos como símbolo de su victoria, pues han alcanzado el puerto del matrimonio sin ser conquistados por la libídine.»[35] El sacerdote toma una de las coronas, hace con ella, sobre la cabeza del novio, tres veces la señal de la Cruz y cada vez toca la cabeza de la novia, diciendo tres veces:

---

[34] Una antigua fórmula para la oración del esposo, que se pronunciaba mientras entregaba el anillo a la esposa, parecía una expresión de la naturaleza del matrimonio mismo, pero no constituía la forma del sacramento: «Con este anillo yo te desposo, esta plata y este oro te regalo, con mi cuerpo te honro y con todos mis bienes terrenales te doto.»

[35] S. Juan Crisóstomo, *Homilía 9 sobre 1 Timoteo 9, 2* en *PG* 62, 546.

El siervo de Dios, Demetrio, recibe como corona a la sierva de Dios Anastasia, en el nombre del Padre, del Hijo y del Espíritu Santo. Amen.

El sacerdote coloca la corona sobre la cabeza del novio. Luego toma la otra corona y bendice tres veces con ella a la novia con la señal de la Cruz, tocando cada vez la cabeza del novio, diciendo tres veces:

La sierva de Dios, Anastasia, recibe como corona al siervo de Dios Demetrio, en el nombre del Padre, del Hijo y del Espíritu Santo.

Tanto en oriente como en occidente, el rito esencial del matrimonio refleja la doctrina que lo ve como un don de Dios, como un mutuo dar y recibir entre los esposos, y, también, la igualdad de las partes. La forma sacramental del sacramento conduce a la idea de la forma canónica del mismo sacramento, celebrado por las partes en presencia del ministro de la Iglesia y de dos testigos; la Iglesia tiene el poder de determinar esta forma. Por tanto, la forma canónica y la litúrgica están vinculadas.

8.4. Los ministros

8.4.1. El rito latino

En los siglos anteriores al Concilio de Trento estaban permitidos los matrimonios clandestinos. Eran celebrados por la propia pareja, sin la presencia de una comunidad de la Iglesia y, por lo tanto, sin la asistencia del sacerdote. El Concilio de Trento, en su Decreto *Tametsi*, puso fin a este modo de celebración. Los matrimonios clandestinos del pasado fueron declarados válidos, aunque deplorados y prohibidos por la Iglesia. Sucesivamente, quienquiera hubiera contraído matrimonio sin un sacerdote y dos testigos, lo habría hecho de modo inválido.[36] En todo caso, Trento no definió nunca la materia y la forma del matrimonio, ni definió quién era el ministro. En algunas partes de Europa el decreto *Tametsi* no fue promulgado y, por lo tanto, en estas regiones la expresión del consentimiento matrimonial se regía sólo por la ley natural. A menudo, la vida en común de hombre y mujer después del noviazgo era vista como suficiente para otorgar el consentimiento matrimonial. Por fin, en el 1907, bajo el Papa San Pío X, «la obligación de contraer matrimonio según la forma canónica fue extendida a toda la Iglesia.»[37]

La mayoría de los teólogos de rito latino creían que los esposos eran los ministros del sacramento del matrimonio. Por otro lado, en el siglo dieciséis, el teólogo dominicano Melchor Cano pensó que el contrato matrimonial era la materia del sacramento, mientras que la forma era la bendición dada por el sacerdote. Su perspectiva, sin embargo, resultaba imperfecta en tanto separaba el contrato del sacramento del matrimonio. En el siglo diecisiete algunos teólogos galicanos y josefistas, que deseaban reforzar el papel del Estado en relación al matrimonio, propusieron que el signo externo del matrimonio no debía ser otro que la bendición sacerdotal. Para estos teólogos el contrato matrimonial era un mero requisito para el sacramento, y podía, por lo tanto, ser relegado a las autoridades estatales.[38]

---

[36] Cf. CONCILIO DE TRENTO, Decreto *Tametsi*, en DS 1813-1816.

[37] Cf McAREAVEY, *The Canon Law of Marriage and the Family*, p. 136. Cf. SAGRADA CONGREGACIÓN PARA EL CONCILIO, Decreto *Ne temere* en DS 3468-3469.

[38] Estos errores fueron condenados en la Carta *Deesemus nobis*, en 1788, como se encuentra en DS 2598 y en la condena de de-

La celebración del matrimonio es posible, bajo determinadas circunstancias (como el peligro de muerte), en presencia sólo de los testigos y no de los clérigos. La disciplina canónico occidental actual establece las siguientes condiciones:

> Si no hay alguien que sea competente conforme al derecho para asistir al matrimonio, o no se puede acudir a él sin grave dificultad, quienes pretenden contraer verdadero matrimonio pueden hacerlo válida y lícitamente estando presentes sólo los testigos: 1. en peligro de muerte; 2. fuera de peligro de muerte, con tal de que se prevea prudentemente que esa situación va a prolongarse durante un mes.[39]

El ritual romano, publicado en el 1614 y empleado hasta la renovación de la liturgia después del Concilio Vaticano II, subrayó el papel del sacerdote en la celebración del matrimonio. Después que la pareja expresaba su consentimiento, el celebrante pronunciaba las palabras: «Yo os uno en matrimonio en el nombre del Padre, del Hijo y del Espíritu Santo.»[40] A pesar de esto, como el Papa Pío XII lo ha afirmado, el concepto occidental era que las partes contrayentes del matrimonio se administraban la gracia el uno al otro.[41] Esta idea ha sido reiterada y desarrollada, más recientemente, en el Catecismo: «Según la tradición latina, los esposos, como ministros de la gracia de Cristo, manifestando su con-

---

terminados errores del pseudo-sínodo de Pistoya, en la Constitución *Auctorem fidei* de 1794, como se encuentra en DS 2658-2659.

[39] CDC 1116. Cf. Decreto *Ne temere* en DS 3471.

[40] Ego conjungo vos in matrimonium, in nomine Patris, et Filii, et Spiritus Sancti.

[41] Cf. Papa Pío XII, Carta Encíclica *Mystici Corporis*, 20.

sentimiento ante la Iglesia, se confieren mutuamente el sacramento del matrimonio.»[42]

8.4.2. Los ritos orientales

S. Ignacio de Antioquía declaró que el matrimonio debía ser contraído sólo con el consentimiento del obispo y únicamente en su presencia.[43] S. Ambrosio, a su vez, pensaba que el matrimonio debía ser santificado por medio del velo y de la bendición sacerdotal.[44] Esta y otras nociones teológicas condujeron a la doctrina según la cual «en las tradiciones de las Iglesias orientales, los sacerdotes -obispos o presbíteros- son testigos del recíproco consentimiento expresado por los esposos, pero también su bendición es necesaria para la validez del sacramento.»[45] Para los cristianos orientales, que no han experimentado la separación de la Iglesia y el mundo que ha caracterizado la teología latina desde el siglo doce, el sacerdote es visto como aquel que imparte el sacramento del matrimonio.[46] Entre las Iglesias católicas orientales, el ministro principal del sacramento del matrimonio es el obispo o el presbítero, y nunca un diácono o un laico.[47] El presbítero es el ministro del matrimonio como es, también, ministro de la Eucaristía, de modo que el matrimonio viene asumido «en el eterno misterio, donde las fronteras entre el cielo y la tierra son superadas y donde la decisión y la acción humanas adquieren una dimensión

---

[42] *CIC* 1623.

[43] Cf. S. IGNACIO DE ANTIOQUÍA, *Carta a Policarpo, 5*, en Sources Chrétiennes 10, Cerf, Paris 1945, pp. 138.

[44] Cf. S. AMBROSIO, *Carta 19, 7*, en *PL* 16, 984.

[45] *CIC* 1623.

[46] Cf. KASPER, *Theology of Christian Marriage*, p. 40.

[47] Cf. D. SALACHAS, *Il sacramento del matrimonio nel nuovo diritto canonico delle chiese orientali*, EDB, Bologna 1994, p. 29-34.

eterna».[48] Si bien la disciplina canónico oriental subraya la importancia de la bendición sacerdotal, en determinadas circunstancias (como el peligro de muerte inminente o la falta de un sacerdote por al menos un mes) una pareja puede casarse en presencia de testigos laicos como en la disciplina latina. En todo caso, posteriormente la bendición sacerdotal tiene que realizarse, siempre lo antes posible.[49]

8.4.3. La intención

Según la formulación occidental, los ministros son la esposa y el esposo, y éstos deben tener al menos la intención de hacer lo que la Iglesia hace. En las situaciones actuales, donde muchas parejas de novios parecen tener poca fe, pese a que se trata de personas bautizadas, se ha formulado la cuestión de si esta situación no compromete la validez del sacramento. Ante todo, el hecho que una pareja no practique la religión no indica, necesariamente, la ausencia de fe personal. El Papa Juan Pablo II ha radicado el sacramento en la economía de la creación, de modo que la tarea del matrimonio «implica realmente, aunque no sea de manera plenamente consciente, una actitud de obediencia profunda a la voluntad de Dios, que no puede darse sin su gracia».[50] A través del bautismo, una pareja de novios ya participa en la alianza matrimonial de Cristo con la Iglesia, y si tienen una recta intención, «han aceptado el proyecto de Dios sobre el matrimonio y consiguientemente -al menos de manera implícita- acatan lo que la Iglesia tiene intención de hacer

---

[48] J. MEYENDORFF, *Marriage: an Orthodox Perspective*, St. Vladimir's Seminary Press Nueva York 1970, p. 27.

[49] Cf. *CCIO* 828, 832.

[50] Papa JUAN PABLO II, Exhortación Apostólica *Familiaris consortio*, 68. 3.

cuando celebra el matrimonio».[51] Ha sido dicho más arriba que incluso un ministro sin fe, admitido que tenga la recta intención, puede celebrar válidamente un sacramento,[52] de modo que, según este principio, se debe suponer, igualmente, que un matrimonio entre bautizados se ha celebrado sacramentalmente, hasta que se pruebe lo contrario.

8.5. El destinatario

8.5.1. Los impedimentos

La doctrina de la teología sacramental propone que los sacramentos, si no existe ningún obstáculo, se reciben de un modo válido.[53] Como para los demás sacramentos, así también para el matrimonio, la Iglesia ha determinado lo que es necesario para su validez. En particular, la Iglesia ha indicado qué circunstancias -según la ley divina, la eclesiástica o la natural- hacen a una persona incapaz de contraer válidamente el matrimonio. Existen diversos impedimentos dirimentes. Uno de ellos es la edad, de modo que un hombre no puede casarse válidamente antes de cumplir los diez y seis años, como, de igual modo, una mujer no puede contraer válidamente el matrimonio antes de cumplir los catorce.[54] Otro impedimento es la impotencia, que es la inhabilidad para desarrollar el acto matrimonial. «La impotencia antecedente y perpetua para realizar el acto conyugal, tanto por parte del hombre como de la mujer, ya absoluta ya relativa, hace nulo el matrimonio por su misma naturaleza.»[55] Por otro lado, ahora se acepta que las personas que han sido

---

[51] *Ibid.* 68. 5.
[52] Cf. Cap. 1, sec. 1. 8.
[53] Cf. Cap. 1, sec. 1. 9.
[54] Cf. CDC 1083.
[55] CDC 1084.

sometidas a vasectomía son libres de casarse. Un ulterior impedimento es el tener una unión matrimonial ya existente. Una persona unida a un matrimonio anterior, incluso que no alcanzó a consumarse, contrae de modo inválido un nuevo matrimonio.[56] La disparidad de culto es otro impedimento, que significa que «es inválido el matrimonio entre dos personas, una de las cuales fue bautizada en la Iglesia católica o recibida en su seno y no se ha apartado de ella por acto formal, y otra no bautizada».[57]

Las personas que han recibido las órdenes sagradas mayores o que han hecho voto público perpetuo de castidad en un instituto religioso contraen matrimonio de un modo inválido.[58] Asimismo, es inválido el matrimonio entre un hombre y una mujer «raptada o al menos retenida con miras a contraer matrimonio con ella, a no ser que después la mujer, separada del raptor y hallándose en lugar seguro y libre, elija voluntariamente el matrimonio».[59] El crimen es otro impedimento y comprende tres situaciones. La primera es aquella en la que una persona asesina a su esposo o esposa para casarse con otra persona. Tal homicidio es causa de impedimento, incluso si se ha actuado bajo órdenes de la parte culpable. La segunda situación es aquella en la que un esposo asesina a la pareja de otra persona para poderla esposar. El tercer caso es aquel en que dos personas conspiran para asesinar a sus respectivas parejas, aún cuando el deseo de matrimonio no haya sido el motivo que los impulsó a la acción.[60] También la consanguinidad es un impedimento para el matrimonio. «En línea recta de consanguinidad es

---

[56] Cf. *CDC* 1085.
[57] *CDC* 1086 § 1.
[58] Cf. *CDC* 1087-1088.
[59] *CDC* 1089.
[60] Cf. *CDC* 1090.

nulo el matrimonio entre todos los ascendientes y los descendientes, tanto legítimos como naturales. En línea colateral, es nulo hasta el cuarto grado inclusive.»[61] La relación de afinidad en línea recta en cualquier grado anula el matrimonio. Por afinidad se entiende la relación entre un hombre y los consanguíneos de su mujer y viceversa.[62] Otro impedimento es el de la pública honestidad, que surge del matrimonio inválido en el que haya existido vida en común o de concubinato público y notorio. La pública honestidad «dirime el matrimonio en el primer grado de línea recta entre el varón y las consanguíneas de la mujer y viceversa».[63] Por último, también la adopción puede dar lugar a un impedimento, en el sentido que es inválido el matrimonio entre personas con relación de afinidad, en línea recta o en el segundo grado de línea colateral, unidos por relación de parentesco legal surgido de la adopción.[64] Estos impedimentos pueden ser dispensados en determinadas situaciones y por diversas autoridades eclesiásticas, a excepción del impedimento de consanguinidad en línea recta o en el segundo grado de línea colateral.[65]

8.5.2. Los casos especiales

a) El matrimonio mixto

Este caso dice relación al matrimonio entre una persona católica y una persona bautizada no católica. Es necesario el permiso del ordinario local para celebrar tal matrimonio. En algunos territorios el párroco está investido del poder de

---

[61] *CDC* 1091 §§ 1-2.
[62] Cf. *CDC* 1092.
[63] *CDC* 1093.
[64] Cf. *CDC* 1094.
[65] Cf. *CDC* 1078 § 3.

dispensar este impedimento a sus parroquianos. La parte católica debe declararse bien dispuesta a alejar el peligro de abandonar la fe y debe prometer, sinceramente, de hacer cuanto esté en su poder para que todos los hijos sean educados y bautizados en la Iglesia católica. La otra parte, a su vez, debe ser oportunamente informado de estas promesas. La observancia de la forma canónica normal de la celebración sólo es necesaria para la licitud, cuando una parte católica contrae matrimonio con una parte no católica de rito oriental, mientras que para la validez es necesaria la presencia de un ministro sagrado, como exigen las Iglesias orientales. En el caso de matrimonios entre católicos y miembros de otras iglesias y comunidades eclesiales es necesaria, para su validez, la forma canónica. Las iglesias ortodoxas generalmente valoran como inválido, por defecto de forma, un matrimonio entre un cristiano ortodoxo y un miembro de las iglesias reformadas cuando tal matrimonio es celebrado según la ceremonia reformada. Si hay graves dificultades para la observancia de la forma, el ordinario local tiene el poder de dispensarla.[66] No está permitido realizar una celebración religiosa en la que el asistente católico y el ministro no católico, celebrando cada uno según el propio rito, pidan juntos el consentimiento de las partes.[67]

La Iglesia católica considera válida y sacramentales los matrimonios celebrados entre miembros de las otras Iglesias o comunidades eclesiales. Por lo tanto, un matrimonio entre dos metodistas o entre un metodista y un anglicano sería válido y sacramental. Consecuentemente, el miembro de una de estas comunidades eclesiales que se separa de su pareja y desea casarse con un católico, está impedido en razón

---

66 Cf. *CDC* 1127 55 1-2. Véase, también, *DE* 153.
67 Cf. *CDC* 1027 § 3. *DE* 156-157.

de la unión anterior. Esto es verdadero independiente de la forma -incluida una ceremonia civil, con la que el matrimonio ha tenido lugar- en tanto sólo los católicos bautizados están obligados a la forma canónica (excepto los casos previstos por la ley).[68] La razón de base es que en occidente los mismos bautizados son ministros del matrimonio. Por otro lado, el matrimonio de dos personas no bautizadas está regido sólo por la ley natural y las leyes civiles justas.

b) La disparidad de culto

Esta es la situación existente entre dos personas que desean casarse, en la que una de ellas es católica y la otra no está bautizada; la Iglesia no anima a este tipo de matrimonio. El impedimento de la disparidad de culto puede ser dispensado por el ordinario local cuando no hay peligro de corrupción para la parte cristiana o para la prole, y otras determinadas condiciones han sido satisfechas. Por lo tanto, la parte católica declara que alejará todo peligro de abandonar la fe y promete, sinceramente, que todos los hijos serán bautizados y educados en la Iglesia católica. La parte no cristiana debe ser oportunamente informada de estas promesas.[69]

La cuestión que surge es si entre una persona bautizada y una que no lo es el matrimonio es sacramental o no. El Papa Pablo VI subraya que en el caso de nupcias entre bautizados (las cuales son un verdadero sacramento) se establece una cierta comunión de bienes espirituales, que en cambio falta en el matrimonio contraído por una pareja de los

---

[68] Cf. Decreto *Ne temere*, en DS 3474: «Acatholici sive baptizati sive no baptizati, si inter se contrahunt, nullibi ligantur ad catholicam sponsalium vel matrimonii formam servandam.» Cf. también *CDC* 117.

[69] Cf. *CDC* 1124-1125, 1086 § 2.

cuales uno es bautizado y el otro no.[70] En todo caso, algunos teólogos afirman que tal matrimonio no puede ser apresuradamente juzgado como no sacramental, porque de acuerdo con S. Pablo, la parte no bautizada resulta consagrada a través de la parte cristiana.[71] Algunos objetan que el matrimonio entre una persona bautizada y una que no lo es, es sacramental para la persona bautizada, ya que ésta es capaz de recibir el sacramento, mientras la persona no bautizada es capaz de administrarlo.[72] A pesar de esto, ahora se acepta que el matrimonio entre una persona bautizada y una que no lo es resulta ser sólo como una unión natural, que, en todo caso, debe ser respetada en tanto también tiene algo de naturaleza sagrada. Es claro, eso sí, que no es absolutamente indisoluble, porque los matrimonios consumados entre un cristiano y una persona no bautizada pueden ser disueltos en aplicación del privilegio petrino.

8.6. Los efectos

8.6.1. El vínculo

La unión sacramental es un don de Dios, que es fuente de gracia y bendición para la pareja durante toda la vida matrimonial.

---

[70] Cf. Papa PABLO VI, Carta Apostólica *Matrimonia Mixta*, en *AAS* 62, 1970, p. 258: «Viget nimirum in coniugio inter baptizatos - quod verum est sacramentum - quaedam spiritualium bonorum communio, quae in matrimonio deest, a coniugibus finito, quorum alter est baptizatus, alter expers baptisme.»

[71] Cf. P. J. ELLIOTT, *What God has joined*, St. Paul, Homebush 1990, pp.199-200, que cita *1 Co 7, 12-14.*

[72] Cf. L. OTT, *Fundamentals of Catholic Dogma*, Tan Books, Rockford, Illinois 1974, p. 468.

Así, del acto humano por el cual los esposos se dan y se reciben mutuamente, nace, aun ante la sociedad, una institución confirmada por la ley divina. Este vínculo sagrado, en atención al bien tanto de los esposos y de la prole como de la sociedad, no depende de la decisión humana. Pues es el mismo Dios el autor del matrimonio, al cual ha dotado con bienes y fines varios.[73]

La unión conyugal cristiana es el primer e inmediato efecto del matrimonio (*res et sacramentum*), una comunión a dos típicamente cristiana porque representa el misterio de la Encarnación del Cristo. La unión, por lo tanto, es un signo y una causa; es causado por el consentimiento, y causa la gracia santificante.[74]

Existe, por otro lado, un desarrollo histórico respecto al modo de entender la relación entre el consentimiento y la consumación en vistas de la formación de la unión. En la Iglesia primitiva se aceptaba la visión romana que afirmaba que era el consentimiento el que constituía el matrimonio, y no la unión sexual. Una primera declaración sobre esta cuestión fue la del Papa Nicolás I en el 866, quien veía en el consentimiento el elemento suficiente para el matrimonio.[75] Bajo el influjo del derecho germánico, por otro lado, la consumación se concebía como un factor determinante en la creación del matrimonio. En las síntesis canónicas medievales, el matrimonio se veía compuesto de dos momentos, a saber, el intercambio de consentimiento y la consumación. Más tarde, la consumación fue vista como apropiada para conferir una indisolubilidad intrínseca e extrínseca. Ahora bien, este de-

---

[73] CONCILIO VATICANO II, *Gaudium et Spes*, 48.1.
[74] Cf. Papa JUAN PABLO II, *Familiaris consortio*, 13.
[75] Cf. Papa NICOLÁS I, Respuesta *Ad consulta vestra*, en DS 643.

sarrollo conduce a la consideración de varios tipos de unión matrimonial. El primero es sólo rato: un matrimonio válido entre personas bautizadas es llamada sólo rato si no se ha consumado. El segundo tipo es denominado rato y consumado, y exige que las partes hayan consumado entre ellos, de modo humano, el acto conyugal abierto a la procreación. Este acto tiene que tener lugar después de la celebración del matrimonio válido. Una vez que un matrimonio rato entre cristianos se ha consumado, el vínculo que de ello se deriva no puede ser disuelto por ninguna autoridad humana.

8.6.2. *La gracia sacramental*

El sacramento del matrimonio otorga un estado de gracia especial, que es el efecto último o *res tantum*. Ello consiste en una especial participación en la vida de Cristo.[76] «En su estado y modo de vida, los cónyuges cristianos tienen su carisma propio en el Pueblo de Dios. Esta gracia propia del sacramento del matrimonio está destinada a perfeccionar el amor de los cónyuges, a fortalecer su unidad indisoluble. Por medio de esta gracia se ayudan mutuamente a santificarse en la vida conyugal y en la acogida y educación de los hijos».[77] Cristo es la fuente y el origen de esta gracia, y en las alegrías de su amor y de su vida familiar Él concede a la pareja, ya desde aquí en la vida terrena, un goce anticipado del banquete de las nupcias del Cordero.[78]

---

[76] Cf. Papa JUAN PABLO II, *Familiaris consortio*, 13.
[77] *CIC* 1641. Cf. VATICANO II, *Lumen Gentium*, 11.
[78] Cf. *CIC* 1642.

8.7. Los bienes y los requisitos

8.7.1. La unidad

La unidad y la unicidad del matrimonio son consecuencias del vínculo que refleja la sola y única unión de Cristo con su Esposa Mística, la Iglesia. La unidad del matrimonio excluye todas las formas de poligamia, es decir, tanto la poliginia, en la que un hombre se vincula a muchas mujeres, como aquella forma, menor frecuente, llamada poliandria, en la que una mujer tiene varios hombres. Del mismo modo, están excluidas las uniones de tipo neopaganas, en las que varios hombres y mujeres viven en común, compartiendo lecho y comida. Tales relaciones, sean sucesivas o simultáneas, están excluidas de cualquier consideración de justicia y castidad. Sin olvidar, por último que la unidad del matrimonio está seriamente amenazada en las culturas precristianas, no cristianas y postcristianas.

8.7.2. La indisolubilidad

Un vínculo natural, por sí mismo, es digno de respeto; la unión sacramental, en cambio, es más exactamente, digna de veneración. Es una firme convicción de la Iglesia el que, si bien todo matrimonio concluido contractualmente entre cristianos es un sacramento, éste llega a ser indisoluble sólo después de su consumación. El divorcio ofende esta propiedad de la indisolubilidad. Numerosos estudiosos creen que las supuestas excepciones a las prescripciones de Jesús relativas al matrimonio (*Mt* 5,32; *Mt* 19,9) pueden ser interpretadas en términos del «excepto el caso de fornicación», es decir, referidos a los matrimonios que resultaban inválidos desde el inicio, en razón de haber sido contraídos dentro de los grados prohibidos de parentesco. Algunos de los Padres griegos, como Orígenes y S. Juan Crisóstomo, y algunos Padres latinos, como S. Agustín, consideraron el adulterio como motivo de separación, pero no como motivo para volver a casarse. Durante la edad media, la separación y el nuevo matrimonio venían concedidos por motivos que más tarde serían conocidos como la consanguinidad, la afinidad y la impotencia, o por motivos que causaban la nulidad, como la fuerza o el miedo. El Concilio de Trento confirmó la enseñanza de la Iglesia sobre la naturaleza ilícita del divorcio.[79] Las Iglesias ortodoxas, en cambio, permiten el divorcio y un segundo matrimonio, con rito simple en la Iglesia, bajo determinadas condiciones. Las comunidades eclesiales occidentales derivadas de la Reforma han caído, en general, en la permisividad respecto del divorcio.

La disolución de una unión matrimonial puede ser concedida por la ley divina, sea como efecto de la muerte de uno de miembros de la pareja, sea confiando el poder de disolver la unión a los esposos mismos, como en el caso del privilegio paulino. El matrimonio celebrado entre dos no bautizados se disuelve por el privilegio paulino en favor de la fe de la parte que ha recibido el bautismo, por el mismo hecho de que ésta contraiga un nuevo matrimonio, con tal de que la parte no bautizada se separe.[80] El privilegio paulino no se aplica a un matrimonio válido entre una parte bautizada y una no bautizada, celebrado con dispensa por disparidad de culto. Otro caso es el privilegio petrino en el que el Romano Pontífice tiene el poder, por causa justa, de disolver el matrimonio no consumado entre bautizados o en-

---

[79] Cf. CONCILIO DE TRENTO, vigésima cuarta sesión, *Doctrina sobre el sacramento del matrimonio*, en DS 1807.

[80] Cf. *1 Co* 7,10-16; v. también *CDC* 1143-1149.

tre una parte bautizada y una no bautizada.[81] El privilegio petrino también se extiende a las situaciones donde la suprema autoridad de la Iglesia disuelve un vínculo consumado natural (no sacramental) en favor de la fe. Un caso tal comportaría la disolución de un matrimonio consumado entre un bautizado no católico y una persona no bautizada, de acuerdo con el deseo de la persona no bautizada de casarse con un católico. La disolución de la unión natural está permitido, también, entre un bautizado no católico y una persona no bautizada, donde el cristiano no católico desea casarse con una persona católica. Además, un matrimonio celebrado con la dispensa por disparidad de culto entre un católico y una persona no bautizada, puede ser disuelto para permitir a la parte católica (o a la parte no bautizada después que ha abrazado la fe católica) de casarse otra vez, ahora con una persona católica.

8.7.3. La fidelidad y la apertura a la prole

La fidelidad en el matrimonio se basa, una vez más, en la reflexión y en la participación en el pacto de amor de Cristo con su esposa, la Iglesia. Ello excluye el pecado de adulterio, ya condenado en el Antiguo Testamento (*Ml* 1,15) y rechazado por Cristo y por la entera tradición eclesiástica. En particular S. Juan Crisóstomo propuso que los maridos deberían decir a las propias mujeres: «Te he tomado entre mis brazos, te amo, te prefiero a mi propia vida. En efecto, la existencia presente es un soplo, y mi deseo más vivo es de transcurrirla contigo de modo de tener la certeza que no seremos separados en aquella [vida] futura... el amor que sien-

---

[81] Cf. *CDC* 1142; V. también SAGRADA CONGREGACIÓN PARA LA DOCTRINA DE LA FE, *De solutione matrimonii in favorem fidei*, en *EV* 4 (1971-1973), nn. 2730-2774.

to por ti lo antepongo a todo y nada sería para mí más penoso que el no estar siempre en sintonía contigo.»⁸²

La apertura a la procreación en el matrimonio, o a la fecundidad, «es un don, un *fin del matrimonio*; pues el amor conyugal tiende naturalmente a ser fecundo. El niño no viene de fuera a añadirse al amor mutuo de los esposos; brota del corazón mismo de ese don recíproco, del que es fruto y cumplimiento. Por eso la Iglesia, que «está en favor de la vida», enseña que todo «acto matrimonial en sí mismo debe quedar abierto a la transmisión de la vida».⁸³ La contracepción artificial insidia este bien fundamental, reduciendo el amor profundo y recíproco al egoísmo, poniendo en peligro la fidelidad, la unidad, e impidiendo la procreación.

Pensamiento conclusivo

La teología del matrimonio señala un espacio oportunamente conclusivo al estudio del misterio sacramental, porque no sólo simboliza la unión de Cristo y su Iglesia sobre la tierra, sino que también prefigura su definitivo triunfo en los cielos. Cuando se verifique las nupcias del Cordero (*Ap* 21,2) la Iglesia no volverá a tener necesidad de los sacramentos, porque sus miembros verán a Dios cara a cara; el velo será removido del rostro de la Esposa. La unión eterna de la Esposa mística con la Santísima Trinidad ha sido, siempre, preparada y prefigurada en los signos sacramentales de salvación, que Dios ha concedido a su Iglesia, a través de Cristo en el amor del Espíritu Santo, mientras ella cumple su peregrinaje terrenal hacia la consumación final de su amor.

---

⁸² S. JUAN CRISÓSTOMO, *Homilía 20 sobre los Efesios*, 8 en *PG* 62, 147.
⁸³ *CIC* 2366.

La noche sosegada
en par de los levantes de la aurora,
la música callada,
la soledad sonora,
la cena que recrea y enamora.

Nuestro lecho florido,
de cuevas de leones enlazado,
en púrpura tendido, de paz edificado,
de mil escudos de oro coronado.[84]

---

[84] S. JUAN DE LA CRUZ, *Estrofas del Cántico entre el alma y el esposo*, en *Obras Completas*, Monte Carmelo Editorial, Burgos 1997, p.570.

Bibliografia

AUER, J.,	*Il mistero dell'Eucaristia*. Assisi: Cittadella, 1972.
AUER, J.,	*I Sacramenti della Chiesa*. Assisi: Cittadella, 1974.
CHOLIJ, R.M.T.,	*Clerical Celibacy in East and West*. Leominster: Fowler Wright, 1989.
ELLIOTT, P J.,	*What God Has Joined. The Sacramentality of Marriage*. New York: Alba House, 1990.
GALOT, J.,	*Teologia del sacerdozio*. Firenze: Libreria Editrice Fiorentina, 1981.
GIGLIONI, P.,	*I sacramenti di Cristo e della Chiesa. Una sinfonia tra Dio e l'uomo*. Libreria Editrice Vaticana: Città del Vaticano 1994².
GOZZELLINO, G.,	*L'unzione degli infermi*. Torino: Marietti, 1976.
HAFFNER, P.,	*Bautismo y Confirmación*. México DE Ed. Nueva Evangelización, 2000.
JAKI, S. L.,	*Theology of Priestly Celibacy*. Front Royal, VA: Christendom Press, 1997.
KASPER, W.,	*Teologia del matrimonio cristiano*. Brescia: Queriniana, 1979.
LAURENTIN, R.,	*Che cos'è l'Eucaristia?* Brescia: Queriniana, 1983.

LAWLER, M. G.,   *Symbol and sacrament: a contemporary sacramental theology*. Omaha: Creighton University Press, 1995.

LEEMING, B.   *Principles of Sacramental Theology*. London: Longmans, 1963.

LIGIER, L.,   *La Confermazione*. Roma: Dehoniane, 1990.

McPARTLAN, P.,   *Sacrament of Salvation. An Introduction to Eucharistic Ecclesiology*. Edinburgh: T & T Clark, 1995.

MEYENDORFF, J.,   *Marriage: An Orthodox Perspective*. Crestwood: St. Vladimir's Seminary Press, 1975.

MIRALLES, A.,   *Il matrimonio. Teologia e vita*. Cinisello Balsamo: San Paolo, 1996.

MIRALLES, A.,   *I sacramenti cristiani*. Roma: Apollinare Studi, 1999.

NERI, U.,   *L'economia sacramentale*. EDB, Bologna 1994.

NICOLAS, J. H.,   *Sintesi dogmatica. Dalla Trinità alla Trinità. Volume II - La Chiesa e i Sacramenti*, Città del Vaticano 1992.

PAZ LATOVA, M.,   *Los signos del Misterio de Cristo. Teología de los sacramentos en general*. México DF: Ed. Nueva Evangelización, 1999.

PIOLANTI, A.,   *Teologia sacramentaria. Sintesi dogmatica in prospettiva cristologica*. LEV: Città del Vaticano 1997.

PIOLANTI, A., *Il Mistero eucaristico*. LEV: Città del Vaticano 1996⁴.

RATZINGER, J., *Il problema della Transustanziazione e del significato dell'Eucaristia*. Roma: Edizioni Paoline, 1969.

RATZINGER, J., *Il senso del ministero sacerdotale*. Trento: Pubblicazioni Religiose, 1969.

RATZINGER, J., *Introduzione allo spirito della liturgia*. Cinisello Balsamo: San Paolo, 2001.

ROCCHETTA, C., *Sacramentaria fondamentale: dal mysterion al sacramentum*. Bologna: EDB 1989.

ROCCHETTA, C., *Il sacramento della coppia: saggio di teologia del matrimonio cristiano*. Bologna: EDB, 1996.

ROCCHETTA, C., *I sacramenti della fede*. Bologna: EDB, 1998.

SARAIVA MARTINS, J., *I sacramenti della Nuova Alleanza*. Roma: Pontificia Universitas Urbaniana, 1987.

SARAIVA MARTINS, J., *Baptismo e crisma*. Lisboa: Universidade Católica Editora, 2002.

SCHEEBEN, M. J., *I misteri del Cristianesimo*. Brescia: Morcelliana, 1953.

SCHLECK, C. A., *The Sacrament of Matrimony*. Milwaukee: Bruce, 1964.

SCHMAUS, M., *Dogma 5: The Church as Sacrament*. London: Sheed and Ward, 1975.

SCHNACKENBURG, R., *Das Heilsgeschehen bei der Taufe nach dem Apostel Paulus.* München: Huber, 1950.

SEMMELROTH, O., *La Chiesa sacramento di salvezza.* Napoli: D'Auria 1965.

TETTAMANZI, D., *I due saranno una carne sola.* Leumann: Elle Di Ci, 1986.

VAN ROO, W. A., *The Christian Sacrament.* Roma: Editrice Pontificia Università Gregoriana, 1992.

ZITNIK, M., *Sacramenta. Bibliografia Internationalis.* Roma: Pontificia Università Gregoriana, 1992-1993.

Índice analítico

Printed in the United States
200880BV00001B/1-51/A

9 780852 446874